Das neue Misstrauen gegenüber der Familie

Herausgegeben von

Steffen Großkopf
Michael Winkler

KINDHEIT – FAMILIE – PÄDAGOGIK

Herausgegeben von
Steffen Großkopf,
Ulf Sauerbrey,
Michael Winkler

Band 1

ERGON VERLAG

Das neue Misstrauen gegenüber der Familie

Kritische Reflexionen

Mit einem Vorwort von Rainer Stadler

Herausgegeben von

Steffen Großkopf
Michael Winkler

ERGON VERLAG

Umschlagabbildung: Leon Dreißigacker

Bibliografische Information der Deutschen Nationalbibliothek
Die Deutsche Nationalbibliothek verzeichnet diese Publikation in der Deutschen Nationalbibliografie; detaillierte bibliografische Daten sind im Internet über http://dnb.d-nb.de abrufbar.

Umschlaggestaltung: Jan von Hugo
Satz: Sandra Kloiber, Ergon-Verlag GmbH

www.ergon-verlag.de

ISBN 978-3-95650-127-2

Inhaltsverzeichnis

Danksagung

Wir danken Susanne Groß, Anne Hübner, Annemarie Weber und Svenja Wiechmann für die Unterstützung bei der Erstellung des Bandes und für das Lektorat der einzelnen Beiträge. Unser Dank gilt ebenso dem Ergon Verlag für die gute Zusammenarbeit und Rainer Stadler, der unserer Bitte das Vorwort des Bandes zu verfassen gerne nachgekommen ist. Nicht zuletzt danken wir den Lesern für die Bereitschaft und das Interesse sich mit den eher unkonventionellen Betrachtungen auseinanderzusetzen, die im Buch entwickelt werden.

Vorwort

Rainer Stadler

Der bundesweite Kita-Streik im Frühjahr 2015 war gerade in die dritte Woche gegangen, da appellierte Björn Staschen, Vorstand des Landeselternausschusses Hamburg, an die Tarifparteien, sich doch dringend zu einigen: Man solle an die Kinder denken, gerade die Kleinsten verstünden nicht, was da passiere. „Für sie sind die Erzieherinnen wichtige und enge Bezugspersonen“, sagte er. Nun aber seien die Kinder „an einem Tag bei Oma und Opa, am zweiten Tag beim abgehetzten Papa, am dritten Tag bei der abgehetzten Mama. Für die Kinder ist dieser Streik doch purer Stress.“ Die Aussage bedeutet nichts anderes als: Heutige Eltern sind viel zu beschäftigt, um sich auch noch mit ihren Kindern abgeben zu können. Umgekehrt kann es heutigen Kindern kaum noch zugemutet werden, einen ganzen Tag mit den leiblichen Eltern zu verbringen. Dass eventuell auch die Eltern wichtige und enge Bezugspersonen für ihre Kinder sein könnten und der Streik insofern ein Segen ist? Das kam dem Landeselternvertreter jedenfalls nicht in den Sinn.

Wie auch? Schließlich ist es heute gesellschaftlicher Konsens, dass Kindern nichts Besseres passieren kann, als von früh bis spät von eigens dafür ausgebildeten Experten betreut und gefördert zu werden. Das ermöglicht wiederum den Eltern, Beruf und Familie zu vereinbaren. Familienfreundliche Politik heißt deshalb nicht mehr, den Familien Zeit und Geld zu geben, damit sich die Eltern so gut wie möglich um ihren Nachwuchs kümmern können. Familienfreundliche Politik heißt heute, die nötige Infrastruktur zu schaffen, damit die Familie den ganzen Tag voneinander getrennt verbringen kann. Erst so hätten die Eltern Wahlfreiheit, um Familie und Beruf zu vereinbaren, behaupten die Befürworter dieser Politik. Sie wird von nahezu allen Parteien vertreten, von den Arbeitgeberverbänden wie von den Gewerkschaften und fast einhellig auch in den Medien. So muss es niemand wundern, dass sich viele Eltern dem Gebot der Stunde fügen und ihre Kinder in fremde Hände geben, zumal insbesondere junge Frauen mit Hohn und Spott zu rechnen haben, wenn sie ihr Berufsleben unterbrechen, um sich voll und ganz dem Nachwuchs zu widmen. Denn soweit geht die Wahlfreiheit dann doch nicht.

In Wahrheit hat die vermeintlich selbstlose staatliche Hilfe – der flächendeckende Ausbau der Krippen und Ganztagsschulen der vergangenen Jahre hat mehr als zwanzig Milliarden Euro gekostet – mitnichten zu einer größeren Freiheit für die Familien geführt. Die amtierende Familienministerin Manuela Schwesig teilte bereits vor ihrem Amtsantritt mit, sie strebe mit ihrer Familienpolitik an, dass beide Eltern vollzeitnah arbeiten. In diesem Korsett haben sich Eltern zu bewegen, wenn sie Unterstützung vom Staat erwarten. Die frühere Familienministerin Ursula von der Leyen forderte überdies, Kinder so früh wie möglich in die Welt zu schicken, denn ein Kind brauche „mehr Anregungen und Impulse, als die Mutter allein ihm geben kann". In einem Bericht des Familienministeriums aus dem Jahr 2003 heißt es: „Die Förderung von Kindern von null Jahren bis zum Schuleintritt" stelle die erste Stufe eines wünschenswerten Bildungsprozesses dar, den Kinder künftig durchlaufen sollten. „Die Auffassung in Deutschland, wonach das staatliche System lediglich familienergänzenden Charakter haben soll", müsse aufgegeben werden „zugunsten der Definition eines genuinen staatlichen Bildungs- und Erziehungsauftrages mit Blick auf die kindliche Entwicklung".

Die gegenwärtige Krippen- und Ganztagsschuloffensive ist also auch Ausdruck eines tiefen Misstrauens gegen die Eltern, die angeblich immer seltener in der Lage sind, ihren Kinder die Werte und Fähigkeiten weiterzugeben, die später in der Schule und auf dem Arbeitsmarkt gefragt sind. Der Staat maßt sich an, der bessere Erzieher zu sein. Insbesondere bildungsferne Familien stehen unter Generalverdacht, mit dieser Aufgabe überfordert zu sein. Im Zwölften Kinder- und Jugendbericht, den die Bundesregierung 2005 veröffentlichte, heißt es etwa, Kinder aus solchen Familien würden „nicht mehr mit den Ressourcen ausgestattet – jedenfalls im Schnitt gesprochen bzw. für die große Mehrheit der Kinder und Jugendlichen –, die moderne Gesellschaften benötigen, um den Anforderungen an die individuelle Selbstregulierung durchschnittlich gerecht werden zu können."

Wie immer, wenn Politik und einflussreiche Interessengruppen eine Ideologie mit aller Macht unter das Volk bringen wollen, muss alles ausgeblendet werden, was dem erwünschten Konsens widerspricht. Dabei hat das Familienministerium selbst eine umfangreiche Studie vorgelegt, die eindrucksvoll untermauert, wie weit Anspruch und Wirklichkeit im Krippenalltag auseinanderklaffen: Nur drei Prozent aller Krippen in Deutschland erfüllen das Qualitätsmerkmal „gut", ermittelte die „Nationale Untersuchung zur Bildung, Betreuung und Erziehung in der frühen Kindheit", die im Jahr 2010 Forscher in ganz Deutschland beschäftigte und in die Beobachtungen zu mehr als 2000 Kindern einflossen. 85 Prozent bewerteten die Forscher als mittelmäßig, zwölf Prozent als schlecht. Die Ergebnisse wurden 2013 publik, unmittelbar bevor der Rechtsanspruch auf einen Krippenplatz in Kraft trat. Seitdem hat sich die Zahl der Kinder pro Erzieher oder Erzieherin eher noch erhöht, sodass noch weniger Zeit für das bleibt, was doch die Krippen angeblich garantieren sollten: die individuelle Betreuung und Förderung der Kleinkinder. Während des Kita-Streiks im Frühjahr 2015 wurde eine Erzieherin von einer Zeitung befragt, wie viel Zeit sie für jedes Kind habe. Ihre Antwort: „Das ist schwierig. Im Rahmen unseres Qualitätsmanagements gibt es den Punkt, mit jedem Kind einmal am Tag ein Gespräch zu führen. Wir wollten das mit Strichlisten im Gruppenbuch dokumentieren und dachten, das klappt schon. Aber leider sind uns da Kinder durchgerutscht. Es soll ja um richtige Gespräche gehen, nicht nur um Anweisungen wie: ‚Räum das weg, mach dies, mach jenes.' Wir müssen dem Kind gegenüber ja auch eine gewisse Ruhe ausstrahlen: ‚Ich setze mich jetzt mal mit dir hin und warte, bis du so weit bist, mir zu erzählen, warum du gerade so traurig bist. Und ich höre bis zum Ende zu.' Habe ich Glück und eine Kollegin hält mir den Rücken frei, dann kann ich das machen. Aber im Alltag haut es leider nicht immer hin, und das frustriert viele."

Doch weder die triste Realität noch die staatliche Qualitätsstudie Nubbek werden von den Krippenbefürwortern zur Kenntnis genommen, erst recht nicht die Warnungen aus der Kinderpsychiatrie: Wiederholt haben groß angelegte Untersuchungen gezeigt, dass für Kleinkinder der Aufenthalt in Krippen massiven Stress bedeuten kann. Messungen des Stresshormons Cortisol lieferten Werte, die den Profilen von Spitzenmanagern ähnelten. Wenn den politisch Verantwortlichen tatsächlich, wie sie so gern behaupten, das Kindeswohl am Herzen läge, müssten sie es den Eltern ermöglichen, Kleinkinder bis zum Alter von drei Jahren, wenn überhaupt, nur höchstens bis zu vier Stunden täglich in fremde Betreuung zu geben. Das empfehlen viele Kinderpsychiater und -psychologen. Familienministerin Schwesig hingegen setzt sich für den Bau von 24-Stunden-Krippen ein, damit Schichtarbeiter- und -arbeiterinnen ihre Kinder auch abends und nachts dort abgeben und dann zur Arbeit gehen können – getreu dem bewährten SPD-Slogan: Sozial ist, was Arbeit schafft. Nicht nur in diesem Punkt zeigt sich, wie sehr sich gerade die Sozialdemokraten und ihre Ministerin in der eigenen Ideologie verheddert haben: Wie sonst kann es sein, dass niemand in der Partei aufschreit, ob es wirklich so sozial ist, Rund-um-die-Uhr-Krippenbetreuung zu schaffen, damit die Lidl-Mitarbeiterin auch abends und die Krankenschwester nachts für einen Lohn arbeiten können, der in vielen deutschen Städten kaum zum Überleben reicht, geschweige denn um eine Familie über Wasser zu halten. Und ob es in einem reichen Land wie Deutschland vielleicht doch möglich sein sollte, dass zumindest ein Elternteil spätabends und nachts zuhause ist, damit Kleinkindern die Übernachtung in einer Notherberge erspart bleibt. Das gilt übrigens erst recht für die Alleinerziehenden: Es ist eben nicht sozial, sondern skandalös, wenn laut einer Studie der Darmstädter Sozialrechtlerin Anne Lenze 27 Prozent der Alleinerziehenden abends, 10 Prozent nachts, 45 Prozent samstags und 22 Prozent sogar sonntags arbeiten müssen. Aber womöglich argumentiert die Ministerin demnächst, dass Kinder auch davon profitieren, wenn sie nachts von Fachpersonal individuell betreut und gefördert werden, statt passiv im heimischen Bett zu liegen.

Auch in der Schule zahlt sich die Ganztagsbetreuung für Kinder entgegen der Vorhersagen nicht aus: Erste Studien haben gezeigt, dass Ganztagsschüler mit ihren Lernergebnissen keineswegs die Halbtagsschülern übertreffen. Die Nachricht müsste niemand wundern: Schweden, das Vorbild schlechthin für die große Betreuungskoalition in Deutschland, erlebte bei der Pisa-Studie 2012 einen Absturz auf die hintersten Plätze des OECD-weiten Rankings – obwohl Kinder und Jugendliche dort seit langem flächendeckend fremdbetreut werden. Über England, das ebenfalls über eine lange Historie in Sachen Ganztagsbeschulung verfügt, schrieb die Süddeutsche Zeitung im Mai 2015, es sei „das einzige Industrieland, in dem die Jugend heute schlechter lesen, schreiben und rechnen kann als ihre Großeltern-Generation." Trotzdem fordern deutsche Politiker und Wirtschaftsvertreter unverdrossen den weiteren Ausbau von Ganztagsschulen.

Die Liste der Versprechungen und Verheißungen, die Ganztagsbefürwortern anführen, scheint endlos zu sein: Das Familienministerium hat etwa 2005 eine Broschüre herausgegeben, in der es um die „Einnahmeeffekte beim Ausbau von Kindertagesbetreuung" geht: „Die positiven Effekte auf die Entwicklung der kindlichen Fähigkeiten", die durch die Erziehung in den Krippen erzielt würden, könnten später viel Geld sparen, heißt es darin. Etwa derart, „dass geringere öffentlich finanzierte Mittel während der Schullaufbahn oder im Jugendhilfebereich" nötig würden. Und später würden die Frühgeförderten höhere Einkommen erzielen, seltener Sozialhilfe beziehen oder kriminell werden. Nicht zu vergessen die zusätzlichen Steuereinnahmen von den Müttern, die dann arbeiten und nicht mehr mit Sozialleistungen unterstützt werden müssen. In anderen Gutachten wurde prognostiziert, die Geburtenrate werde mit dem Ausbau von Krippen und Ganztagsschulen steigen. Zumindest das hat sich schon als Märchen erwiesen: Trotz mehr als zwanzig Milliarden Euro, die in die Betreuungsoffensive flossen, zählt Deutschland weltweit zu den Ländern mit der niedrigsten Geburtenrate, trotz eines zuletzt leichten Anstiegs.

Was sich definitiv erhöht hat, ist die Zahl der weiblichen Arbeitskräfte, und damit hat die Wirtschaft, die diesen Ausbau entschieden unterstützt, von Anfang an gerechnet: Der damalige Wirtschaftsweise Bert Rürup betonte bereits 2003 „die Notwendigkeit einer Mobilisierung der sogenannten stillen Reserve, Frauen mit kleinen Kindern" für den Arbeitsmarkt. Diese Notwendigkeit besteht bis heute, und deshalb werden die Krippen nicht so schnell wieder verschwinden wie sie aus dem Boden gestampft wurden. Sie sind zum festen Bestandteil des Wirtschaftssystems geworden, das sich unter anderem dadurch auszeichnet, vielen Menschen so niedrige Löhne zu zahlen, dass beide Eltern arbeiten müssen – um der Familie einen Lebensstandard zu sichern, für den noch vor wenigen Jahrzehnten ein einziges Gehalt reichte.

Natürlich kommen Krippen und Ganztagsschulen den Lebensmodellen mancher Eltern entgegen. Das ändert nichts daran, dass die Familienpolitik der vergangenen zwanzig Jahre vor allem daran gearbeitet hat, die Familie wirtschaftsfreundlicher zu machen statt die Wirtschaft familienfreundlicher. Auf dem Weg dahin ist unter anderem die gesellschaftliche Anerkennung für die enormen Leistungen verloren gegangen, die Familien für ihre Kinder und weit darüber hinaus erbringen. Es droht auch das Wissen verloren zu gehen, was Kindheit wirklich bedeutet, welche zentrale Rolle Freiheit für die Entfaltung eines jungen Menschen spielt und wie kontraproduktiv dabei eine Welt ist, in der Kinder und Jugendliche den ganzen Tag beaufsichtigt, betreut, gefördert, getriezt und gegängelt werden.

Wir bewegen uns auf eine Gesellschaft zu, in der die produktiven Kräfte von ihren sonstigen Verpflichtungen befreit werden, um sich einzig und allein der Erwerbsarbeit zu widmen. Eine Gesellschaft, die zunächst die Alten aus den Familien ausgelagert hat und nun dasselbe mit den Kindern unternimmt. Eine Gesellschaft, in der ein Mensch seine ersten Worte zu einer Kinderbetreuerin spricht und seine letzten Worte zu einer Altenbetreuerin, wie es die amerikanische Soziologin Arlie Russel Hochschild formuliert hat. Das Fatale ist, dass die Hauptbetroffenen dieser Entwicklung nicht aufbegehren werden: Viele Familien haben bereits genug andere Sorgen.

Sozialpolitik gegen das Kind – alle machen mit

Bruno Hildenbrand

1 *Die Eroberung der frühen Kindheit durch Bildungsfunktionäre*

Die Bundesregierung tue zu wenig, um Ein- bis Sechsjährige zu fördern. Das teilte am 3.7.2014 die Nationalakademie Leopoldina im Verein mit weiteren Wissenschaftsakademien in einer Pressemitteilung mit. Deutschland müsse mehr in die Bildung kleiner Kinder *investieren*. Gute frühkindliche Bildung sei „gesamtgesellschaftlich besonders wertvoll". Insbesondere sollten Kinder, vor allem aus bildungsfernen Familien, Krippen und Kindergärten hoher Qualität besuchen. Frühkindliche Bildung bedeute nicht zwangsläufig eine Verschulung. Es gehe darum, Kindern zu ermöglichen, ihre Chancen zu nutzen. Jedoch fehle es an geeignetem Personal in den Kindertagesstätten, auch „Kitas"[1] genannt, welches mehr *Wissen* über die geistige und emotionale Entwicklung der Kinder und typische Störungen erwerben müsse.

Worum geht es hier? Welche stillschweigenden Annahmen gehen in diesen ohne wissenschaftlichen Beleg vorgetragenen Befund ein?[2]

- Es wird ein Bildungsbegriff verwendet, der lediglich in einer Form einer Abgrenzung definiert wird: Frühkindliche Bildung bedeute nicht zwangsläufig eine Verschulung. Von einem Curriculum ist also nicht die Rede, jedenfalls nicht zwangsläufig, unter Umständen aber doch. Man hält sich hier offen, die Debatte ist noch nicht abgeschlossen.
- Des Weiteren werden bildungsferne und arme Familien erwähnt. Unklar ist, von welcher Bildung diese Familien fern sind. Sind arme Familien zwangsläufig ungebildet, oder haben sie eigene Formen der Lebensbewältigung unter schwierigen Umständen entwickelt? Geraten diese nicht in den Blick von Forschern, die sich nicht vorstellen können, dass auch arme Menschen über Bildung verfügen?

---

1 Zur Abgrenzung von diesem Begriff weiter unten.

2 Wir geben hier den Pressebericht der Süddeutschen Zeitung vom 4.7.2014 wieder, haben allerdings deren Quelle geprüft und keine Fehler entdeckt. Die in der Pressemitteilung fehlenden wissenschaftlichen Befunde befinden sich in einer gesonderten im Internet zugänglichen Publikation der Nationalakademie Leopoldina mit dem Titel „Frühkindliche Sozialisation" aus dem Jahr 2010. Allerdings erscheint die Familie in diesem Bericht vorwiegend im Zusammenhang mit Kategorien der Randständigkeit; eine Definition des Familienbegriffs ersparen sich die Autoren, die aus den Disziplinen Psychologie, Bildungsökonomie, Bildungssoziologie, Neuropsychologie stammen; einen Nachweis ihrer Vorstellungen von Familien halten sie nicht für erforderlich; dass Familien aus soziologischer Sicht im Wesentlichen als ein Interaktions- und Wissenszusammenhang beschrieben werden können, spielt für sie keine Rolle.

- Armen und bildungsfernen Familien traut man nicht zu, ihren Kindern Chancen zu eröffnen. Deshalb will man diese Kinder „Kitas" anvertrauen. Dort treffen sie dann, so die Bedenken der Forscher, auf ungebildetes Personal, das nichts oder nicht viel über die geistige und emotionale Entwicklung von Kindern weiß (dazu weiter unten mehr). Der Leser erfährt nicht, über welche Wissensarten „Kita"personal verfügen soll, auch nicht, wie aus Sicht dieser Forscher theoretisches Wissen und Praxis zusammenhängen. Nur am Rande ist zu erfahren, dass das Qualifikationsniveau von „Kita"-personal auf dem von Grundschullehrern liegen solle. Von Störungen der Kinder ist die Rede. Welche das sein sollen, wird nicht im Einzelnen angesprochen. Dass diese Kinder auch über Stärken verfügen könnten, kommt den Forschern nicht in den Sinn.

Wenn wir uns im Folgenden kritisch gegen institutionelle Erziehung von Kindern zwischen ein und drei Jahren aussprechen, dann verwenden wir Argumente, die *wahrheitsfähig*, also wissenschaftlich begründbar sind. Argumente, die derzeit *mehrheitsfähig*, d. h. an die vorherrschende öffentliche Meinung und die mit ihr verbundenen *juste milieus* angeschlossen sind (vgl. Liegle 2001, S. 356), Argumente also, die Werturteile betreffen, interessieren uns nicht. Wir werden in diesem Beitrag entsprechend zeigen, dass sich die um die öffentliche Kinderbetreuung herum entstandene Sozialpolitik vor allem als Sozialpolitik *von Erwachsenen und für Erwachsene* und nicht als Sozialpolitik *für das Kind* entwickelt hat. Letztere verstehen wir als die kindgerechte Gestaltung gesellschaftlicher Lebensräume einschließlich der Annahme, dass die Familie für die erwähnte Altersgruppe von Kindern der bevorzugte Ort der Erziehung ist. Dies zu bewerten ist nicht die Aufgabe des Soziologen.[3] Er kann allenfalls auf erwünschte und nicht erwünschte Folgen eines Handelns hinweisen. Das kann er umso überzeugender, als sich seine Argumente auf empirische Daten stützen. Gemeint ist hier nicht der in der Psychologie gängige Empiriebegriff, sondern unsere Richtschnur ist die Hermeneutik (vgl. Hildenbrand 2014b). Besonders eine Forschung, die Argumente stützen soll, denen zufolge Schreckliches passieren wird, wenn dieses und jenes nicht realisiert ist, erfordert zwingend am Einzelfall erstellte Prognosen über das zu Erwartende, und Langzeitstudien, die es ermöglichen, die Prognosen zu überprüfen. Beispiele für eine solche anspruchsvolle Forschung gibt es (vgl. Fivaz-Depeursinge, Corboz-Warnery 2001).

Wir handeln die eingangs referierten Punkte nun der Reihe nach ab und gehen dann zu der Behandlung folgender Themen über: Zunächst soll der Frage nachgegangen werden, wie kleine Kinder lernen. Diese Frage hängt eng zusammen mit der Folgefrage, welches die für frühkindliches Lernen geeigneten Orte sind. Das war bis vor kurzem nach landläufiger Vorstellung die Familie: die Familie als der Ort der Erziehung. Da aber *Erziehung* zunehmend durch *Bildung* ersetzt wird, ver-

---

3 Wo die männliche Form verwendet wird, ist die weibliche mitgedacht, und umgekehrt. Das gilt für den gesamten Text.

drängt der Kindergarten die Familie. – Von Kindergarten redet heute fast niemand mehr, der Begriff der Kindertagesstätte hat sich eingebürgert; mit diesem Begriffswechsel wurde Friedrich Fröbels Grundgedanke getilgt. Wohl deshalb, damit niemand auf die Idee komme, der tägliche Aufenthalt eines Kindes in einer öffentlichen Einrichtung sei an seiner altersgemäßen Zeitstruktur zu bemessen und dauere mithin kürzer als ein „Normalarbeitstag". Um diesem Fehler nicht zu unterliegen, vermeiden wir in diesem Beitrag, wo es geht, den Begriff der Kindertagesstätte. Stattdessen stellen wir die Frage, was der Kindergarten besser kann als die Familie, wenn Kinder jünger als drei Jahre alt sind, und umgekehrt: Was kann die Familie besser als der Kindergarten, wenn Kinder unter drei Jahre alt sind? Entsprechend gehen wir näher auf die Struktur der bürgerlichen Familie ein.

Das leitet unmittelbar zu der Frage über, welche Staatsideologien welche Interesse bedienen, um schon frühzeitig Zugriff auf die Köpfe von Kindern zu erlangen.

Wir fahren fort mit einem wertschätzenden Blick auf den Kindergarten für Kinder im Alter von über drei Jahren, sofern dieser den Kriterien der „warmen Fürsorge" (Hochschild 2004) genügt. Das schließt notwendig einen Vergleich von Systemzeit und gelebter Zeit ein. Wir beschließen diesen Beitrag mit einer Aufforderung an junge Familien, sich staatlichen Zumutungen zu entziehen und zu Freibeutern ihrer eigenen Zeit zu werden.

2 *Wie lernen Kleinkinder?*

Wer die Frage stellt, wie Kleinkinder lernen, betritt einen Bereich, der derzeit von der Hirnforschung dominiert wird. Die Rede ist davon, dass das Kleinkind über ein formbares und komplexes Gehirn verfüge, das der Verschaltung bedürfe, und dass diese Verschaltung auf ein breites Spektrum von Erfahrungen, die das Kind macht, angewiesen sei. Solche Erfahrungen könne das Kleinkind nur in einer Atmosphäre des Vertrauens und der Geborgenheit, in intensiven Beziehungen zu anderen Menschen, machen. Ein in kreativer Welterschließung durch das Kleinkind geformtes Gehirn biete dann die organische Grundlage dafür, dass ein Kind sich ein Bild von sich selbst machen kann, Motivation und Impulskontrolle entwickelt und dass beim Kind die Fähigkeit zum Mitgefühl entsteht, außerdem die Fähigkeit, sich in andere Menschen hineinzuversetzen (vgl. Hüther 2004). Über derlei Wissen verfügte bereits – ohne bildgebende Verfahren, „nur" durch Beobachtung – Friedrich Fröbel im 19. Jahrhundert (vgl. Fröbel 1965). Auch für den Pragmatisten George Herbert Mead fängt Identitätsbildung mit dem Spiel (oder: Spielen) an (vgl. Mead 1934), und seine Handlungstheorie lässt sich in einem Satz zusammenfassen: Willst du erkennen, lerne zu handeln (vgl. Mead 1938). Die Rede ist bei den aktuellen Adepten der Hirnforschung von organischen Grundlagen, aber nicht von Interaktionsprozessen und Kontexten, die erforderlich sind, um die elementaren Fähigkeiten der Perspektivenübernahme und andere „identitätsfördernde Fähigkeiten" (Krappmann 1973, S. 132ff.) zu entwickeln, für die das Gehirn lediglich ein Werkzeug ist. Dazu gehören: Rollendistanz, ‚role taking' und Empathie, Ambiguitätstoleranz und Abwehrmechanismen.

Werden die Lebensjahre von Kindern zwischen einem und drei Jahren auf Bildung reduziert und die triadische Struktur der sozialisatorischen Interaktion, wofür die Eltern – zumindest in der Initialphase – zuständig sind, und die Kindertagesstätte keinen angemessenen Ersatz liefern kann (vgl. Funcke, Hildenbrand 2009, S. 25f.), dann ist auch der Sozialisationsprozess in der frühen Kindheit fragmentiert.

Wohl auf der Grundlage solcher neurobiologischer Theorien hat Ulrich Oevermann (2004) Sozialisation als Prozess der Krisenbewältigung beschrieben. Auch Fröbels Theorie des Spiels hat hier Pate gestanden. Erfahrungen des Neuen werden in Situationen der Krise gemacht. Ein wesentlicher Krisentyp dabei, sofern das Kleinkind betroffen ist, ist die Krise durch Muße (vgl. Oevermann 2004, S. 167-172). Krise durch Muße ist Aneignung der Welt im Erfahrungsmodus des Ästhetischen. Dafür muss sich der Erwachsene aus der Praxis des Alltäglichen ausklinken und ins Museum gehen, während das Kleinkind handlungsentlastet ist. Abgeschirmt durch die Eltern kann es Bauklötzchen aufstapeln und in aller Ruhe die Bedingungen dafür erkunden, dass der Turm umfällt oder auch nicht. Krisenhafte Erfahrungen durch Muße ermöglichen Erkenntnis um ihrer selbst willen.

Die Debatte um die frühkindliche Sozialisation wird unter dem Stichwort frühe Bildung geführt. Diesen Begriffswechsel sollte man nicht auf die leichte Schulter nehmen, sondern danach fragen, welche Absicht wohl mit dieser zweiten in diesem Beitrag zu registrierenden semantischen Verschiebung verbunden ist.[4]

Bildung verweist auf Bildungs*system*, und damit ist der Staat im Spiel, der für die Organisation von Bildung verantwortlich ist. *Frühkindliche* Bildung wiederum verweist auf den Ort, an dem die frühe Kindheit stattfindet, auf die Familie also. Das heißt demnach, dass der Staat nun beansprucht, die Hoheit über einen Bereich auszuüben, in welchem er gemäß dem Grundgesetz nichts zu suchen hat, über die Familie nämlich. Die aus dem 18. Jahrhundert überkommene Einsicht des Liberalismus, dass durch die Hütte des armen Mannes der Wind pfeifen dürfe, der Staat aber dort nichts verloren habe, gilt heute nicht mehr.

Weil in einschlägigen Publikationen eine Definition des Bildungsbegriffs vermieden wird, müssen wir annehmen, dass es um einen kognitiven Bildungsbegriff geht, der noch von der Signatur der Aufklärung geprägt ist. Einem solchen Bildungsbegriff ist, wenn es um Kinder unter drei Jahren geht, entgegenzuhalten: „Bildung beginnt als Herzensbildung, Ausbildung der Seele und der Gefühle,

---

4 Auch Fthenakis (2014) hält eine Definition des Bildungsbegriffs, bezogen auf Kinder zwischen eins und drei Jahren, für entbehrlich. Ihn interessiert vor allem, welche Kompetenzen Pädagogen, die in der frühkindlichen Ausbildung tätig sind, aufzuweisen haben. Dazu legt er eine international vergleichende Studie vor. Der Professionsbegriff spielt dabei eine große Rolle; jedoch wird er ohne Anschluss an soziologische Professionalisierungstheorien und entsprechend nebulös formuliert.

kognitives Verstehen beginnt erst, wenn Menschen erlebt haben, dass sich andere um sie intensiv sorgen“ (Winkler 2012, S. 69).

Und weiter: Kaum eine auf dieses Thema bezogene Publikation kommt ohne Verweis auf die *gesellschaftliche Verwertbarkeit* von früher Bildung aus. So schreibt Heidi Simoni in ihrem Text über „ Bildung ab Geburt“: „Bildung wird häufig als wichtigster Rohstoff der Schweiz im internationalen Wettbewerb genannt“ (Simoni 2010, S. 47). Und die eingangs erwähnte Pressemitteilung der Leopoldina (vgl. Leopoldina 2014) schreibt bereits in der Überschrift ihrer Stellungnahme zur frühkindlichen Bildung und zu Beratungsangeboten von „langfristigen Investitionen“. Die Langfassung des von der Leopoldina vorgelegten Berichts enthält ein umfangreiches Kapitel über Bildungsökonomie. Dort heißt es: „Auf der Grundlage dieser Längsschnittergebnisse erscheint es aus einer Lebensverlaufsperspektive besonders effizient, Bildungsinvestitionen im frühen Kindesalter zu realisieren, insbesondere bei Kindern aus benachteiligten bzw. anregungsarmen Familien“ (Leopoldina 2014, S. 76). Während so die frühe Kindheit zweckrationalen Kriterien unterstellt wird, stimmen wir Michael Winkler und Andrea Matheis zu, wenn sie schreiben: „Kindheit ist Selbstzweck, ein guter Kindergarten bietet den Rahmen zur Erfahrung unterschiedlicher Spiel-, Handlungs- und Lebensweisen“ (Winkler, Matheis 2014, S. 118).

Es geht also bei der frühkindlichen „Bildung“ aus Sicht der mit der Leopoldina assoziierten Forscher gar nicht um Kinder und um die Verbesserung ihrer Karrierechancen. Stattdessen geht es um Gesellschaften, denen aufgrund des demographischen Wandels allmählich das Personal ausgeht, weshalb nun auch die letzten Beschäftigungsreserven in Gestalt der Erwerbsbeteiligung von Frauen ausgeschöpft werden müssen. Erst dieses Anliegen macht die Schaffung von frühkindlichen Betreuungseinrichtungen erforderlich. Verkauft wird das Ganze als Großunternehmen der Befreiung der Frau aus dem Joch der Familie, die erst dann zur eigenen Autonomie finden könne, wenn sie über ein eigenes Einkommen verfüge, als ob ein Ehemann und Familienvater über das Einkommen, das er erzielt, alleine verfügen könne und dieses Einkommen nicht als Familieneinkommen juristisch definiert sei.[5]

Weil darüber gesamtgesellschaftlich offenbar keine Übereinkunft besteht, fallen Ehefrauen auf den Mythos von der Befreiung der Frau durch Lohnarbeit herein. Um aus dem Fettnapf, in den wir nun beidfüßig getreten sind, wieder he-

5 So heißt es im Code civil, entstanden in den Jahren nach der französischen Revolution und maßgeblich für die Gesetzgebung in zahlreichen deutschen Staaten bis in das frühe 19. Jahrhundert in Abschnitt VI unter Paragraph 214: „Der Ehemann ist verpflichtet, seiner Frau alles, was sie zum Leben benötigt, nach seinem Vermögen und seinem Zustand zu liefern.“ (Übs. B. H.) Aber solange Ehemänner anzutreffen sind, die an ihre Frau nach Gutdünken Haushaltsgeld auszahlen, die Höhe ihres Einkommens verschweigen, und solange die Überbewertung bezahlter Tätigkeiten gegenüber unbezahlten Tätigkeiten auch noch im 21. Jahrhundert gängig ist, gibt es kein vernünftiges Argument gegen die Erwerbsbeteiligung von Frauen.

rauszukommen: Gegen die Berufsstätigkeit von Frauen haben wir nichts einzuwenden, wohl aber gegen die Diffamierung von Frauen, die sich dafür entscheiden, ihre Kinder (zusammen mit ihren Männern) selbst zu erziehen.

Auch Väter können Kinder zuhause betreuen, und die unerwartete Inanspruchnahme des Elterngeldes durch Väter offenbart auch, dass diese dazu bereit sind. Eine Vaterschaftsstudie des Deutschen Jugendinstituts zeigt, dass 11 % der Väter ihre Kinder im ersten Lebensjahr und 16 % der Väter ihre Kinder im zweiten Lebensjahr betreuen, ohne dass ihnen der Staat dabei über Kindergeld und Steuersatz hinaus unter die Arme greift. Beziehen diese Väter Elterngeld, dann erhöht sich ihre Zahl auf 23 % im ersten Lebensjahr der Kinder und 31 % im zweiten Lebensjahr (vgl. DJI 2008).

Bei Männern liegt die Erwerbsquote jetzt schon hoch, also sind die Frauen die Bezugsgruppe, um die es geht, aus der Reserven für den Arbeitsmarkt zu erschließen sind. Frauen müssen in die Erwerbsarbeit gebracht werden. Die Steigerung von Erwerbsquoten von Frauen wird als Modernisierung verkauft, so der Politologe Everhard Holtmann aus Halle in einem Kommentar in der ARD, wo er sagte, dass mit der Steigerung der Frauenerwerbsquote im Westen und ihrer Angleichung an die der Frauenerwerbsquote in Ostdeutschland seit der Wende nun auch der Westen in der Moderne angekommen sei. Das ist dreist.

Wie die Moderne in der DDR ausgesehen hat, kann jeder mit eigenen Augen sehen, sobald er Städte wie Jena und Halle verlässt. Die aktuellen Debatten um die Laufzeit des Solidaritätszuschlags, der die „nachholende Modernisierung" der DDR finanzieren soll, deuten darauf hin, dass sein Auslaufen nicht absehbar ist. Die nachholende Modernisierung Ostdeutschlands wird als endlos angesetzt. Die Abschaffung des Soli, wie er putzig genannt wird, ist entsprechend politisch auch nicht erwünscht. Damit wird er über kurz oder lang den Status der Sektsteuer aus dem Jahr 1902 erlangen, eingeführt zur Finanzierung der kaiserlichen Kriegsflotte, über deren Abschaffung auch kaum jemand nachdenkt, obwohl die fraglichen Schiffe längst versenkt sind. Was der Staat einmal hat, gibt er nicht mehr heraus. Da wir nun schon einmal beim Makrosystem Staat angelangt sind, setzen wir dieses Thema fort:

Um Kinder geht es bei der frühkindlichen Sozialisation, die als Bildung verkauft wird, nicht. In Deutschland fällt die Beteiligung von Paaren an der Erwerbsarbeit im internationalen Vergleich sehr hoch aus, denn in Deutschland arbeiten 43 % der Paare mehr als 80 Stunden in der Woche, in den USA sind es 68 %, in Großbritannien 34 %, in den Niederlanden 10 % (vgl. Siebter Familienbericht der Bundesregierung 2006, S. 255). 2006 waren in Deutschland 40 % der Mütter mit Kindern unter sechs Jahren nicht berufstätig, in Griechenland waren es 50 %, in Dänemark, Schweden und Frankreich 10 %. Die UNICEF hat in 19 europäischen Ländern sowie in Kanada Daten über das materielle sowie subjektive Wohlbefinden von Kindern erhoben. Wir befassen uns nur mit den Ergebnissen dieser Studie, ohne Fragen nach der Methodik zu stellen. Was das materielle Wohlbefinden der Kinder anbelangt, so liegen die vier skandinavischen Länder an der Spitze. Beim subjektiven Wohlbefinden sieht es indessen völlig anders aus. Hier stehen die Niederlande – das ist ein Land, in dem nur 12 % der Paare mehr als 80 Stunden pro Woche arbeiten, verglichen mit 43 % in Deutschland – am ersten Platz. Es folgen die üblichen Vertreter des traditionalen Familienmodells, nämlich Spanien und Griechenland. In Griechenland arbeiten 50 % der Mütter mit Kindern unter sechs Jahren nicht. Norwegen steht beim subjektiven Wohlbefinden der Kinder als erstes skandinavisches Land auf Platz acht. Deutschland steht auf Platz neun, vor Dänemark und Finnland.

Die Bereitschaft von Familien, die Mär von den Segnungen der öffentlichen Kinderbetreuung für bare Münze zu nehmen, ist in Deutschland regional sehr unterschiedlich ausgeprägt. In Baden-Württemberg stehen laut einer Studie des Bundesfamilienministeriums im Jahr 2003 für je 100 Kinder im infrage kommenden Alter ein Platz in der Krippe, 122 Plätze im Kindergarten und zwei Plätze im Hort zur Verfügung. In Mecklenburg-Vorpommern stehen im selben Zeitraum für je 100 Kinder im infrage kommenden Alter 31 Plätze in der Krippe, 128 in Kindergarten und 62 im Hort zur Verfügung.[6]

Ein Makroökonom aus Mecklenburg-Vorpommern hat diese Relation 2009 auf einer Tagung des Instituts für Wirtschaftsforschung in Halle zum Anlass genommen, dringende Modernisierungsschritte in Baden-Württemberg anzumahnen. Damit steht er nicht alleine.

Vergessen wird dabei regelmäßig, dass die Südländer Bayern, Baden-Württemberg und Hessen seit Jahren (genauer: seit dem Niedergang der Schwerindustrie in Nordrhein-Westfalen) Bruttozahler im Länderfinanzausgleich sind. Der Wohlstand in Deutschland wird dort erwirtschaftet, wo die Familien aus Sicht der Nord- und Ostländer rückständig sind, weil die Kinder zuhause erzogen werden. Das hat den Familien, die das vom Freistaat Bayern initiierte Betreuungsgeld in Anspruch nehmen – über dessen Sinnhaftigkeit man nicht streiten muss, denn es würde ja reichen, den Familienlastenausgleich angemessen auszustatten, anstatt Familien mit Almosen abzuspeisen –, das üble Schimpfwort „Herdprämie“ eingebracht.

Der Kindergartenbesuch wird ausgegeben als eine Möglichkeit, die Bildung von Kindern zu beschleunigen, und das Argument kommt an (siehe Fußnote 3).

6 Inzwischen sind mit der Einführung des Anspruchs auf einen Kindergartenplatz ab dem ersten Lebensjahr diese Zahlen hinfällig, außerdem haben sie damals schon vorwiegend für den ländlichen Raum und nicht für die Großstädte gegolten. „Nach Inkrafttreten des Rechtsanspruchs auf einen Kitaplatz ist in Westdeutschland die Betreuungsquote bei Kindern unter drei Jahren merklich gestiegen. Zum Stichtag 1. März 2014 lag sie bei 27,4 % in Westdeutschland und bei 52 % in Ostdeutschland. 2013 hatte die Quote im Westen noch bei 24,2 %, im Osten bei 49,8 % gelegen.“ Diese Entwicklung betrifft auch Gebiete in Franken, und der Jugendhilfeberater im Landkreis Würzburg (Bayern) freut sich darüber. Er hat erkannt: „Auch Mütter, die zuhause bleiben, nutzen solche Plätze, weil sie als Bildungsangebot wahrgenommen werden“ (SZ 21./22.02.2015).

Kinder lernen anders als in staatlicher Obhut, wie wir eingangs schon erwähnt haben, und außerdem verliert das Bildungsargument an Überzeugungskraft, wenn man sich folgende Zahlen vor Augen hält:

Auf 100.000 der Bevölkerung entfallen in Baden-Württemberg 120 Patentanmeldungen, in Mecklenburg-Vorpommern, dem „Paradies" der außerfamilialen Kinderbetreuung aus makroökonomischer Sicht, sind es elf pro 100.000. Das Aufwachsen in der Familie scheint also ein günstiges Umfeld für die Entwicklung von Tüftlern zu sein. Das Missverhältnis zwischen Patenten und Teilnahme an der öffentlichen Erziehung – je mehr Kindergarten, desto weniger Patente – damit zu erklären, dass Mecklenburg-Vorpommern ein Agrarland und Baden-Württemberg ein Industrieland ist, ist als Argument wenig überzeugend; denn in Thüringen, einem Land der Hochtechnologie mit zahlenmäßig bester Versorgung mit Kindergartenplätzen, sind es auch nur 30 Patente pro 100.000 der Bevölkerung (vgl. Bohler, Hildenbrand 2006). Krisenerfahrungen von Kindern in Muße, ermöglicht im Schonraum der Familie, fördern offenbar eine Haltung des Tüftelns, die die Vorausbedingung des Entdeckens von Neuem ist, und disponiert entsprechend zum Erfinden.

Die Kasseler Psychologin Marianne Leuzinger-Bohleber und die Pädagogin Ariane Garlichs (1993) haben nach der Wende Vorschulkinder in Kassel und Jena untersucht. Der für unser Thema wichtigste Befund ist, dass Kinder aus Jena eine hohe funktionale Autonomie, Kinder aus Kassel hingegen ein ausgeprägtes Selbstbewusstsein zeigen in der Form, dass sie Neuem gegenüber aufgeschlossener sind als Kinder, die die DDR-spezifische Vorschulerziehung durchlaufen haben (vgl. ebd., S. 132ff.). Überdies stellen die Autorinnen eine ausgeprägte Geschlechterdifferenz fest, was die Orientierung an Neuem anbelangt. Hierbei seien Mädchen benachteiligt. (Neuere Befunde deuten allerdings darauf hin, dass die Bereitschaft in strukturschwachen Gegenden wie dem Erzgebirge, in stärkere Gegenden umzuziehen, bei jungen Frauen verbreiteter ist als bei jungen Männern, die entsprechend keine Partnerinnen mehr finden). Zu der erwähnten Geschlechterdifferenz passt ein Befund, den die OECD jüngst in einem Bildungsbericht mitgeteilt hat, demzufolge Selbstbewusstsein die Grundlage für Schulerfolg sei.

Zählt man eins und eins zusammen, dann kommt heraus, dass die Vorschulerziehung nach DDR-Modell, also frühzeitiger „Kita"-Besuch, nicht förderlich für die Entwicklung von Schulerfolg ist und auf der Bildungsebene weitere Ungleichheit produziert.

Es hat wenig Sinn, diese Reihe wissenschaftlicher Befunde fortzusetzen, die methodisch fragwürdig sind. Jedermann kann eine Studie heranziehen, die in sein Argumentationsschema passt. Wir nehmen uns da nicht aus und kommen auf die Mikroebene der Betrachtung zurück.

Interessant in diesem Zusammenhang sind Widersprüche der Bindungsforschung. Während Ludwig Liegle (2005, S.412) darauf hinweist, dass früher auf der Grundlage der Bindungsforschung Kritik am Kindergarten erhoben wurde, die aber heute erledigt sei, war auf einer Frankfurter Tagung zu hören, „dass die meisten Kinder fünf Jahre brauchten, um so tiefe Bindungen zu entwickeln, dass sie in der Lage seien, das Gefühl der Verbundenheit auch dann aufrechtzuerhalten, wenn sie von ihren Eltern getrennt seien", so der kanadische Psychologe Gordon Neufeld. Dem hält der Sohn von John Bowlby auf derselben Tagung entgegen: „dass Säuglinge und Kleinkinder dann Trennungsangst und Stress in Kindergruppen vermeiden können, wenn sie eine dauerhafte, von Zuneigung geprägte Zweitbeziehung zu einer ständig verfügbaren Pflegeperson entwickeln." Und er benennt auch die erforderlichen Rahmenbedingungen: „Der Betreuungsschlüssel solle bei einem Erwachsenen zu drei Kindern liegen. Die Erzieher sollten kontinuierlich über mehrere Jahre mit den Kindern arbeiten, den Willen haben, sich dauerhaft und tief an sie zu binden, die Familien gut kennen und sich ihnen verantwortlich fühlen" (FAZ 7.5.2007). Offenbar kennt die Bindungsforschung unterschiedliche Auslegeordnungen, je nach vorliegenden Interessen. Von Qualifizierung des Personals über Bildung ist bei Bowlby jr. im Übrigen nicht die Rede (siehe oben).

3 *Die Familie ist der Ort, von dem aus das Kind den Rest der Welt betrachten kann (Natalia Ginzburg), speziell in der Moderne*

Anspruch und Wirklichkeit der Kindertagesstätte halten den Erfordernissen nicht stand. Wir bleiben dabei: Wenn das Kind für aktive Welterschließung auf Orte der Muße angewiesen ist, dann ist es die Familie, die diesen Ort als „Hafen in einer herzlosen Welt" (Lasch 1987, S. 53) bereitstellt. Die Familie der Moderne ist die ausdifferenzierte Familie, die zu ihrer Umgebung eine widersprüchliche Beziehung unterhält: Einerseits ist sie von dieser abgeschlossen, das ist in einer auf Differenzierung und Individualisierung angelegten Moderne unausweichlich. Andererseits ist sie auf diese bezogen. Wenn sie das nicht wäre, dann würde sie ihre Aufgabe, sich selbst aufzulösen, nicht erfüllen können. Familien sind dazu da, ihre Kinder in die Lage zu versetzen, sich verselbstständigen zu können. Je nach Lebensalter des Kindes stellt die Familie, wenn sie nach außen abgeschlossen und nach innen zentriert ist, den Interaktionsraum bereit, in dem Identitätsbildungsprozesse von Kleinkindern stattfinden können (vgl. Buchholz 1993; Fivaz-Depeursinge, Corboz-Warnery 2001; Funcke, Hildenbrand 2009, S. 25). Gestärkt werden diese Familienbeziehungen durch die Solidaritätsformen der Unendlichkeitsfiktion wie auch der unbedingten Solidarität.

Mit Solidarität hat es wenig zu tun, wenn Erzieherinnen unbefristet streiken, „weil sie es wert sind" (beliebter Gewerkschafts-Slogan ohne weitere Aussagekraft) und selbst in Einrichtungen für schwer behinderte Kinder diese über Wochern, so dass notwendige Therapien vorenthalten werden, was unter der Bedingung einer rationalen Einschätzung als unterlassene Hilfeleistung einzuschätzen wäre. Ungeachtet dessen verkündet die verantwortliche Gewerkschaft Verdi auf ihrer Webseite im Juni 2015: „die Beschäftigten in den Sozial- und Erziehungsberufen kämpfen weiter für die längst überfällige Aufwertung ihrer wertvollen und anspruchsvollen Arbeit". Dass die Arbeit anspruchsvoll ist, sei unbestritten, dass sie wertvoll ist, und dass dieser Wert geldwertig ausgedrückt wird, anstatt dass die Ausweitung von Bildungsanstrengungen des Personals von den Arbeitgebern gefordert wird, stimmt schon wieder skeptisch.

Man stelle sich einmal vor, Eltern träten *als* Eltern in einen unbefristeten Streik. Alarmiert durch die „Kita", stünde alsbald die Polizei bei den Eltern vor der Tür, es käme zur Kindesherausnahme, die Polizei lieferte das Kind in einem dafür vorgesehenen Kinderheim ab, dessen Erzieherinnen sich jedoch gerade in einem unbefristeten Streik befinden, so dass das Kind die Nacht in der Ausnüchterungszelle der Polizei zu verbringen hätte etc....

Dieses Gedankenexperiment zeigt, dass Kinder von ihren Eltern unbedingte Solidarität erwarten können, während Lohnerzieherinnen das Ansinnen an unbedingte Solidarität zweifellos zurückweisen können, denn ihr Verhältnis zum Kind ist ein spezifisches, aus einem Lohnarbeitsverhältnis resultierendes, während das Verhältnis von Eltern zu ihrem Kind ein diffuses ist.

Erst in der Moderne, seit der Geburt der bürgerlichen Gesellschaft im Zuge der Verselbstständigung des Dritten Standes, also seit der französischen Revolution (vgl. Labrousse u. a. 1979), ist die Ausdifferenzierung der Familie so weit fortgeschritten, dass sie die Gestalt erlangen konnte, in der sie uns heute gegenübertritt. Das heißt allerdings nicht, dass die Familie 1789 vom Himmel gefallen ist. Wesentliche Strukturmerkmale hatten sich schon lange angekündigt und im „westeuropäischen Familienmodell" (Mitterauer 1990; Funcke, Hildenbrand 2009) verfestigt.

Seit den 1960er-Jahren hat der Begriff der „bürgerlichen Familie" die Gestalt eines Kampfbegriffs angenommen, als Quelle von Verrücktheit wurde sie denunziert (vgl. Laing, Esterson 1964; Bateson 1969), ihr Tod wird herbeigesehnt oder zumindest beschworen (vgl. Cooper 1971; Beck 2000). Es gilt der Mark Twain zugeschriebene Satz: „Nachrichten über mein Ableben sind übertrieben." Dabei wird übersehen, dass diese Familienform mindestens seit den 1950er-Jahren, in denen sie den Höhepunkt ihrer Beliebtheit erreicht haben soll, schwächelt. Sie musste nicht durch vollmundige sozialwissenschaftliche Rhetorik erschlagen werden. Der Familientherapeut Jay Haley hat in den frühen 1960er-Jahren den Begriff der „wither family", also der „vertrocknenden Familie", geprägt, und wie das aussieht, können die Jüngeren, die die 195oer-Jahre nicht selbst erlebt haben, anhand der Fernsehserie *Mad Men* studieren. In Zeiten, in denen gleichgeschlechtliche Paare – erfolgreich, siehe Irland, sehr zum Verdruss der in Deutschland (mit)regierenden CSU – darum ringen, ehelichen Status zugeschrieben zu bekommen, und in Zeiten, in denen diese Paare, wenn sie dann mithilfe der Medizintechnik zu Kindern gelangt sind, ihr Familienleben dem der als bürgerlich verschrienen Familie nachbilden (vgl. Funcke, Hildenbrand 2009, S. 204ff.), wirken Untergangsszenarien eher peinlich.

Das Leitbild der bürgerlichen Familie steht konkurrenzlos da, die Herausbildung der „proletarischen Familie" ist sozialistischen Gesellschaften nicht gelungen. Versuche hat es gegeben, aber am Ende stand der ernüchternde Befund: „Die Arbeiterfamilie gerät in eine doppelte Isolation: in eine Häuslichkeit ohne Familienorientierung und eine Öffentlichkeit ohne Erfahrung" (Mooser 1984, S. 153).

Gleichwohl war die Familie immer Fokus Nr. 1, wenn es darum ging, Staatsideologien durchzusetzen. Das zeigt Art. 38 (4) der DDR-Verfassung: „Es ist das Recht und die vornehmste Pflicht der Eltern, ihre Kinder zu gesunden und lebensfrohen, tüchtigen und allseitig gebildeten Menschen, zu staatsbewussten Bürgern zu erziehen." Dazu schreibt Ludwig Liegle:

> „Für totalitäre politische Systeme ist kennzeichnend, dass die staatlichen Instanzen und die herrschende politische Partei von allen Bürgern absolute Loyalität einfordert. Der jeweilige ‚Führer', wie etwa Stalin oder Hitler, (oder eben die Partei – B.H.) versteht sich als Repräsentant einer Art säkularisierten Messianismus, dem alle ihre Gefolgschaft schulden, die gegenüber sämtlichen anderen Bindungen Vorrang hat. Eine Trennung zwischen privater und öffentlicher Sphäre ist unerwünscht. Vielmehr wird ein Klima der Angst erzeugt, das gegenseitige Kontrolle und Denunziation im Hinblick auf abweichende Einstellungen und Verhaltensweisen selbst innerhalb der eigenen Familie legitim erscheinen lässt" (Liegle 2005, S. 410).

Aber mitunter machen die Herrschenden ihre Rechnung ohne den Wirt, also ohne die Familien, die den Rückzug ins Private antreten. Heute ist die „Kita" Schauplatz des letzten Gefechts von Staaten, um Zugriff auf die Kinder zu erlangen.

Es ist jedoch nicht das Privileg sozialistischer Staaten, auf diese Weise mit Familien und ihren Kindern umzuspringen. Kapitalistische, speziell sozialdemokratisch gesonnene Gesellschaften zeigen Versuche des *social engineering*, mit dessen Hilfe der Staat den Zugriff auf die Kinder organisieren will.

Alva Myrdal, schwedische Nobelpreisträgerin und Vordenkerin der heilen Welt skandinavischer Kleinkinderziehung, schreibt im Zusammenhang mit der Forderung nach einem „Umerziehungsprogramm" und einer „neuen Charakterbildung" im Jahr 1943, also in einer Zeit, in welcher die Welt unter dem Eindruck der nationalsozialistischen Barbarei stand. Schon zu dieser Zeit machte sich Myrdal Gedanken darüber, was nach dem Kriegsende sein würde und wie man eine Wiederholung des Grauens vermeiden könne:

> „Sollten wir ehrlich eine neue Welt schaffen wollen – und nicht einfach darüber reden –, müssen wir uns demütig niedersetzen und die *Behandlung des Menschenmaterials, das die nächste Generation bilden soll* (Hervorhebung im Original) selbst reformieren." (Zitiert nach Etzemüller 2010, S. 212, auf den auch die Übersetzung aus dem Schwedischen zurückgeht).[7]

In diesem Ton und Duktus geht es weiter, auch nach Kriegsende.

---

7 Aber nun schlägt das Pendel zurück (vgl. Anna Wahlgren). Aus Sicht ihrer eigenen Kinder ist Wahlgren ähnlich umstritten wie Myrdal, deren Sohn Jan in einer dreibändigen Autobiografie seinen Eltern eine bitterböse Abrechnung geliefert hat (genauer dazu Etzemüller 2010) und der heute verarmt ist (SZ 16.3.2015). Der Däne Jesper Juul stellt die provokante Frage: „Wem gehören unsere Kinder? Dem Staat, den Eltern oder sich selbst?" (Juul o. J.).

„Neu" ist das Stichwort, das Hans Magnus Enzensberger im Anschluss an eine Russlandreise Ende der 1960er-Jahre wie folgt kommentiert hat:

> Einfach vortrefflich
> all diese großen Pläne:
> Das Goldene Zeitalter
> Das Reich Gottes auf Erden
> das Absterben des Staates.
> Durchaus einleuchtend.
>
> Wenn nur die Leute nicht wären!
> Immer und überall stören die Leute.
> Alles bringen sie durcheinander.
> (Enzensberger 2014, S. 240)

Ob alles besser wird, wenn man „demokratisches Menschenmaterial" züchtet oder den Familien die Aufgabe zumutet, linientreuen sozialistischen Nachwuchs zu erzeugen, darf bezweifelt werden. Wenn die Eltern es an der nötigen Compliance fehlen lassen, müssen sie von ihren Kindern „gelöst" werden[8], das war Margot Honeckers Spezialität, ähnliche Gedanken äußert auch Alva Myrdal (vgl. Etzemüller 2010, S. 210).

Auch in Israel hat sich die sozialistisch inspirierte Idee der Erziehung durch die Trennung der Kinder von ihren Eltern nicht halten lassen, denn die „kreativen Erziehungsversuche werden aus der Not geboren, wenn die Not überwunden scheint, dann nehmen offenbar auch die Energien zur Erneuerung ab" (Liegle 2011, S. 82). Die Widerstände im Kibbuz gegen die Trennung von Eltern und Kindern hat Amos Oz in seinem erzählerischen Werk beschrieben.

Ganz zu schweigen von umfangreichen Angriffen auf die Familie, die als Prävention der Gesellschaft schmackhaft gemacht werden und in deren Fokus im Wesentlichen die so genannten bildungsfernen und die armen Familien stehen. Unterstellte Nothilfe und Bildung als Motive institutioneller Kleinkinderziehung laufen hier zusammen (vgl. Großkopf 2014, S. 90ff.; Hildenbrand 2014a). Während noch dem frühkindlichen Bildungsbegriff, wie er heute in Gebrauch ist, ein aktives Menschenbild[9] unterliegt, wird solchen Familien nicht zugetraut, ihr Schicksal selber in die Hand zu nehmen. Dem unterliegt ein passives Menschenbild (vgl. Hildenbrand 2015). Das Phänomen der Resilienz, das Gedeihen unter widrigen Umständen (vgl. Welter-Enderlin, Hildenbrand 2006), ist unbekannt.

Kommen wir auf den Ausgangsgedanken zurück: Das Kleinkind bildet sich, indem es in Situationen der Muße Krisenerfahrungen macht. Die Frage lautet, ob die „Kita" heute eine ernsthafte Konkurrenz zu einem Familienleben bieten

8 Vgl. aus Betroffenensicht Böwing (2009) und Wawerzinek (2010), für mutige Kindergartenverweigerung Andreas Maier, (2011, S.34ff.).

9 Der Duden - das große Wörterbuch der deutschen Sprache definiert „Menschenbild" als „Vorstellung vom Menschen". Was daran normativ sein soll, wie mitunter unterstellt wird, erschließt sich mir nicht.

kann, in welchem solche Räume der Muße geschaffen werden, und ob das Kind derlei braucht.

Werfen wir einen Blick auf die Situation in „Kitas" im Jahr 2013:

Wir verfügen nicht über angemessenes Material, um die Sozialisationsleistungen von Krippenplätzen einzuschätzen, die Einsichten der Wirkungsforschung sind eher bescheiden (vgl. Liegle 2001, S. 342f.), aber eine Würdigung der Rahmenbedingungen sollte genügen, um mit gesundem Menschenverstand die Frage zu klären, ob man seinen Kindern solche Verhältnisse zumuten sollte:

Öffnungszeit: 6 bis 18:00 Uhr

neun Kinder, eine Gruppenerzieherin, eine Springerin (Erzieherin, die stundenweise von Gruppe zu Gruppe geht)

zwei Räume, darunter ein Spielraum und ein Schlafraum.[10]

Von den von Bowlby jr. erwähnten Rahmenbedingungen (siehe oben) für eine angemessene Betreuung kleiner Kinder im Kindergarten unter Berücksichtigung der Ergebnisse der Bindungsforschung ist das weit entfernt. In der öffentlichen Diskussion wird die Krippen- und Hortverweigerung jener Kreise, die auf Krippen und Horte nicht angewiesen sind, weil sie sich die Beschränkung auf ein Arbeitseinkommen in der Familie leisten können oder wollen, als Rückständigkeit und als Benachteiligung von Frauen in ihrer Teilhabe am Berufsleben gewertet. Fragt man aber die Frauen, um die es hier geht, bzw. die Eltern dieser Kinder nach ihrer Auffassung, dann sieht es anders aus. In einer Studie über die Vorstellungen junger Paare zwischen 18 und 38 Jahren in Südwestdeutschland, der Deutschschweiz und in Vorarlberg (einem weitgehend einheitlichen Kulturraum mit „südwestdeutschen" Mentalitätsmustern, wenn auch leichten Autonomieübergewichten in der Deutschschweiz) fanden wir heraus[11], dass junge Frauen (inzwischen zunehmend auch Väter, wie eine Studie zeigt, der zufolge 31 % der Väter mit Kindern im zweiten Lebensjahr bezahlte Elternzeit in Anspruch nehmen, vgl. RWI 2009) mehrheitlich ihre beruflichen Ansprüche zugunsten ihrer Kinder zwar nicht aufgeben, aber zurückstecken, wenn Kinder da sind. Ihrer Auf fassung nach gehören Kinder unter drei Jahren in die Familie und Schulkinder außerhalb der Schulzeit in das familiäre Umfeld, und keine noch so gut ausgestattete Kinderbetreuung wird sie davon abhalten, in den frühen Jahren selbst für ihr Kind zu sorgen und kindangemessene, d. h. seinem individuellen Rhythmus angepasste Angebote außerfamilialer Betreuungsformen zu suchen. Der entwicklungspsychologisch nahe liegende, aber insbesondere politisch umstrittene Effekt einer am Kind und nicht an den Bedürfnissen der Arbeitswelt orientierten Kin-

---

10 Entnommen dem Bericht von A. Gensichen über ihr Praktikum in einer Kindertagesstätte in Jena, Nov.2013.

11 Ulrike Borst, Silvia Dinkel, Christopher Hausmann, Bruno Hildenbrand, Andrea Schedle, Rosmarie Welter-Enderlin. Weitere Informationen: www.bruno-hildenbrand.de.

derbetreuung ist die Ausbildung einer inneren biografischen Stabilität. Diese „warm-moderne Fürsorge“ (Hochschild 2004, S. 205) ist im Siebten Familienbericht der Bundesregierung (2006, S. 255) als „zukunftsweisendes Modell“ ohne weitere Folgen in der Argumentation oder in den Empfehlungen ausgewiesen.

4 *Können die Strukturprobleme öffentlicher Sozialisation durch eine Qualitätsverbesserung vermieden werden?*

Bemängelt wird, wie eingangs zu lesen war, die Qualität der Kindertagesstätten und des Personals. Wie immer in solchen Situationen, wird das Heil der Qualitätsverbesserung in der Bildung gesucht (vgl. Hildenbrand 2012; Kirschner 2015). Das Qualifikationsniveau der Mitarbeiterinnen soll angehoben werden. Aber das ist der falsche Ansatzpunkt. Man könnte sich auch die Frage stellen, ob die Kindertagesstätte im Alterssegment zwischen eins bis drei Jahren überhaupt in der Lage ist, das zu leisten, was sie leisten soll, nämlich den Kindern einen günstigen Start ins Leben (worunter in der Logik der Bildungsforscher verstanden wird: in die Schulbildung) zu ermöglichen. Weiterhin könnte man fragen, ob die Kindertagesstätte als Reparaturbetrieb für randständige Familien tauglich ist.

Einen erstaunlichen Einblick in das Qualitätsniveau und deutschen Kindergärten bieten derzeit zwei Vorfälle, die in der Tagespresse verhandelt werden: Der eine Vorfall ereignet sich in Altenburg in Thüringen. Er gelangte eher zufällig ans Licht der Öffentlichkeit, weil eine Praktikantin in einer Kindertagesstätte, die Kinder von 0-2 Jahren betreut und von der „Volkssolidarität“ betrieben wird, fotografiert hat, wie Kinder vor dem obligatorischen Mittagsschlaf gewickelt werden, und diese Fotos als Ausweis ihrer Praktikumstätigkeit in der Schule vorführte. „Es geht um die Kita ‚Spatzennest‘, um 58 Fälle und um die Frage, wo wohlwollende Fürsorge aufhört und wo rabiater Umgang beginnt. Die Anklage lautet auf Misshandlung Schutzbefohlener, Verletzung der Fürsorge- und Erziehungspflicht, Nötigung. In der Anklageschrift wird den Frauen (es handelt sich um vier Erzieherinnen, von denen eine mittlerweile in Rente gegangen ist) vorgeworfen, unruhige Kinder, darunter auch Schwerbehinderte, zum Mittagsschlaf wie beschrieben eingeschnürt zu haben. Zudem soll Kindern unter Zwang Essen eingeflößt worden sein – so sehr, dass sich einige erbrachen. Die Beweisaufnahme aber habe ein minder klares Bild ergeben, sagt Richter Sandy Reichenbach am Montag. ‚In vielen Punkten wird es auf einen Freispruch hinauslaufen‘. Der Einstellung des Verfahrens schiebt allerdings die Staatsanwaltschaft einen Riegel vor (vgl. SZ 21.4.2015). Der beschriebene Vorgang soll ganz selbstverständlich als „pucken“ bekannt gewesen sein.

Wie zum Ausgleich wird im Juni 2015 aus Mainz in Rheinland-Pfalz ein Fall aus einer katholischen Kindertagesstätte bekannt, in welcher „drei bis sechsjährige Kinder Handlungen von schlimmer Brutalität aneinander vorgenommen (hätten). Die Erzieher haben trotz Hinweisen von Eltern monatelang nicht reagiert“

(SZ 13.6.2015). Der Träger hat inzwischen diese Tagesstätte geschlossen, das Personal wurde entlassen. Als dieser Fall vor Gericht verhandelt wird, machen die angeschuldigten Erzieher Arbeitsüberlastung geltend.

Ob es sich bei diesen Vorfällen um die Spitze eines Eisbergs oder um ganz seltene Ausnahmen handelt, kann an dieser Stelle nicht entschieden werden.

Würde man die Optik radikal verändern, könnte man folgende Frage stellen: Wie wäre es, wenn die immensen Summen, die dieses Land für die Betreuung von Kleinkindern ausgibt, verwendet würden, um Familien mit Kindern eine ausreichende finanzielle Ausstattung zu ermöglichen, damit sie unbelastet von finanziellen Sorgen ihre Kinder in Ruhe großziehen können, der Vater oder die Mutter zuhause bleiben und sich um die Kinder kümmern kann? (Derzeit - April2015 - wird darum gestritten, ob das Kindergeld pro Monat für ein Kind um sechs Euro erhöht werden soll). Und so dann immer noch die Sorge besteht, Familien würden dem Kindeswohl nicht gerecht werden können, und das Misstrauen gegen prekäre Lebensverhältnisse (vgl. Hildenbrand 2013) nicht auszuräumen oder stillzustellen ist, dann kann eine solide Stadtteil- und Gemeinwesenarbeit mit Unterstützung der Selbstorganisationspotentiale von Familien helfen, das Gröbste zu verhindern.[12]

Der Preis dafür wäre, dass der Staat den Zugriff auf seinen Nachwuchs aufgibt und den Art. 6 des Grundgesetzes der Bundesrepublik Deutschland wörtlich nimmt, wie es einer demokratischen Gesellschaft gemäß wäre.

5 *Eine Aufforderung an Familien, sich staatlichen Zumutungen zu entziehen und zu Freibeutern ihrer eigenen Zeit zu werden*

Als Studenten benötigten meine Frau und ich für unseren damals zweijährigen Sohn einen Kindergartenplatz. Daran war in Konstanz anfangs der 1970er Jahre nicht zu denken, und mit dem bestehenden Angebot wären wir auch nicht zufrieden gewesen. „Kinderladen" war damals das Gebot der Stunde, und mit anderen Studenteneltern organisierten wir zunächst für einige Monate die Kinderbetreuung selbst, bis es gelang, mit finanzieller Unterstützung des Studentenwerks den Universitätskindergarten zu gründen. Ein spektakuläres und zeitgeistkompatibles Go-in im Studentenwerk stellte sich als unnötig heraus und endete als Happening. Die Räume (die ehemalige Mensa aus der Aufbauphase der Universität) richteten wir selbst her, dafür gab es die erforderliche Erlaubnis des Gesundheitsamtes zum Betrieb eines Kindergartens. Für diesen Betrieb war ein Ver-

12 Auch dieser Gedanke ist nicht neu, er kann zurückverfolgt werden bis zu Friedrich Fröbel und seinem Begriff der Familienvereine, entwickelt 1840 (vgl. Liegle 2001, S. 350). Dass solche Gedanken heute nicht weiterverfolgt werden oder nur am Rande, stützt unsere These vom Zugriff des Staates auf das Kind.

ein zuständig, und aufgrund des bestehenden Bedarfs richteten wir bald auch eine Kinderkrippe für Kinder ab einem Jahr (damals eine Sensation) ein.

Unser zweiter Sohn wurde neun Jahre später geboren. Zunächst wurde er von einer Tagesmutter betreut (Tagesmütter sind die Betreuungsform der Wahl, wenn Familien gegenüber institutioneller Erziehung ‚fremdeln' – eine im vorliegenden Zusammenhang befremdende Wortwahl – Großkopf 2014, S. 95). (Die Verpflichtung einer Tagesmutter kann eine Gewähr für ein angemessenes Betreuungsumfeld eines kleinen Kindes bieten, gesetzt den Fall, die Tagesmutter schöpft ihr Kontingent von sechs Kindern nicht voll aus, was u.U. erforderlich ist, damit sie auf ihre Kosten kommt). Ab dem dritten Lebensjahr besuchte unser Sohn einen kirchlichen Kindergarten in Marburg. Unsere beiden Söhne liebten ihre Kindergärtnerinnen innig, Bowlby jr. hätte seine Freude an ihnen (den Kindergärtnerinnen) gehabt.

Der zunehmende Eingriff gesellschaftlicher Bildungsinstitutionen in die frühkindliche Entwicklung kann im Sinne von Jürgen Habermas als „Kolonialisierung der kindlichen Lebenswelt" betrachtet werden. Dieser Übergriff ignoriert die Ansprüche des Kindes und bedient bevorzugt Systemimperative.

Am Beispiel der Zeit kann das deutlich gemacht werden. Die Zeit der Systeme ist die überpersönliche *Standardzeit.* Die Zeit des Kleinkindes ist die *gelebte* Zeit.[13] Taktgeber für die Standardzeit ist die Zeit der Arbeitswelt. Ihr unterliegen die berufstätigen Eltern, an ihr hat sich die kindliche Zeit zu orientieren. Von daher rühren Öffnungszeiten von 6:00 bis 18:00 Uhr in Kindertagesstätten. Das sei, so Bodo Ramelow bei der Jenaer Fröbel-Tagung (2010), erforderlich, weil sich eine Familie heute von einem einzigen Einkommen nicht mehr unterhalten könne. Mit der Einführung des Mindestlohns könnte dieses Argument entfallen. Derzeit kämpfen die Gewerkschaften dafür, dass wenigstens der Sonntag als arbeitsfreie Zeit erhalten bleibt, damit die Kolonialisierung der Familienzeit durch die Imperative der Systemzeit nicht überdominant wird. Früher mussten die Gewerkschaften noch um den freien Samstag kämpfen.

Die Kolonialisierung der Familienwelt und der kindlichen Welt ist politisch gewollt und nicht weiter aufzuhalten. Wenn wir aber die Familie als den Ort betrachten, von dem aus das Kind sich die Welt erschließt und an dem erste individuelle Lebensprozesse stattfinden, können wir an dieser Stelle nur einen Vorschlag wiederholen, den wir bei anderer Gelegenheit schon einmal formuliert haben (vgl. Hildenbrand 2009): Familien haben die Wahl, sich den unaufhaltsamen gesellschaftlichen Beschleunigungsprozessen auf Kosten ihrer Kinder zu unterwerfen oder – zum Nutzen der Kinder – zu *Freibeutern ihrer eigenen Zeit* zu werden. Konkret heißt das: sich gegen gesellschaftliche Zumutungen in Sachen Erwerbsbeteiligung zu stellen und die Ansprüche ihrer Kinder nicht denen der Arbeitswelt zu unterwerfen. Damit dies nicht auf Kosten der Mütter geschieht,

13 In der Allerweltsweisheit „das Gras wächst nicht schneller, wenn man daran zieht" ist der Unterschied zwischen den beiden Zeitformen zutreffend festgehalten.

soll betont werden, dass bei dieser Entscheidung auch die Männer ihren Anteil in die Waagschale zu werfen haben, was sie ja (siehe oben) auch tun. Aber die Familien werden schon selbst wissen, wie sie sich ihr Leben einzurichten haben. Da hat ihnen niemand hineinzureden. Und weil solche Vorschläge in der Regel als naiv disqualifiziert werden, können wir uns mit einem abschließenden Befund trösten:

> „Kinder sind ziemlich fehlerfreundliche und tolerante Systeme. Es geht mit ihnen weniger schief, als man nach dem verfügbaren Wissen eigentlich erwarten muss." (Winkler 2012, S. 80).

Literatur

Bateson, J. u. a. (1970): Schizophrenie und Familie, Frankfurt am Main: Suhrkamp.

Beck, U. (2000): Freiheit oder Kapitalismus. (Ulrich Beck im Gespräch mit Johannes Wilms), Frankfurt a. M.: Suhrkamp.

Bohler, K. F., Hildenbrand, B.(2006): Nord-Süd, in: Lessenich, S., Nullmeier, F. (Hrsg.): Deutschland - eine gespaltene Gesellschaft, Frankfurt am Main: Campus, S. 234-255.

Böwing, H. (2009): Jakob Leising, Weimar u.a.: edition m.

Buchholz, M. B. (1993): Dreiecksgeschichten. Eine klinische Theorie psychoanalytischer Familientherapie, Göttingen: Vandenhoeck & Ruprecht.

Cooper, D. (1971): The Death of family, Harmondsworth: Penguin Books.

DJI Bulletin (2009): Experiment Familie. H. 88/4 S. 15.

Enzensberger, H. M. (2014): Tumult, Frankfurt am Main: Suhrkamp.

Etzemüller, T. (2010): die Romantik der Rationalität. Alva und Gunnar Myrdal. Social Engineering in Schweden (speziell Kapitel VII: Das Projekt Kind, S. 203-226), Bielefeld: transcript.

Fivaz- Depeursinge, E. Corboz-Warnery, A. (2001): Das primäre Dreieck. Vater, Mutter und Kind aus entwicklungstheoretisch-systemischer Sicht. Heidelberg: Auer.

Fröbel, F. (1965): Des Kindes Leben, das erste Kindestun, in: Blochmann, E. u.a. (Hrsg.): Fröbels Theorie des Spiels I, Weinheim: Beltz, S. 41-48.

Fthenakis, W. (Hrsg.) (2014): Frühpädagogische Ausbildungen international - Reformen und Entwicklungen im Blickpunkt. Köln: Bildungsverlag EINS.

Funcke, D., Hildebrand, B. (2009): Unkonventionelle Familien in Beratung und Therapie, Heidelberg: Auer.

Großkopf, S. (2014): Bildung oder Nothilfe? Über Metaeffekte des Kinderschutzes und pädagogische Täuschungen oder unzeitgemäße Betrachtungen in pädagogischer Absicht. In: Sauerbrey, U. u. a. (Hrsg.): Kindheit, Kinderspiel und Kinderschutz - Beiträge zur Theorie, Geschichte und Gegenwart öffentlicher Kleinkinderziehung, Jena: edition Paideia, S.89-116.

Haley, J. (1962): Wither family therapy, in: Family Process 1, 1, S. 69-100.

Hildenbrand, B.(2009): Familie und Beschleunigung. In: Sozialer Sinn, Zeitschrift für hermeneutische Sozialforschung 10, 2, S. 265-281.

Hildenbrand, B. (2012): Die Sozialarbeit/Sozialpädagogik als selbstvergessene Profession, Zeitschrift für Sozialpädagogik 10, 2, S. 115-139.

Hildenbrand, B. (2013): Die Familie und die *précarité.* Fragestellungen, Methoden, Fallbeispiele, in: Krüger, D.C., Hermer, H., Schierbaum, A. (Hrsg.): Familie(n) heute. Entwicklungen, Kontroversen, Prognosen, Weinheim: Beltz-Juventa, S. 190-219.

Hildenbrand, B. (2014a): Die Methodologie einer interpretativen Sozialforschung als Vorgehen der Wahl bei der systemischen Therapieforschung, in: Levold, T., Wirsching, M. (Hrsg.): Systemische Therapie und Beratung – das große Lehrbuch, Heidelberg: Auer, S. 521-528.

Hildenbrand, B. (2014b): Denn erstens kommt es anders und zweitens als man denkt: Prävention im 21. Jahrhundert, in: Familiendynamik 39, 3, S. 180-186.

Hildenbrand, B. (2015): Replik auf Martin Hafen „Prävention – über- und unterschätzt, in: Familiendynamik 40, 1, S. 158-159.

Hochschild, A. (2004): Die Warenfront – Zur Kommerzialisierung des privaten Lebens. Familiendynamik 29, 3, S. 185-207.

Hüther, G. (2014): Kinder brauchen Vertrauen – die Bedeutung emotionaler Sicherheit für die Entwicklung des kindlichen Gehirns, online unter: www.dijg.de/forschung-kinder/vertrauen-entwicklung-hirn/ [Zugriff am 13.05.2014].

Juul, J. (o.J.): Wem gehören unsere Kinder? Dem Staat, den Eltern oder sich selbst? Weinheim: Beltz.

Kirschner, H. (2015): Eigensinnige Familien und die Dominanz des Alltagslebens – wie Pflegefamilien auferlegte Weiterbildungsangebote nutzen (Abschlussbericht zum Projekt Verfachlichung alltäglicher Lebenspraxis in sozialisatorischen Hand- lungsfeldern außerhalb von Familien: Zerstörung alltäglicher Lebenspraxis oder Eröffnung neuer Optionen?) Textdatei beim Autor erhältlich: hildenbrand@hildenbrand.cc.

Krappmann, L. (1973): Soziologische Dimensionen der Identität, 3. Auflage, Stuttgart: Ernst Klett Verlag.

Labrousse, E. u.a. (1979): Geburt der bürgerlichen Gesellschaft: 1789, in: Hartwig, I. A. (Hrsg.): Frankfurt am Main: Suhrkamp.

Laing, R. D., Esterson, A. (1964): Sanity, madness and the family, Tavistock: Tavistock Publications.

Lasch, C. (1987): Geborgenheit. Die Bedrohung der Familie in der modernen Welt. Steinhausen, München: dtv.

Leopoldina (2014): frühkindliche Sozialisation, online unter: http://www.leopoldina.org/de/publikationen/detailansicht/?publicapubl%5Bpublication%5D =593&cHash=38f625e5bf8f4074e27cc87b9990bfe1 [Zugriff am 03.07.2014]

Leuzinger-Bohleber, M. Garlichs, A. (1993): Früherziehung Ost-West, Weinheim: Juventa.

Liegle, L. (2001): Brauchen Kinder Kindergärten? Zur Wirkungsgeschichte außerpädagogischer und pädagogischer Argumente. Für Lothar Krappmann zum 65. Geburtstag, in: Neue Sammlung 41, 3, S. 335-358.

Liegle, L. (2005): Der soziale Ort, an dem sich im Regelfall die ersten Schritte der Menschwerdung vollziehen. Stichworte zu den Perspektiven einer Familien-Erziehungswissenschaft, in: Neue Sammlung 45, 3, S.401-423.

Liegle, L. (2011): Sozialismus-Zionismus, Reformpädagogik und die Entwicklung der Erziehung im Kibbuz., in: Tertium comparationis 7, 1, S. 74-83.

Maier, A. (2011): Das Haus, Frankfurt am Main: Suhrkamp.

Mead, G. H. (1934): Mind, Self & Society, Chicago u.a.: The University of Chigaco Press.

Mead, G. H. (1938): The Philosophy of the Act, Chicago u.a.: The University of Chicago Press.

Mitterauer, M. (1990): Historisch-anthropologische Familienforschung. Fragestellungen und Zugangsweisen, Wien: Böhlau.

Mooser, J. (1984): Arbeiterleben in Deutschland 1900-1970, Frankfurt am Main: Suhrkamp.

Oevermann, U. (2004): Sozialisation als Prozess der Krisenbewältigung, in: Geulen, D.,Veith, H. (Hrsg.): Sozialisationstheorie interdisziplinär - Aktuelle Perspektiven, Stuttgart: Lucius, S. 155-181.

Rheinisch-Westfälisches Institut für Wirtschaftsforschung (RWI) (2009): Evaluation des Gesetzes zum Elterngeld und zur Elternzeit - Studie zu den Auswirkungen des BEEG auf die Erwerbstätigkeit und auf die Vereinbarkeitsplanung. Endbericht. Essen, zitiert nach: DJI Bulletin 2009, 88, S. 15.

Siebter Familienbericht - Familie zwischen Flexibilität und Verlässlichkeit - Perspektiven für eine lebenslaufbezogene Familienpolitik (2006): 16. Wahlperiode des Deutschen Bundestags. Drucksache 16/1360.

Simoni, H. (2010): Bildung ab Geburt - eine Bildungsrevolution? in: Schweizerische Akademie für Geistes und Sozialwissenschaften (Hrsg.): Auf dem Weg zu einer Generationen-Politik, Bern, S. 47-76.

Trommsdorff, G. (Hrsg.) (1996): Sozialisation und Entwicklung von Kindern vor und nach der Vereinigung, Opladen: Leske + Budrich.

Wawerzinek, P. (2010): Rabenliebe, München: btb.

Welter-Enderlin, R., Hildenbrand, B. (2006): Resilienz - Gedeihen trotz widriger Umstände, Heidelberg: Auer.

Winkler, M. (2012): Erziehung in der Familie - Innenansichten des pädagogischen Alltags, Stuttgart: Kohlhammer.

Winkler, M., Matheis, A. (2014): Der Kindergarten als Raum für Selbstvertretung. Ein Plädoyer für den Kindergarten in Sieben Thesen, in: Sauerbrey, U. u.a. (Hrsg.): Kindheit, Kinderspiel und Kinderschutz - Beiträge zur Theorie, Geschichte und Gegenwart öffentlicher Kleinkinderziehung, Jena: edition Paideia, S. 117-122.

Kinder(rechte) zwischen Eltern und Staat – oder haben Eltern nur (noch) Kinderrechte zu verwirklichen?

Reinhard Wiesner

1 Erziehung im 21. Jahrhundert

Erziehung im 21. Jahrhundert ist geprägt von einer Zunahme der öffentlichen Verantwortung. Dieses Thema bildet auch das Leitmotiv für den elften und den 14. Kinder- und Jugendbericht (vgl. Deutscher Bundestag 2002und 2013a). Deutlich wird dieser Wandel in verschiedenen Leistungsbereichen innerhalb und außerhalb der Kinder- und Jugendhilfe, namentlich im Ausbau der Kindertagesbetreuung, im Ausbau der Ganztagsschulen aber auch der Etablierung früher Hilfen (vgl. Deutscher Bundestag 2013a).

Die Zunahme öffentlicher Verantwortung vollzieht sich – wie man ebenfalls dem 14. Kinder- und Jugendbericht entnehmen kann – in einer *Verknüpfung von investivem und achtsamerem Staat*:

> „Zum einen will der moderne Wohlfahrtsstaat Eltern mit den erweiterten Leistungen der Kinder- und Jugendhilfe und der Schulen nicht nur Erziehungs- und Betreuungsarbeit abnehmen und die teilweise fragilen Familienkonstellationen entlasten; von den Eltern fordert er zunehmend, im privat-familialen Bereich das ‚öffentliche Gut' Kind optimal zu fördern und es insbesondere für den Arbeitsmarkt und den Wirtschaftsstandort Bundesrepublik ‚fit' zu machen" (Deutscher Bundestag 2013a, S. 47).

Das Kind wird zum Investitionsobjekt, auf dessen individuelle Wünsche und Bedürfnisse – trotz der immer weiter um sich greifenden Kinderrechterhetorik im Rahmen einer Optimierungsideologie kaum noch Rücksicht genommen wird (vgl. Winkler 2012).

> „Zum anderen ist der ‚investive' Wohlfahrtsstaat bezüglich früher Gefährdungen von Kindern deutlich achtsamer als früher; gegenüber den Erziehungsleistungen der Eltern verhält er sich dabei zunehmend skeptisch, bisweilen gar misstrauisch. Aus dieser Haltung erwächst die Tendenz, Instrumente wie die Frühen Hilfen zu entwickeln und sie zu sozialen ‚Frühwarnsystemen' auszubauen" (Deutscher Bundestag 2013a, S. 371).

Manchen reicht das bereits erreichte Ausmaß öffentlicher Verantwortung für die Erziehung von Kindern noch nicht aus, wie dies etwa immer wieder erhobene Forderungen nach der Einführung einer Kindergartenpflicht oder eines Elternführerscheins zeigen (vgl. Winkler 2012).

Die steigenden Erwartungen an die Erziehung von Kindern bleiben nicht ohne Folgen für das *Elternleitbild in unserer Gesellschaft*. So hat bereits eine sozialwissenschaftliche Untersuchung aus dem Jahr 2008 festgestellt, dass sich Eltern mit veränderten Rollenerwartungen, einem veränderten Partnerschaftsverständnis und Aufgaben konfrontiert sehen, die an sie deutlich mehr Ansprüche und Erwartungen stellen als noch vor einigen Jahrzehnten (vgl. Merkle, Wippermann 2008).

Nicht zuletzt die veränderte Einstellung gegenüber Kindern, die Aufwertung der gesellschaftlichen Stellung des Kindes sowie der hohe Anspruch an eine "gelingende" Erziehung tragen dazu bei, dass Elternschaft als zunehmend schwieriger zu bewältigende Gestaltungsaufgabe wahrgenommen wird (vgl. Winkler 2012). Diese Einschätzung wird durch die aktuellen Ergebnisse der Leitbildforschung bestätigt (vgl. Schneider et al. 2015). Nach dieser Untersuchung erschweren Sozialer Druck und Perfektionismus die Elternschaft. Junge Erwachsene in Deutschland haben überhöhte Ansprüche ans Elternsein: So glauben über 80% der 20- bis 39-Jährigen, dass man bei der Erziehung viel falsch machen kann. Zudem stimmt ein Viertel der Befragten persönlich der Aussage zu, wonach Eltern ihre Bedürfnisse komplett denen ihrer Kinder unterordnen sollten. Innerhalb der Gesellschaft nimmt sogar knapp die Hälfte einen starken Druck auf Eltern wahr, sich aufzuopfern.

Eltern unter Druck aber fehlt eine wichtige Ressource für die Erziehung ihrer Kinder. Sie stehen der Erziehung nicht mit innerer Gelassenheit und Selbstsicherheit gegenüber. Schon kleinere Probleme im Umgang mit den Kindern können sie an die Grenzen emotionaler Einfühlung und intellektuellen Verständnisses bringen (vgl. Menne 2009; Merkle, Wippermann 2008).

Stimmen diese Entwicklungen noch mit dem Bild von Familie – vom Eltern-Kind-Verhältnis – überein, wie es unserer Verfassung zugrunde liegt und bei ihrer Auslegung und Weiterentwicklung in der ständigen Rechtsprechung des Bundesverfassungsgerichts zum Ausdruck kommt? Bedarf es einer Verfassungsänderung, um dem investiven und achtsamen Staat noch mehr Geltung zu verschaffen? Tragen diese Entwicklungen den Rechten des Kindes Rechnung, deren Gewährleistung doch immer heftiger eingefordert wird?

2 *Das Verhältnis Eltern-Kind-Staat im Grundgesetz*

Angesprochen ist damit das sensible Verhältnis zwischen Eltern, Kind und Staat, das im Grundgesetz vor allem aus der Perspektive der Eltern im Verhältnis zu den Aufgaben des Staates thematisiert wird, in der Rechtsprechung des Bundesverfassungsgerichts aber schon seit langer Zeit (auch) über die (Grund)Rechte des Kindes, namentlich das Recht auf Menschenwürde (Art 1 GG) und das Recht auf freie Entfaltung der Persönlichkeit sowie auf körperliche Unversehrtheit (Art 2 GG) (weiter)entwickelt wird.

a) Elternverantwortung und staatliches Wächteramt

Grundlagen sind Inhalt und Reichweite der elterlichen Erziehungsverantwortung (Art. 6 Abs. 2 Satz 1 GG) auf der einen Seite und des staatlichen Wächteramts (Art. 6 Abs. 2 Satz 2 GG) auf der anderen Seite. Beide Aufgaben beziehen sich auf das Kind als Rechtssubjekt und damit als Inhaber der Menschenwürde und des allgemeinen Persönlichkeitsrechts. Im Unterschied zu allen anderen Grundrechten ist das Elternrecht zugleich als Elternpflicht ausgestaltet, was vom Bundesverfassungsgericht als "Elternverantwortung" formuliert worden ist (Bundesverfassungsgericht 1968). Im Verhältnis zum Kind bildet das Kindeswohl die Richtschnur für die Ausübung der Erziehungsverantwortung, wobei aber nicht der Staat das Kindeswohl definiert, sondern die Eltern entscheiden, wie sie die kindeswohlorientierte Erziehung im Einzelfall ausüben (so genannter Interpretationsprimat). Der Vertrauensvorschuss, der damit den Eltern eingeräumt wird, wird vom Bundesverfassungsgericht wie folgt beschrieben: „Die primäre Entscheidungszuständigkeit der Eltern beruht auf der Erwägung, daß die Interessen des Kindes in aller Regel am besten von den Eltern wahrgenommen werden“ (Bundesverfassungsgericht. 1982b); also auf „dem Grundgedanken, dass in aller Regel Eltern das Wohl des Kindes mehr am Herzen liegt als irgendeiner anderen Person oder Institution“ (Bundesverfassungsgericht 1982a) - ein Befund, der 30 Jahre später - angesichts der verstärkten medialen Aufmerksamkeit für Gewalt und Vernachlässigung - nicht mehr auf einen generellen Konsens stößt (vgl. Wapler S. 138).

Dem *staatlichen Wächteramt* (Art. 6 Abs.2 Satz 2 GG) kommt die Aufgabe zu, das Kind vor Gefahren für sein Wohl zu schützen. Wegen des Primats des Elternrechts ist das Wächteramt subsidiär und nur auf die Fälle beschränkt, in denen dem Kind ein konkreter Schaden droht, in dem - in familienrechtlicher Terminologie - also das Kindeswohl gefährdet ist. Dementsprechend besteht die Ermächtigung des Staates, in das Elternrecht einzugreifen erst dann, wenn die Schwelle zur Kindeswohlgefährdung überschritten ist. Der Begriff der *Kindeswohlgefährdung* ist bis heute nicht gesetzlich definiert - was aufgrund der Vielfalt der Problemlagen wohl auch kaum möglich wäre. Der Definition des Bundesverfassungsgerichts lassen sich folgende Merkmale für eine Kindeswohlgefährdung entnehmen: dem Kind muss eine erhebliche Schädigung drohen oder sie muss bereits eingetreten sein. In jedem Fall muss sie sich mit ziemlicher Sicherheit voraussagen lassen.

Die Eltern dürfen demnach „ grundsätzlich frei von staatlichen Einflüssen und Eingriffen“ entscheiden, „wie sie Pflege und Erziehung ihrer Kinder gestalten und damit ihrer Elternverantwortung gerecht werden wollen“ (Bundesverfassungsgericht 1982a). Die Freiheit, die Eltern in Erziehungsfragen haben, besteht demnach auch dann, wenn sie ihren Kindern nicht die bestmöglichen Bedingungen bieten können. Der Staat kann fördernd und unterstützend zu Gunsten des Kindes handeln, indem er etwa gute Schulen unterhält, Freizeitangebote für Kinder zur Verfügung stellt bzw. finanziert und Eltern mit Kindern in belastenden Lebenssituationen Beratung und Hilfe anbietet. Eingriffe gegen den Willen der Eltern sind ihm in diesem Bereich verwehrt.

Dieser den Eltern und damit der Familie in ihrer jeweiligen Form als privater Gemeinschaft zugestandene Freiheitsraum wird nicht mehr widerspruchslos hingenommen. So wird im Kontext der Kinderschutzdebatte eine "maßlose" bzw. "ideologische Überhöhung des Elternrechts" (Sommer 2014, S. 374 unter Verweis auf Statements von Ludwig Salgo und Stefan Heilmann,) konstatiert. Gleichzeitig werden die Kinderrechte in Stellung (gegen die Eltern) gebracht, was im Ergebnis aber zu einer stärkeren Einflussnahme des Staates auf die Erziehung der Kinder führt.

b) Elternrecht und Kindeswohl

Die elterliche Erziehungsverantwortung wird in der Rechtsprechung und Fachliteratur auch als *treuhänderisches Recht* bezeichnet. Damit soll die Ausrichtung des *Elternrechts auf das Kindeswohl* zum Ausdruck kommen. Einzelne Autoren sprechen sogar von einer ausschließlichen Fremdnützigkeit (vgl. Maywald 2012). In der verfassungs- und familienrechtlichen Literatur und auch in einigen Entscheidungen des Bundesverfassungsgerichts ist beispielsweise zu lesen, dass im Falle einer Interessenkollision die Interessen der Eltern hinter denen des Kindes (bzw. hinter dem Kindeswohl) zurückzustehen hätten (siehe dazu die Hinweise bei Wapler 2015, S. 118). Eine solche Betrachtungsweise wird jedoch weder der Realität gerecht, noch nimmt sie die verschiedenen Anforderungen in den Blick, denen Eltern (und Kinder) ausgesetzt sind. Im Alltag der meisten Familien sind die Belange der Kinder – nolens volens – von den Lebensentscheidungen ihrer Eltern geprägt. Eltern entscheiden, in eine andere Stadt zu ziehen, weil ihnen dort ein besserer Arbeitsplatz angeboten wird. Mütter und Väter trennen sich, wenn sie die Beziehung für gescheitert halten. Solche Entscheidungen laufen Interessen der Kinder häufig zuwider, die in ihrer vertrauten Umgebung bleiben oder mit beiden Elternteilen zusammenleben möchten. Trotzdem: Niemand würde in solchen Fällen fordern, dass die Interessen der Eltern hier regelhaft zurückgestellt werden müssen (vgl. Wapler 2015, S. 117).

Es wäre daher weltfremd, anzunehmen, Eltern hätten Rechte nur zu dem Zweck, um ihre Pflichten gegenüber dem Kind erfüllen zu können. Zu Recht wird deshalb in der Kommentarliteratur darauf hingewiesen, dass die primäre Kindesnützigkeit des Elternrechts nicht in der Forderung nach Selbstverleugnung der Eltern (fehl)gedeutet werden darf. Dies schon deshalb nicht, weil das Wohl des Kindes, das mit seinen Eltern und evtl. Geschwistern in einer familiären Lebensgemeinschaft verbunden ist, sich nicht gegen oder auch nur ohne Rücksicht auf das Eltern-und Familienwohl einstellt, das Kindeswohl also in der Lebens-, Begegnungs- und Erziehungsgemeinschaft von Eltern und Kindern, also nicht als isolierter oder auch nur isolierbarer Faktor, gedacht werden kann. Die Befugnisse nach Art. 6 Abs. 2 Satz 1 GG stehen demnach Eltern – wenn auch nicht primär –

um ihrer selbst willen zu; zudem sind es die Eltern, die grundsätzlich selbst bestimmen, was dem Wohl des Kindes jeweils dient (vgl. Jestaedt 1995 Rn. 28). Schließlich haben Väter und Mütter ja nicht nur in ihrer Funktion als Eltern Entscheidungen zu treffen und Verantwortung zu tragen, sondern auch als Partner oder als erwerbstätige Personen. Dabei werden mitunter auch solche Entscheidungen zu treffen sein, bei denen das Kindeswohl mit anderen Interessen abzuwägen ist. Ein klassisches Beispiel bildet die Vereinbarkeit von Erwerbstätigkeit und Familie, wo Eltern etwa im Hinblick auf die Betreuung von Kleinstkindern häufig eine Entscheidung treffen (müssen), bei der in der Praxis nicht das Wohl oder die Wünsche des Kindes im Vordergrund stehen – ja im Extremfall eine Gefährdung des Kindeswohls nicht ausgeschlossen werden kann. Die bessere Vereinbarkeit dieser beiden Aufgaben – nicht der Vorrang der Kindesinteressen, war und ist im Übrigen ein politisch erklärtes Ziel. So sieht das SGB VIII in § 22 ausdrücklich das Ziel vor, den Eltern dabei zu helfen, Erwerbstätigkeit und Kindererziehung besser miteinander vereinbaren zu können (§ 22 Abs. 2 Nummer 3 SGB VIII).

Dieser Konflikt wird im Kontext der aktuellen geführten Kinderrechtedebatte nicht diskutiert, sondern schlicht negiert – oder abstrakt unter Hinweis auf die Bedeutung der frühkindlichen Bildung, wie sie scheinbar nur institutionell vermittelt werden kann, ausgeräumt. Interessant, ja überraschend ist insoweit die Position der UN-Kinderrechtskonvention. Dort wird das Recht zur Nutzung von Kinderbetreuungsdiensten und Einrichtungen von vornherein nur dem Kind berufstätiger Eltern zugewiesen (Art. 18 Abs. 3 UN KRK). Angesichts der grundsätzlichen Priorisierung des Kindeswohls in der Konvention ist diese Perspektive – Tagesbetreuung als bloße Begleiterscheinung elterlicher Erwerbstätigkeit; Kinder nicht berufstätiger Eltern werden gar nicht erfasst – schwer nachvollziehbar, sie könnte sogar als Wertungswiderspruch im Hinblick auf die Verpflichtung zur vorrangigen Berücksichtigung des Kindeswohls (Art. 3 Abs.1 UNKRK) gedeutet werden.

Eltern sind also mit Anforderungen konfrontiert, die nicht zwingend eine primäre Ausrichtung an den Kindesinteressen ermöglichen. Eltern- und Kindeswohl stehen zudem in einem wechselseitigen Abhängigkeitsverhältnis, was freilich Eltern nicht dazu legitimieren kann, Kinder in belastenden Situationen einer Gefährdung auszusetzen.

3 Kinderrechte als neues politisches Leitmotiv

Obwohl also die UN Kinderrechtskonvention – wie das Beispiel des Anspruchs auf Nutzung von Kinderbetreuungsdiensten zeigt – unterschiedliche Akzente setzt, wird aus ihr eine grundsätzliche Orientierung aus der Perspektive des Kindes abgeleitet. Dazu zählt auch die Forderung zur Aufnahme von Kinderrechten in die Verfassung. Auf nationaler Ebene wird dazu in Deutschland seit Jahren eine kontroverse Diskussion geführt. Während von Seiten verschiedener Fachverbände und politischen Parteien immer wieder Vorstöße zu einer Änderung des Grundgesetzes vorgenommen werden, ist im rechtswissenschaftlichen Diskurs eine deutliche Zurückhaltung erkennbar. So hat sich die Mehrzahl der Experten in der letzten, dazu veranstalteten Sachverständigenanhörung vor dem Rechtsausschuss des Deutschen Bundestages am 26. Juni 2013 skeptisch gezeigt, weil sie angesichts der Interpretation des Verfassungstextes durch das Bundesverfassungsgericht keinen gesetzgeberischen Handlungsbedarf sieht und die Risiken und Nebenwirkungen einer solchen Verfassungsänderung hoch einschätzt. Dazu zählt vor allem auch die Sorge, dass das differenzierte Verhältnis zwischen Elternrecht und Elternverantwortung einerseits und dem staatlichen Wächteramt über das Kindeswohl andererseits durch eine solche Verfassungsänderung erheblich verändert wird zugunsten staatlicher Intervention und zu Lasten gesellschaftlicher Autonomie und Selbstorganisation (Deutscher Bundestag 2013b). So kann das Kindesgrundrecht, das ja vom Minderjährigen mangels Einsichtsfähigkeit nicht selbst wahrgenommen werden kann, im Kollisionsfall auch gegen die Eltern eingesetzt werden und damit zur Erziehung im Schutzinteresse der staatlichen Gemeinschaft entarten (Luthe 2015 § 1 Rn.6). Dies scheint Mitglieder der Bundesregierung aber nicht davon abzuhalten, an der Forderung „Kindergrundrechte in die Verfassung“ festzuhalten (Spiegel 33/ 2014 S. 18).

In der gesamten Debatte zur Stärkung der Kinderrechte wird nicht zur Kenntnis genommen, dass (auch) die UN-Kinderrechtskonvention dem Elternrecht und dem familiären Zusammenhalt einen hohen Stellenwert einräumt, wie dies etwa in Art. 9 (Trennung von den Eltern) oder Art. 14 Abs. 2 (Achtung der Rechte und Pflichten der Eltern) bzw. Art. 18 (Erziehung durch die Eltern und Unterstützung bei ihrer Aufgabe) zum Ausdruck kommt.

4 *Kindeswohl als positiver Standard?*

Unter Verweis auf die Kinderrechte wird in der fachpolitischen Debatte dem Kindeswohl eine weitergehende Bedeutung als bisher zuerkannt. Nach geltendem Verfassungsrecht bildet das Kindeswohl die zentrale Grundlage im Hinblick auf Zielsetzung und Inhalt, aber auch Grenzziehung des Elternrechts. Nach den Vorgaben von Art. 6 Abs. 2 Satz 1 GG obliegt es den Eltern, das Kindeswohl zu definieren, dem Staat kommt die Aufgabe zu, die Grenze für die Ausübung des Elternrechts aufzuzeigen (Kindeswohl als negativer Standard).

So gehört es nach der ständigen Rechtsprechung des Bundesverfassungsgerichts nicht zur Ausübung des Wächteramts des Staates, gegen den Willen der Eltern für eine bestmögliche Förderung der Fähigkeiten des Kindes zu sorgen. Das Grundgesetz habe den Eltern die primäre Entscheidungszuständigkeit bezüglich der Förderung ihrer Kinder zugewiesen. Dabei werde auch in Kauf genommen, dass Kinder durch Entscheidungen der Eltern wirkliche oder vermeintliche Nachteile erleiden.

Die Eltern und deren sozio-ökonomische Verhältnisse gehörten grundsätzlich zum Schicksal und Lebensrisiko eines Kindes (Bundesverfassungsgericht 2014).

Diese Interpretation wird vor dem Hintergrund der Optimierungsideologie nicht mehr widerspruchslos hingenommen. Gefordert wird ein verfassungsrechtlicher Anspruch des Kindes auf bestmögliche Entwicklung und Entfaltung (vgl. Peschel-Gutzeit 2008, S. 1922, 1924).

Gibt man dem Kind einen solchen Anspruch, so bleiben weiterhin primär die Eltern für die Ausübung der Kinderrechte verantwortlich, der Staat darf dann aber früher eingreifen. Er könnte den Eltern dabei über die Schulter schauen, wie sie ihr Kind ernähren, es medizinisch versorgen, seinen Spracherwerb fördern, seine Talente unterstützen etc., und er müsste eingreifen, wenn die (zeitbedingten, fehl- und wandelbaren) gesellschaftlichen Standards verfehlt werden. Wer derartige verfassungsrechtliche Ansprüche fordert, gibt dem Kind damit unmittelbar noch gar nichts, er vergrößert aber die Einflussmöglichkeiten des Staates in die private Lebensgestaltung von Eltern und Kindern (vgl. Wapler 2015, S. 173, 501).

Bislang gibt das Grundgesetz den Eltern einen Vertrauensvorschuss, indem es ihnen zuspricht, die Personen zu sein, denen das Wohl ihrer Kinder am meisten am Herzen liegt.

Auch unter heutigen Lebens- und Erziehungsbedingungen wird man weder behaupten können, dass Eltern ihre Erziehungsaufgabe grundsätzlich nicht mehr adäquat erfüllen – noch, dass der Staat die Kompetenzen und Ressourcen hätte, es tatsächlich besser zu machen.

Sicherlich ist es schwer auszuhalten, dass das Leben nicht für alle Menschen, insbesondere für alle Kinder, gleich leicht und chancenreich ist. Und es ist oberstes Ziel einer menschlichen Gesellschaft, mit allen Kräften dafür zu sorgen, dass die Lebensbedingungen für alle – insbesondere für alle Kinder – gut sind. Der Schlüssel liegt hier aber nicht in einer staatlichen Obervormundschaft, die den Inhalt des Rechts des einzelnen Kindes auf Erziehung definiert, sondern in der gesamtgesellschaftlichen Verpflichtung, kinderfreundliche Lebensbedingungen zu schaffen, die es Eltern leichter machen, gut für sich und ihre Kinder zu sorgen.

Gefördert wird die Debatte um eine Erweiterung der öffentlichen Verantwortung aber nicht nur im Hinblick auf die Gewährleistung einer optimalen Erziehung, sondern auch im Zusammenhang mit der Debatte um einen *wirksamen Kinderschutz*. Deutlich wird dies aus der Debatte um das Profil der sog. frühen Hilfen „zwischen (gesundheitlicher) Familienförderung und Kinderschutz" (vgl. Schäfer, Sann 2014, S. 75). Familien mit Neugeborenen und Kleinstkindern erhalten damit bei Bedarf Anleitung, Entlastung und Unterstützung bei der Versorgung, Betreuung und Förderung des Kindes „von Anfang an". Die Frühen Hilfen dienen aber – wie es die Sachverständigenkommission zum 14. Kinder- und Jugendbericht formuliert –

„nicht nur der ‚harmlosen‘ frühen Unterstützung für potenziell alle Familien mit Neugeborenen und Kleinstkindern, sondern fungieren zugleich als ‚soziales Frühwarnsystem‘ für Kinder aus ‚Risikofamilien‘“.

Die Kommission fährt fort:

„Wenn zukünftig – mit Bundesmitteln dauerhaft gefördert – flächendeckend Willkommensbesuche durchgeführt werden, entsprechend sensibilisiertes Pflegepersonal in Geburtskliniken ‚Anhaltsbögen‘ mit Blick auf eine eventuelle Kindeswohlgefährdung ausfüllt, Familienhebammen und Fachkräfte aus ‚Frühe Hilfen‘-Teams in größerem Umfang niedrigschwellig aufsuchende Unterstützung anbieten, und wenn sich die Professionellen aus dem Gesundheitswesen und der Kinder- und Jugendhilfe zudem gut in Runden Tischen vernetzen, dann bedeutet das eben auch die Vorverlagerung sozialer Kontrolle“ (Deutscher Bundestag 2013a, S. 371).

5 *Kinder und Jugendliche als anspruchsberechtigte Personen*

Die Debatte um die Stärkung von Kinderrechten wird nicht nur auf der verfassungsrechtlichen Ebene geführt, sondern auch auf der Ebene des „einfachen“ Gesetzesrechts. So wird – immer wieder – gefordert, den Anspruch auf Hilfe zur Erziehung im Achten Buch des Sozialgesetzbuches – SGB VIII – Kinder- und Jugendhilfe (§ 27 SGB VIII) nicht (mehr) den Eltern, sondern dem Kind zuzuweisen. Mit dieser Änderung sollte ein genetischer Geburtsfehler des SGB VIII (vgl. Münder 2010) korrigiert werden. Schon bei der Verabschiedung des Kinder- und Jugendhilfegesetzes ist diese Frage zwischen Bundesregierung und Bundesrat kontrovers diskutiert worden (vgl. Deutscher Bundestag 1989a, S. 130 f. und 1989b, S. 5).

Dabei ist zunächst zu konstatieren, dass (auch) das Achte Buch Sozialgesetzbuch – Kinder und Jugendhilfe – (SGB VIII) Kinder und Jugendliche als Rechtssubjekte begreift und ihnen subjektive Rechte (Rechtsansprüche) zuweist. Prominentestes Beispiel dafür ist der Anspruch des Kindes auf Förderung in Tageseinrichtungen und in Kindertagespflege. Der Gesetzgeber hat sich dafür entschieden, diesen Anspruch dem Kind zuzuweisen, weil die Förderung des Kindes in einer Tageseinrichtung oder in Kindertagespflege (heute) nicht mehr einen individuellen erzieherischen Bedarf decken, sondern eine ergänzende Funktion zur Erziehung in der Familie wahrnehmen soll. Diese Leistung ist nicht darauf ausgerichtet, möglichst bald wieder dadurch überflüssig zu werden, dass Eltern ihre Erziehungsaufgabe insoweit wieder ohne öffentliche Unterstützung wahrnehmen. Das Angebot richtet sich deshalb – ab dem ersten Lebensjahr – an alle Kinder und deren Eltern. Die Rede ist von einer so genannten Infrastrukturleistung – im Unterschied zu einer Einzelfallhilfe.

In ähnlicher Weise wird im SGB VIII – wie bereits im SGB XII – der Anspruch auf Eingliederungshilfe für Kinder und Jugendliche mit einer seelischen Behinderung (§ 35 a SGB VIII) der Person zugeschrieben, deren Teilnahme an der Gesellschaft durch eine gesundheitliche Störung beeinträchtigt wird. Diese

Hilfe ist auf die Entwicklung des Kindes oder Jugendlichen ausgerichtet und setzt keinen erzieherischen Bedarf voraus, der nicht von den Eltern gedeckt wird.

Aus diesen Entscheidungen des Gesetzgebers folgt jedoch nicht zwangsläufig, dass deshalb jeder Anspruch, den das Achte Buch Sozialgesetzbuch regelt, dem Kind bzw. den Jugendlichen zuzuweisen wäre. Die Antwort auf diese Frage ergibt sich vielmehr aus Sinn und Zweck der jeweiligen Leistung. Das Argument, es müsse endlich die Anspruchsinhaberschaft in der Kinder- und Jugendhilfe vereinheitlicht werden (zur angeblichen Inkonsequenz des Gesetzgebers siehe Mrozynski 2009 § 1 Rn. 2 ff.), geht daher ins Leere.

6 Eltern zwischen Eigenverantwortung – Unterstützung – Entlastung und Eingriff

6.1 Das Konstrukt der Hilfe zur Erziehung

Die Hilfe zur Erziehung nach § 27 SGB VIII ist als Hilfe für die Eltern bei der Wahrnehmung ihrer Erziehungsverantwortung konstruiert. Sinn und Zweck der Hilfe sind (positiv) die Unterstützung der Eltern bei der Wahrnehmung ihrer Erziehungsaufgabe und (negativ) die Vermeidung einer (weiteren) Gefährdung des Wohls des Kindes.

Den Ausgangspunkt bildet dabei die elterliche Erziehungsverantwortung als verfassungsrechtliche Vorgabe und die daraus resultierende Aufgabe der staatlichen Gemeinschaft, wie sie jetzt in § 1 des Gesetzes zur Kooperation und Information im Kinderschutz (KKG – Art. 1 des Bundeskinderschutzgesetzes) formuliert ist. Dort heißt es in Absatz 3:

> „(3) Aufgabe der staatlichen Gemeinschaft ist es, soweit erforderlich, Eltern bei der Wahrnehmung ihres Erziehungsrechts und ihrer Erziehungsverantwortung zu unterstützen, damit
> 1. sie im Einzelfall dieser Verantwortung besser gerecht werden können,
> 2. im Einzelfall Risiken für die Entwicklung von Kindern und Jugendlichen frühzeitig erkannt werden und
> 3. im Einzelfall eine Gefährdung des Wohls eines Kindes oder eines Jugendlichen vermieden oder, falls dies im Einzelfall nicht mehr möglich ist, eine weitere Gefährdung oder Schädigung abgewendet werden kann.“

Aus der Zuweisung der Erziehungsverantwortung zu den Eltern folgt zwar nicht zwingend, dass die Erziehung höchstpersönlich durch die Eltern erfolgt. Vielmehr obliegt es ihrer Verantwortung zu entscheiden, wem Einfluss auf die Erziehung des Kindes zugestanden wird und in welchem Ausmaß und mit welcher Intensität sie sich selbst der Pflege und Erziehung ihres Kindes widmen oder Dritten die Pflege und Erziehung teilweise überlassen. So bleibt ein weiter Spielraum dafür, wie Eltern ihre Verantwortung im Einzelfall wahrnehmen und wie der Erziehungsprozess zwischen Eltern und Kindern tatsächlich ausgestaltet ist. Sie dürfen – wie es das Bundesverfassungsgericht in seiner ständigen Rechtsprechung formuliert – Pflege und Erziehung ihrer Kinder nach ihren eigenen Vorstellungen frei gestalten. Zwar wird in der Kommentarliteratur nicht zuletzt im Hinblick auf den Treuhand- und Pflichtcharakter der Elternverantwortung sowie im Hinblick auf das staatliche Wächteramt eine zielgerichtete Aktivität der Eltern verlangt. Hinter dieser abstrakten Beschreibung verbirgt sich jedoch ein breites Spektrum elterlicher Erziehungspraktiken. In jedem Fall aber ist Familienerziehung in erster Line Alltagspädagogik (vgl. Winkler 2012), deren Erfolg von der Qualität der Beziehungen im familiären Zusammenhang abhängt. In Anlehnung an Watzlawik wird man sagen können: man kann nicht nicht erziehen. In jedem Fall prägt das elterliche Verhalten die Entwicklung des Kindes.

Unabhängig davon, in welcher Weise die Erziehungsverantwortung tatsächlich ausgeübt wird, liegt ihr *ein asymmetrisches Verständnis* zu Grunde. Die zur Erziehung berechtigten und verpflichteten Personen sollen durch ihre Einflussnahme auf die Entwicklung des Kindes dazu beitragen, dass dieses zur Selbstbestimmung und Selbstverantwortung geführt wird.

Damit soll nicht in Abrede gestellt werden, dass auch das Kind und noch stärker der/ die Jugendliche eine aktive Rolle in der Interaktion übernimmt, damit wird aber das Bedürfnis der Erziehung und die Zuweisung der Verantwortung zu einer erwachsenen Person nicht in Frage gestellt. So wird Erziehung auch als bisubjektive Tätigkeit bezeichnet, die sich aus den Tätigkeitsbereichen – Vermittlung und Aneignung – zusammensetzt und dementsprechend zwei Subjekte kennt: die erziehende Person als das Subjekt der Vermittlung und das Kind/ den Jugendlichen/ die Jugendliche („Zögling") als Subjekt der Aneignung. Die beiden Subjekte der Erziehung sind auf der Seite der Vermittlung der Erzieher, auf der Seite der Aneignung das Kind/ der Jugendliche.

Die Hilfe zur Erziehung (des Kindes/ der, des Jugendlichen) richtet sich also primär an die Personen, die gesetzlich zur Erziehung verpflichtet sind – ohne damit dem Kind oder Jugendlichen einen Objektstatus zuzuweisen. Da die Eltern – bei aller Tendenz zur Verstärkung öffentlicher (Mit)Verantwortung – über diese Pflicht nicht disponieren oder sie einfach abgeben können, sondern (verfassungs)rechtlich zur Erziehung verpflichtet sind, ist das Ziel dieser Hilfe darauf gerichtet, die Eltern (möglichst) wieder in den Stand zu versetzen, ihre Aufgabe eigenständig – also ohne öffentliche Hilfe – wahrzunehmen. Der sog. „erzieherische Bedarf" als Voraussetzung für die Hilfegewährung bezieht sich also in erster Linie nicht auf die Bearbeitung von Auffälligkeiten im Verhalten des Kindes/ Jugendlichen, sondern auf die Unterstützung der Eltern bei der Wahrnehmung ihrer Erziehungsverantwortung und damit indirekt auf den Anspruch des Kindes auf Erziehung durch die Eltern.

In jedem Fall ist das Interesse des Gesetzgebers dahin gerichtet, die jeweilige Erziehungssituation in der Familie zu verbessern. Welche Hilfe dabei im Einzelfall die richtige ist, darüber kann nur gemeinsam mit den Mitgliedern der Familie entschieden werden.

Offenkundig ist diese Zielsetzung bei ambulanten Hilfen, wie der Erziehungsberatung oder der sozialpädagogischen Familienhilfe, die – nach den Ergebnissen der Kinder- und Jugendhilfestatistik – am meisten in Anspruch genommen werden. Sie gilt aber in gleicher Weise für die so genannten stationären Hilfen – Hilfen, die mit einer Trennung des Kindes aus seinem bisherigen Lebensumfeld verbunden sind. Die Notwendigkeit dieser Hilfe wird damit begründet, dass eine dem Wohl des Kindes entsprechende Erziehung in der Familie mit ambulanten Hilfen nicht gewährleistet werden kann. Intendiert ist damit aber nicht eine dauerhafte Erziehung des Kindes oder Jugendlichen außerhalb des Elternhauses. Primäres Ziel der Hilfe ist vielmehr die Rückkehroption. Diese wiederum aber ist nur realisierbar, wenn sich die Erziehungsbedingungen in der Herkunftsfamilie soweit verändern, dass die Eltern – gegebenenfalls mit Unterstützung durch ambulante Hilfen – den Erziehungsbedarf des Kindes oder Jugendlichen (wieder) decken können (§ 37 Abs.1 SGB VIII). Conditio sine qua non ist deshalb eine nachhaltige Veränderung der Erziehungsbedingungen in der Herkunftsfamilie – herkömmlich als Elternarbeit bezeichnet. Diese beinhaltet nicht nur eine Kooperation mit den Eltern, sondern eine nachhaltige Unterstützung, die im Einzelfall auch therapeutische Maßnahmen einschließen kann.

Anspruch und Wirklichkeit der Elternarbeit klaffen jedoch weit auseinander. So ist dazu im Handbuch Pflegekinderhilfe zu lesen:

> „Da bislang nur an wenigen Orten eine systematische Herkunftselternarbeit betrieben wird, die die Möglichkeit einer Rückführung des Kindes in die Herkunftsfamilie aktiv prüft und ggf. anstrebt, werden die hochgehaltenen Elternrechte durch die fachliche Arbeit faktisch untergraben. Dies bemerken inzwischen auch die Gerichte. Vielleicht muss die Jugendhilfepraxis und Rechtsprechung die Elternrechte in Bezug auf die Herkunftselternarbeit etwas größer schreiben, weil sie kleingedruckt zu wenig wahrgenommen werden" (Küfner et al. 2011, S. 858).

Hinzu kommt ein weiteres strukturelles Problem. Hilfen zur Erziehung sind als Anspruch formuliert. Der Staat stellt mithin eine Leistung zur Verfügung, deren Inanspruchnahme für die Eltern freiwillig ist. Der Umstand, dass der Anspruch auf Hilfe an ein „Defizit der Eltern", nämlich eine Situation, in der es ihnen nicht gelingt, eine dem Wohl ihres Kindes entsprechende Erziehung zu gewährleisten, anknüpft, stellt besondere Anforderungen sowohl an die Eltern als auch an die fallverantwortlichen Fachkräfte. Für viele Eltern ist es nicht leicht, einen Hilfebedarf anzuerkennen, bedeutet dies doch eine drohende Herabsetzung ihres Selbstwertes und erzeugt Abwehr. Auch die strukturell mit Hilfe verbundene notwendige Bereitschaft zur Veränderung ist potentiell Abwehr erzeugend. Dies gilt umso mehr, je weniger sich Eltern mit den Zielen der Veränderung identifizieren können und der Impuls für die Veränderung von außen kommt. Eltern halten möglicherweise aufgrund ihrer eigenen Lebenserfahrungen Situationen für gut und normal und wünschen sich eine Stabilisierung, wo Fachkräfte Veränderungsbedarf sehen und fordern. Die fachliche Herausforderung besteht also darin, in einer respektvollen Haltung gegenüber den Eltern zu einer gemeinsamen Deutung der Erziehungssituationen zukommen und Eltern für die Inanspruchnahme einer aus fachlicher Sicht geeigneten Hilfe zu gewinnen. Angesichts der damit verbundenen Erwartungen bedarf es dazu häufig der Überzeugungsarbeit der Fachkräfte, die aber gleichzeitig von Anerkennung und Wertschätzung der Eltern getragen sein muss.

Hinzukommt, dass die Inanspruchnahme der Hilfe in vielen Fällen im Zusammenhang mit einer (drohenden) Gefährdung des Kindeswohls zu sehen ist. Der Anspruch auf Hilfe zur Erziehung soll einerseits die Erziehungskompetenz der Eltern stärken bzw. wieder herstellen, zum anderen aber auch eine *(weitere) Gefährdung des Kindeswohls* und einen damit drohenden Entzug der elterlichen Sorge durch das Familiengericht abwenden. In der dafür maßgeblichen Rechtsgrundlage, den §§ 1666, 1666 a BGB kommt diese Zielsetzung als Konkretisierung des Grundsatzes der Verhältnismäßigkeit („Hilfe vor Eingriff") klar zum Ausdruck.

Der Staat muss darum, bevor er Kinder von ihren Eltern trennt, „nach Möglichkeit versuchen, durch helfende, unterstützende, auf Herstellung oder Wiederherstellung eines verantwortungsgerechten Verhaltens der leiblichen Eltern gerichtete Maßnahmen sein Ziel zu erreichen" (Bundesverfassungsgericht 1968; st. Rspr.). In Übereinstimmung mit diesen verfassungsrechtlichen Anforderungen erklärt § 1666a Abs. 1 Satz 1 BGB Maßnahmen, mit denen eine Trennung des Kindes von der elterlichen Familie verbunden ist, nur dann für zulässig, wenn der Gefahr nicht auf andere Weise, auch nicht durch öffentliche Hilfen, begegnet werden kann.

In der Praxis findet die Hilfe zur Erziehung deshalb häufig in einem Zwangskontext statt.

Die Eltern treten nicht mehr als leistungsberechtigte Personen auf, die sich frei entscheiden, ob sie eine Leistung in Anspruch nehmen. Sie werden faktisch zu Leistungsverpflichteten, da sie nur auf dieser Weise einen Sorgerechtsentzug und eine damit verbundene Trennung des Kindes vermeiden können. Besonders plastisch wird diese Situation bei der sog. Erörterung einer „möglichen Kindeswohlgefährdung" (§ 157 FamFG), wo die Autorität des Familiengerichts dazu genutzt werden soll, Eltern für die Inanspruchnahme einer Hilfe zu gewinnen. Aus der Perspektive der Eltern wird eine Anrufung des Familiengerichts wegen einer potentiellen Kindeswohlgefährdung regelmäßig als Misstrauensbekundung empfunden werden und die Bereitschaft zur Kooperation damit eher reduziert als verbessert (vgl. Schumann 2011; Coester 2008).

6.2 Kinder und Jugendliche als Adressaten eines Anspruchs auf Hilfe zur Erziehung

Unter dem Motto "vom Kind aus denken" wird in der aktuellen Diskussion (erneut) die Zuordnung des Rechtsanspruchs auf Hilfe zur Erziehung zum Kind gefordert. Begründet wird diese Forderung zum einen mit dem Verweis auf die UN-

Kinderrechtskonvention, zum anderen mit der Notwendigkeit, die Anspruchsinhaberschaft im Kinder- und Jugendhilferecht zu harmonisieren und generell dem Kind oder Jugendlichen zuzuweisen. Beide Gründe sind indes, wie bereits oben gezeigt, nicht stichhaltig.

Völlig außer Acht bleibt bei dieser Forderung die unterschiedliche Position von Eltern und Kind im Erziehungsprozess. Verfassungsrechtlich wird die Erziehungsverantwortung der Eltern mit der Erziehungsbedürftigkeit des Kindes begründet. Damit wird eine Aufgabe umschrieben, die den Eltern, nicht dem Kind oder Jugendlichen obliegt, auch wenn im konkreten Erziehungsprozess – im Sinne von Bisubjektivität – zur Vermittlung die Aneignung hinzukommen muss. Umgekehrt setzt Aneignung aber Vermittlung voraus. Hat die Hilfe zur Erziehung daher den Zweck, die Eltern bei der Erfüllung dieser rechtlich ihnen zugewiesenen Aufgabe zu unterstützen, so muss sie ihnen geleistet werden.

Offensichtlich werden Begriff und Inhalt von Erziehung – und damit auch die Aufgaben des Staates – heute unterschiedlich verstanden. Der *österreichische Gesetzgeber* ist hier bereits einen Schritt vorangegangen. Dort wird Kindern und Jugendlichen alternativ „Unterstützung der Erziehung“ oder „volle Erziehung“ gewährt. Unterstützung der Erziehung umfasst dort insbesondere die Inanspruchnahme von ambulanten Hilfen, regelmäßige Haus- oder Arztbesuche und die Einschränkungen des Kontakts mit Personen, die das Kindeswohl gefährden (§ 25 Bundes-Kinder- und Jugendhilfegesetz 2013 – B-KJHG 2013). Volle Erziehung umfasst insbesondere die Betreuung bei nahen Angehörigen, bei Pflegepersonen und in sozialpädagogischen Einrichtungen (§ 26 Bundes-Kinder- und Jugendhilfegesetz 2013 – B-KJHG 2013). Eltern werden nicht mehr als für die Erziehung primär verantwortliche Personen, sondern nur insoweit erfasst, als sie der Hilfe zur Erziehung zustimmen oder diese Zustimmung verweigern und deshalb mit gerichtlichen Maßnahmen rechnen müssen. Damit wird das der Hilfe zur Erziehung zugrunde liegende Konzept der „Elternassistenz“ aufgegeben. Die resultierende Pflichtenposition der Eltern wird nicht mehr auf die Erziehung selbst bezogen sondern nur noch auf die Vertretung des Kindes bei der Wahrnehmung seiner Rechte verkürzt.

Für das deutsche Recht sind konkrete Formulierungsvorschläge dazu bisher nicht vorgelegt worden. Deshalb bleibt völlig offen, welche rechtlichen Folgen mit einer solchen Änderung verbunden sind.

Die Fokussierung auf das Kind oder den Jugendlichen als die „erziehungsbedürftige Person“ lässt offen, welche Rolle künftig den Eltern bei der Gewährung von „Hilfen zur Erziehung“ zukommen soll. Besteht sie nur darin, in Vertretung des noch nicht mündigen Kindes eine staatliche Leistung für das Kind in Anspruch zu nehmen oder richtet sich der Anspruch des Kindes darauf, den Eltern eine Leistung zur Unterstützung ihrer Erziehungsverantwortung zu gewähren? Gibt der künftige Gesetzgeber die Erwartung auf, dass Eltern wieder befähigt werden können, ihr Kind selbst zu erziehen und reicht es für die Abwendung eines Entzugs der elterlichen Sorge aus, dass Eltern einer staatlichen Ersatzerziehung zustimmen?

Gegenstand eines Anspruchs des Kindes „auf Hilfe zur Erziehung“ könnten also sein

- Unterstützung der Eltern
- Vermittlung zwischen Eltern und Kind
- Vertretung von Kinderinteressen im Erziehungsprozess
- Erziehung des Kindes an Stelle der Eltern mit deren Zustimmung

Mit jeder dieser Alternativen nimmt die Einflussnahme des Staates auf das Eltern-Kind-Verhältnis zu. In der letztgenannten Alternative richtet sich der Anspruch des Kindes gegen den Staat nicht mehr auf "Hilfe zur Erziehung" für die dafür verantwortliche Person, sondern auf "Hilfe zur Entwicklung" bzw. unmittelbar auf "Erziehung" des Kindes durch den Staat. Den Eltern bliebe zwar weiterhin die rechtliche Funktion, dieser unmittelbaren Leistung an das Kind oder den Jugendlichen zu zustimmen, sie wären aber damit nicht mehr Adressat der auf ihre Elternverantwortung bezogenen Hilfe, sondern nur noch Antragsteller bzw. Vermittler einer auf das Kind bezogenen staatlichen Erziehung. Mit dem inzwischen vom Bundesverfassungsgericht formulierten Recht des Kindes auf Gewährleistung der elterlichen Erziehungsverantwortung wäre ein solches Konstrukt nicht vereinbar.

Bislang entscheiden die Eltern, ob sie eine Hilfe zur Erziehung – als Leistung der Jugendhilfe – in Anspruch nehmen. Wird der Anspruch aber dem Kind (oder Jugendlichen) zugewiesen, so werden die Eltern – stärker als bisher – rechtlich in die Pflicht genommen, die dem Kind zustehende Leistung auch in Anspruch zu nehmen. Er entfaltet sich zum einen bei der Ausübung des Antragsrechts (§ 36 SGB I) und der damit verbundenen Handlungsfähigkeit des Jugendlichen mit dem Erreichen des 15. Lebensjahres. Zwar können die Eltern die Handlungsfähigkeit durch schriftliche Erklärung einschränken. Zu erwarten ist dann aber, dass zur Lösung des daraus erkennbaren Konflikts zwischen Eltern und Kind die Bestellung eines Verfahrensbeistands vorgesehen wird, wie sie bereits jetzt unabhängig vom Alter des Kindes oder Jugendlichen gefordert wird (Münder 2013 § 1 Rn.23). Damit würde die freie Entscheidung der Eltern über die Inanspruchnahme der Hilfe unterhalb der Schwelle der Kindeswohlgefährdung weiter eingeschränkt.

Betrachtet man den *Standort der Hilfe zur Erziehung* zwischen frühen Hilfen einerseits und familiengerichtlichen Maßnahmen, die mit einer Beschränkung oder dem Entzug der elterlichen Sorge verbunden sind, so begegnet die Zuordnung des Anspruchs zum Kind auch *rechtssystematischen Bedenken*:

Alle auf das Eltern-Kind-Verhältnis bezogenen Leistungen unterhalb der Schwelle der Hilfe zur Erziehung sind (zu Recht) den (werdenden) Eltern zugeordnet. Dazu zählen auch die sog. frühen Hilfen. Warum der Hilfeanspruch an der Schwelle des § 27 SGB VIII plötzlich in einen Anspruch des Kindes auf subsidiäre Ersatzerziehung umschlagen soll, ist nicht nachvollziehbar. Wie bereits die so genannten frühen Hilfen, so verfolgt auch die Hilfe zur Erziehung als eine „späte" Hilfe das Ziel, durch eine fachgerechte Unterstützung des Erziehungsprozesses das Kindeswohl zu sichern und eine (neue) Kindeswohlgefährdung zu vermeiden.

Zudem müssten sich die Eltern dann, um der Gefahr eines Entzugs ihrer elternrechtlichen Position wegen einer (drohenden) Kindeswohlgefährdung vorzubeugen, auf ein Recht des Kindes berufen, das zudem zwar das Kind fördert und schützt, aber nicht mehr darauf ausgerichtet ist, ihre Elternkompetenz zu verbessern. Das verfassungsrechtlich mit der Hilfe zur Erziehung verbundene primäre Ziel würde damit nicht erreicht, ja gar nicht angestrebt.

Diskutiert wird auch die Variante, den Anspruch sowohl dem Kind bzw. Jugendlichen als auch den Eltern zuzuweisen (vgl. Wabnitz 2013). Dabei ist jedoch im Blick zu behalten, dass Eltern und Kind bzw. Jugendlicher einen unterschiedlichen Status im Erziehungsverhältnis haben. Daraus folgt, dass mit einem Anspruch der Eltern gegen den Staat auf Hilfe zur Erziehung ein anderer Leistungsinhalt verbunden ist als bei einem Anspruch des Kindes oder Jugendlichen gegenüber dem Staat auf „Hilfe zum Erzogen werden". Ein solches „Kompromissmodell" lässt also viele Fragen offen. Klärungsbedürftig sind vor allen Dingen die Verfahrensrechte, wenn (von wem ?) ein Anspruch des Kindes oder Jugendlichen geltend gemacht wird.

6.3 Die Debatte um die sogenannte große Lösung

Die Forderung nach der Zuweisung des Rechtsanspruchs (auf Hilfe zur Erziehung) zum Kind erhält weiteren Auftrieb durch die Diskussion zur Umsetzung der so genannten „großen Lösung". Mit dieser Begrifflichkeit ist die Gesamtzuständigkeit der Kinder- und Jugendhilfe für alle Kinder und Jugendlichen – also auch die Zuständigkeit für die Eingliederungshilfe für Kinder und Jugendliche mit einer körperlichen oder geistigen Behinderung – gemeint. Bis heute werden die Leistungen für Kinder und Jugendliche mit körperlicher oder geistiger Behinderung in der altersunabhängigen Eingliederungshilfe als Teil der Sozialhilfe (§§ 53 ff. SGB XII) gewährt. Die Forderung nach der Gesamtzuständigkeit der Jugendhilfe war bereits in der Diskussion um die Reform des Kinder- und Jugendhilferechts in den 70er und 80er Jahren erhoben worden, hat aber zunächst nur zur so genannten „kleinen Lösung", der (vorrangigen) Zuordnung der Eingliederungshilfe für Kinder und Jugendliche mit einer seelischen Behinderung zur Kinder-und Jugendhilfe geführt (§ 35 a SGB VIII).

Die Diskussion hat im Kontext der Inklusionsdebatte sowie den Überlegungen zur Entwicklung eines Bundesteilhabegesetzes für Menschen mit Behinderung in den letzten Jahren erneut an Fahrt gewonnen. Kontrovers diskutiert wird in diesem Zusammenhang, ob mit der Umsetzung der großen Lösung auch der Leistungstatbestand der Hilfe zur Erziehung neu justiert werden soll. So schlägt die von der ASMK und der JFMK eingesetzte Arbeitsgruppe zur Inklusion von jungen Menschen mit Behinderungen in ihrem Bericht vom 5. März 2013 die Einführung eines neuen Leistungstatbestandes unter der Bezeichnung "*Hilfen zur Entwicklung und Teilhabe*" vor (JFMK 2013).

In diesem neuen Leistungstatbestand sollen die Hilfe zur Erziehung nach §§ 27 ff. SGB VIII sowie die verschiedenen Leistungen der Eingliederungshilfe, wie sie bisher in § 35 a SGB VIII sowie den §§ 53 ff SGB XII geregelt sind, zusammengefasst werden. Damit würde – so die Begründung der Arbeitsgruppe – nicht mehr zwischen erzieherischem und behinderungsbedingtem Bedarf unterschieden. Es könnten passgenaue, integrierte und einzelfallbezogene Leistungen für Kinder oder Jugendliche geleistet werden, ohne dass bei der Anspruchsbegründung eine eindeutige Zuordnung der Bedarfe erfolgen müsse. In diesem Zusammenhang wird für die Zuweisung des neuen Rechtsanspruchs zum Kind oder Jugendlichen plädiert, nachdem der Gesetzgeber bisher den Anspruch der Hilfe zur Erziehung den Eltern und den auf Eingliederungshilfe dem Kind oder Jugendlichen zugewiesen hat. Einen konkreten Formulierungsvorschlag für den neuen Leistungstatbestand hat die Arbeitsgruppe nicht vorgelegt.

Angesichts der unterschiedlichen Systemlogik der Hilfe zur Erziehung einerseits und der Eingliederungshilfe für Menschen mit Behinderung andererseits bleiben – abgesehen von grundsätzlichen finanziellen und organisatorischen Fragen – bei der Formulierung eines „integrierten" Leistungstatbestands viele Fragen unbeantwortet. Zunächst fällt auf, dass in dem Vorschlag der von der ASMK und der JFMK eingesetzten Arbeitsgruppe der das Eltern- Kind-Verhältnis konstituierende *Begriff der Erziehung* und der damit verbundenen Verantwortung der Eltern zu Gunsten der Begriffe *Entwicklung und Teilhabe* aufgegeben wird. Die spezifische Aufgabe der Erziehung, die den Eltern obliegt, wird mit dem auf das Kind bezogenen Ersatzbegriff „Entwicklung" nicht (mehr) erfasst. Hinzukommt, dass der Begriff „Teilhabe" der Debatte um die Reform des Behindertenrechts entlehnt ist: Auch er ist- wie der Begriff „Entwicklung" nicht auf das spezifische Eltern-Kind-Verhältnis ausgerichtet, sondern bezieht sich auf die Beeinträchtigung der Teilhabe als Wechselwirkung zwischen dem gesundheitlichen Problem (ICD) einer Person und ihren Umweltfaktoren. Insofern geraten mit der neuen Begrifflichkeit die spezifischen Koordinaten des Eltern-Kind-Verhältnisses und der bisher über die Hilfe zur Erziehung erfasste „erzieherische Bedarf" auf Seiten der Eltern aus dem Blick.

Bei einer Zusammenfassung der Hilfe zur Erziehung und der bisherigen Tatbestände der Eingliederungshilfe darf aber vor allem nicht unterschlagen werden, dass die Feststellung der Leistungsvoraussetzungen jeweils mithilfe unterschiedlicher fachlicher Erkenntnisse erfolgt. Steht bei der Hilfe zur Erziehung der sozialpädagogische Blick im Vordergrund, so sind bei der (bisherigen) Eingliederungshilfe, die zweigliedrig aufgebaut ist, im Hinblick auf den abweichenden Gesundheitszustand (§ 2 Abs. 1 SGB IX) ärztliche Erkenntnisse maßgeblich, zu denen im Hinblick auf die Teilhabebeeinträchtigung des Kindes oder Jugendlichen pädagogische Einschätzungen hinzuzutreten.

Bereits diese ersten Fragen machen deutlich, dass es kaum möglich sein wird, die beiden Leistungstatbestände mit ihren unterschiedlichen Strukturprinzipien in einem Leistungstatbestand zusammenzuführen, weil dann innerhalb eines Leistungstatbestands zwischen den verschiedenen Leistungselementen (Hilfe zur Erziehung bzw. Eingliederungshilfe) nach Voraussetzungen und Verfahrensregelungen differenziert werden muss. Zu befürchten ist zudem, dass mit der Eliminierung des Begriffs "Erziehung" am Ende auch die sozialpädagogische Handlungslogik auf der Strecke bleibt und die medizinische Betrachtungsweise dominiert.

Hinzukommt schließlich, dass sich die beiden Leistungsanteile (erzieherischer Bedarf bzw. behinderungsbedingter Bedarf) in der Praxis zwar überlappen, aber nur in spezifischen Konstellationen kumulativ vorliegen. Mit einem erzieherischen Bedarf ist nicht ohne weiteres ein behinderungsbedingter Bedarf verbunden, während umgekehrt im Zusammenhang mit einem behinderungsbedingten Bedarf zwar häufig höhere Anforderungen an die Erziehungskompetenz der Eltern verbunden sind, die aber nicht zwangsläufig zur Inanspruchnahme von Hilfe zur Erziehung führen (müssen). Das angestrebte Ziel, nicht mehr zwischen erzieherischem und behinderungsbedingtem Bedarf unterscheiden zu müssen, lässt sich also gar nicht erreichen.

Daher sollte die Forderung nach der Umsetzung der Gesamtzuständigkeit der Kinder- und Jugendhilfe nicht mit der Konstruktion eines einheitlichen Leistungstatbestands überfrachtet werden. Überzeugender erscheint es, innerhalb des Leistungsspektrums der Kinder- und Jugendhilfe die Hilfe zur Erziehung und die Eingliederungshilfe für junge Menschen mit Behinderung eigenständig zu formulieren, um sie dann im Einzelfall (als Komplexleistung) zusammenführen zu können. Nur auf diese Weise ist sichergestellt, dass die systemische Betrachtungsweise bei der Hilfe zur Erziehung und damit der auf das Eltern-Kind-Verhältnis bezogene „erzieherische Bedarf" nicht aus dem Blick gerät.

7 *Ausblick*

Die im 14. Kinder und Jugendbericht (Deutscher Bundestag 2013a) beschriebene neue Melange von investivem und achtsamerem Staat führt zu einer neuen Justierung des Verhältnisses von Familie und Staat. Der Wohlfahrtsstaat soll das Kind von Anfang an vor potentiellen Gefahren für sein Wohl schützen und ihm optimale Entwicklungschancen ermöglichen. Familie erscheint in diesem Kontext vor allem als Risiko bzw. Hindernis. Dabei wird auch das Paradigma der Kinderrechte gegen die Eltern in Stellung gebracht. Der Wert und die Wirkung elterlicher Erziehung werden dabei zunehmend infrage gestellt. Bildung wird auf kognitive Bildung verkürzt und den Kindertagesstätten und der Schule als Aufgabe zugewiesen. Eine solche Entwicklung führte aber nicht zu einer unmittelbaren Verbesserung der Lebenslage von Kindern und Jugendlichen, sondern verstärkt den Druck auf die Eltern und führt zu weiterer Verunsicherung hinsichtlich der Elternrolle. Eltern und Kinder sind in Lebens- und Schicksalsgemeinschaft aufeinander verwiesen. So richtig es ist, Kinder als Rechtssubjekte, also als Träger eigener Rechte, zu betrachten, so wenig zielführend erscheint es, die Eltern nur noch aus der Rechtsposition des Kindes in den Blick zu nehmen, nachdem unsere Verfassung den Eltern die primäre Erziehungsverantwortung zuweist. Eine zunehmende Verrechtlichung des Eltern-Kind-Verhältnisses führt im Ergebnis nicht zu der von ihren Propagandisten gewollten Kindesemanzipation, sondern zu einem erhöhten Einfluss des Staates. Die primäre Aufgabe des Staates sollte aber darauf gerichtet sein, Rahmenbedingungen dafür zu schaffen, dass Eltern ihrer Erziehungsverantwortung gegenüber dem Kind besser nachkommen können.

Literatur

Bundesverfassungsgericht (1968): 1 BvL 20/ 63 1 BvL 312/ 66.

Bundesverfassungsgericht (1982a): 1 BvR 845/79 vom 9.2.1982.

Bundesverfassungsgericht (1982b): 1 BvR 188/ 80 vom 17.2. 1982.

Bundesverfassungsgericht (2014): 1 BvR 11/7814 vom 19.11.2014.

Coester, M. (2008): Inhalt und Funktionen des Begriffs der Kindeswohlgefährdung –Erfordernis einer Neudefinition?, in: Monatsschrift des Deutschen Instituts für Jugendhilfe und Familienrecht e. V. 81, S. 1-56.

Deutscher Bundestag (1989a): Gesetzentwurf der Bundesregierung, Entwurf eines Gesetzes zur Neuordnung des Kinder- und Jugendhilferechts (Kinder- und Jugendhilfegesetz – KJHG) – Bundestagsdrucksache 11/ 5948 vom 1.12.1989

Deutscher Bundestag (1989b): Unterrichtung durch die Bundesregierung. Entwurf eines Gesetzes zur Neuordnung des Kinder- und Jugendhilferechts (Kinder- und Jugendhilfegesetz – KJHG)- Drucksache 11/5948 – hier: Gegenäußerung der Bundesregierung zur Stellungnahme des Bundesrates

Deutscher Bundestag (Hrsg.) (2002): 11. Kinder- und Jugendbericht, Bundestagsdrucksache 14/ 8181 v. 4.2.2002, Berlin: Bundesanzeiger Verlagsgesellschaft mbH.

Deutscher Bundestag (Hrsg.) (2013a): 14. Kinder und Jugendbericht, Bundestagsdrucksache 17/12200 v. 30.1.2013, Berlin: Bundesanzeiger Verlagsgesellschaft mbH.

Deutscher Bundestag (Hrsg.) (2013b): Skepsis gegenüber Kinderrechten im Grundgesetz, online unter: https://www.bundestag.de/dokumente/textarchiv/2013/45426229_kw26 _pa_recht_kinderrechte/212880 [Zugriff am: 01.06.2015].

Jestaedt, M. (1995): Bonner Kommentar zum Grundgesetz Art.6 Abs.2 und 3, Heidelberg: Verlag.

Jugend- und Familienministerkonferenz (JFMK) (Hrsg.) (2013): Beschlüsse 06./07.06.2013 –TOP 5.5:Inklusion für Junge Menschen mit Behinderungen online unter: https://www.jfmk.de/pub2013/TOP_5.5_Bericht_AG_zur_

Inklusion_(mit_Anlagen).pdf [Zugriff am: 20.06.2015].
Küfner M., Kindler H., Meysen Th., Helming E., Weiterführende Fragen. In: Kindler H., Helming E., Meysen Th., Jurczyk K.(Hg.), Handbuch Pflegekinderhilfe München 2011: Deutsches Jugendinstitut e.V.
Luthe, E.-W.: Kommentierung von § 1 SGB VIII in: juris PK-SGB VIII, 1.Aufl. Saarbrücken 2014
Maywald, J. (2012): Kinder haben Rechte, Weinheim u.a.: Beltz.
Merkle T., Wippermann, C (2008): Eltern unter Druck ‚Selbstverständnisse, Befindlichkeiten und Bedürfnisse von Eltern in verschiedenen Lebenswelten, Stuttgart: Lucius.
Menne, K. (2009): Der stumme Skandal der Erziehungsberatung, in: Jugendamt 82, 10, S. 531-540.
Mrozynski, P. (2009): SGB VIII – Kinder- und Jugendhilfe, 5. Aufl., München: Beck.
Münder, J. (2010): Hilfe zur Erziehung für die Eltern oder Rechtsanspruch des Kindes?, in: Das Jugendamt/ Zeitschrift für Kindschaftsrecht und Jugendhilfe, Sonderheft 20 Jahre KJHG, S. 31- 32.
Münder, J., Meysen, T. , Trenczek, T. (Hrsg.) (2013): Frankfurter Kommentar zum SGB VIII, 7. Aufl., Baden-Baden: Nomos.
Peschel-Gutzeit, L. M. (2008): Umgangspflicht – eine Naturalobligation, in: Neue juristische Wochenschrift 61, 27, S. 1922-1925.
Schäfer, R., Sann, A. (2014): Frühe Hilfen zwischen (gesundheitlicher) Familienförderung und Kinderschutz, in: Bütow et al.(Hrsg.): Sozialpädagogik zwischen Staat und Familien, Wiesbaden: Springer, S. 75-89.
Schneider N., Diabate S., Ruckdeschel K. (2015): Familienleitbilder in Deutschland., Kulturelle Vorstellungen zu Partnerschaft, Elternschaft und Familienleben, Band 48, Opladen: Budrich.
Schumann, E. (2011): Das Erörterungsgespräch bei möglicher Kindeswohlgefährdung , in Familie-Partnerschaft-Recht 17, 5, S. 203-206.
Sommer, A. (2014): Deutschland misshandelt seine Kinder – Diskussionsveranstaltung des Kinderschutzbundes Frankfurt am 11.6.2014, in: Zeitschrift für Kindschaftsrecht und Jugendhilfe 9, 10, S. 372-375.
Sünkel, W. (1997): Generation als pädagogischer Begriff, in: Liebau, E. (Hrsg.): Das Generationenverhältnis. Über das Zusammenleben in Familie und Gesellschaft, Weinheim: Juventa, S. 195-204.
Spiegel 33/ 2014 S. 18 zu den Plänen von Familienministerin Schwesig
Wabnitz, R. (2013): Gesetzliche Inklusionsbarrieren – Was behindert Inklusion, in: Zeitschrift für Kindschaftsrecht und Jugendhilfe 8, 2, S. 52-56.
Wapler, F. (2015): Kinderrechte und Kindeswohl, Tübingen: Mohr Siebeck.
Winkler, M. (2012): Erziehung in der Familie. Innenansichten des pädagogischen Alltags, Stuttgart: Kohlhammer.

Familie – Verwüstung doch nicht ganz ausgeschlossen Überlegungen für die Nachdenklichen unter den Verächtern dieser Lebensform[1]

Michael Winkler

1 *Wie wir es auch machen, es ist doch falsch: Familienbashing*

Klaus Wenzel ist ein vernünftiger Mann. Eigentlich, und soweit man das in Bayern sein kann, allzumal als gebürtiger Oberpfälzer und gelernter Franke. Die leiden bekanntlich als Opfer bayerischer Usurpation. Und wenn man, wie Klaus Wenzel, als (inzwischen: ehemaliger) Vorsitzender des Bayerischen Lehrerinnen und Lehrerverbandes viel mit dem Bayrischen Kultusministerium zu tun hat. Denn: man wird leicht um den Verstand gebracht im Umgang mit einer Staatsbürokratie, die der Parlamentsberichterstatter des durchaus staatstragenden Bayerischen Rundfunks, Bernhard Ücker, vor vielen Jahrzehnten einmal mit dem Wort von den biergefüllten Lederhosen in Verbindung gebracht hat.

Nachsicht ist also angebracht gegenüber Wenzel, zumal in einer Pressekonferenz. Die braucht schließlich starke Worte. Sonst wird man weder gesendet noch gedruckt. Deshalb kann man Wenzels Ausfall gegenüber Familien und Eltern ein wenig verstehen. Eltern sollten, so seine nachdrückliche Empfehlung, für die Herausforderung vorbereitet werden, die mit der Erziehung ihrer Kinder einhergehe. „Es fehlt den Kindern das, was früher zur Grundausstattung gehörte", hat er gesagt, mit dem Ton, den jeder unweigerlich entwickelt, der die Preislisten für Produkte aus der bayerischen Automobilindustrie studiert hat; deren Basisversion umfasst schließlich kaum mehr als vier Räder und ein Dach. Was übrigens zur Fortbewegung genügen könnte.

Die Erziehung der Eltern sollen Lehrerinnen und Lehrer leisten, wenngleich in guter Partnerschaft, wie der Webauftritt des BLLV empfiehlt; der verweist auf Klaus Hurrelmann, offensichtlich bestehen Sympathien für dessen Forderung nach verbindlichen Erziehungskursen für Eltern, möglichst sogar schon für angehende; dumm nur, wenn es dann nicht klappt. Hurrelmann gilt in Deutschland als eifriger Verfechter des Elternführerscheins; er würde gerne TÜV und die medizinisch-psychologische Untersuchung verpflichtend schon für all jene ein-

[1] Da man die Welt nicht immer wieder neu erfinden und das Selbstplagiat nur unter Preisgabe der eigenen Identität vermeiden kann, nehme ich Gedanken auf, die schon an anderer Stelle veröffentlicht wurden; vgl. also Winkler 2012, 2015.

führen, die über Nachwuchs nur nachdenken: Wer sich in diesem Land auf Familie und Kinder unkontrolliert einlässt, soll sich als Geisterfahrer fühlen.

Die Tragik von Wenzels Empfehlung liegt darin, dass sie die Falschen adressiert; er betreibt das Bashing von Familien und Eltern, obwohl die längst aus dem Geschäft vertrieben sind. Hinterhertreten nennt man das im Volksmund, im Fußball zieht es die Rote Karte nach sich. Wie rückständig Bayern im Vergleich mit dem Rest der Republik sein mag, selbst in dieser südlichen Provinz setzt sich nämlich ebenfalls die professionelle Betreuung in Institutionen durch, wie sie landauf und landab als Heilmittel für die pädagogischen Gebrechen und für die Probleme des Arbeitsmarktes gefordert wird; in netter Allparteienkoalition vereint mit den Unternehmerverbänden und den Spitzen des Handwerks sowie unterstützt durch die Experten in Sachen *Bildung*. Wenzel übersieht, wie alle ganz brav ihre Hausaufgaben machen, mehr oder weniger gezwungen durch die Sozialgesetzgebung der europäischen Union, nach der eine jede ihres Glückes eigene Schmiedin sei, einerseits, andererseits durch eine Entwicklung der Familieneinkommen, die für ein auskömmliches Leben nur ausreichen, wenn alle erwerbstätig sind: Kinder sollen an Institutionen und Professionelle abgegeben werden, möglichst nach der Durchtrennung der Nabelschnur.

Indes: Wenn der Nachwuchs nun mehrheitlich sowie ganztägig Krippen und Kindertagesstätten sowie Horte aufsucht, dann hält offensichtlich das Bildungssystem selbst nicht, was es feierlich verspricht. Wenzel irrt also: Familien und Eltern bauen nicht mehr die Grundausstattung ihrer Kinder zusammen, höchstens im Krankheitsfall oder in dem des Streiks, wenn den Professionellen einfällt, dass sie nur Lohnerzieher sind, getrieben vom Interesse an Einkommen und mit einigem Desinteresse gegenüber dem Stoff, den sie bearbeiten. Kurz: es sind nicht die Eltern, sondern die Professionellen, die mit der – wie die korrekte Semantik lautet – Bildungsaufgabe beauftragt sind. Höchstens Schlafmangel darf man den Familien noch anlasten.

Aber vielleicht ist das alles ungerecht gegenüber Herrn Wenzel und den Nöten der Lehrerinnen und Lehrer. Das Geschäft der Schulen ist schließlich alles andere als lustig. Wobei man sich schon fragt, ob das überhaupt dem Material geschuldet ist, das daselbst in Humankapital transformiert werden soll. Oder nicht doch den Umständen, unter denen das passiert.

Dennoch bleibt der Befund: Wenn im Blick auf die Eigenarten nichts mehr einfällt, die von der jungen Generation an den Tag gelegt werden, dann wird sogleich auf deren Familien und Eltern eingeschlagen. Dabei wäre *pädagogisch* gegenüber jüngeren Menschen angeraten, ein wenig geduldiger zu sein (mal abgesehen davon, dass die Erinnerung an eigene Aufsässigkeit und Schulunlust nicht schadet). Aber pädagogisch denkt ohnehin kaum mehr einer. Irritierend ist vielmehr, dass und wie die Argumentationslogik allein und prinzipiell die Leistungsfähigkeit von Familien in Abrede stellt. Dabei hat sich ein Muster durchgesetzt, zwar in nahezu allen politischen Sphären, das man dennoch einem eher linken Denken zuordnen muss und darf, wenigstens sofern man es in seinen Traditionslinien betrachtet. Die Unterschiede sind nur graduell, wie wiederum mit einem Schmankerl aus Bayern zu belegen ist: Die dort staatstragende Partei tat sich zu Beginn des Jahres 2015 mit dem Vorschlag hervor, Menschen mit Migrationshintergrund sollten sich in ihrem Familienleben gefälligst der deutschen Sprache bedienen – was angesichts bayerischer Idiome als bemerkenswertes Unterfangen gelten kann. Das Gelächter war groß, alle rümpften die Nase. Selbstverständlich ist der Vorschlag absurd. Aber er ist zugleich ein wenig anständiger und nach dem Sachstand sogar vernünftiger als die Vorschläge der konkurrierenden Parteien. Denn die bayerische Regionalpartei spricht immerhin den Familien nicht ihre Existenzberechtigung ab (und hat mit ihrem Vorschlag insofern noch recht, als der innerfamiliären Sprachsozialisation im Guten wie im Schlechten größeres Gewicht zukommt als allen institutionellen Bemühungen). Den konkurrierenden Parteien fällt hingegen nur die Auflösung der Familien ein, nämlich die schnelle Unterbringung ihrer jüngeren Mitglieder in vorgeblich der Bildung dienenden Einrichtungen. Worin besteht dann eigentlich der größere Eingriff in den familiären Lebenszusammenhang?

2 *Die Not der Sozialdemokraten mit den Familien*

Wie auch immer die Attacken gegen die Familien aussehen, näher rückt, was bislang noch bezweifelt wurde: Familien sind nicht so ganz unverwüstlich, wie Tilman Allert vor bald zwei Jahrzehnten seine Studien überschrieben hat, die allerdings eher eine Beharrlichkeit der emotional-affektiven Muster innerhalb der Generationen zum Thema gemacht haben (vgl. Allert 1997). Selbst in jüngerer Zeit hat die historische Forschung mit Blick auf die Versuche totalitärer Regimes erneut gezeigt, wie Familien ziemlich resistent waren und der „Macht der Führenden" mit einer ganz eigenen „Macht der Familien" begegneten (Ginsborg 2014, S. 594). Beides lässt sich belegen: Einmal ein bösartiger Terrorismus gegenüber Familien und allen Formen familiären Lebens, allzumal in der Sowjetunion (vgl. Ginsborg 2014, S. 602). Er hat sich letztlich gegen die Zivilgesellschaft gerichtet. Zum anderen das, was gerne als Gemeinplatz konservativen Denkens denunziert wird, nämlich die Eigenwilligkeit, wenn nicht sogar Subversivität von Familien. Eine Vorstellung, die lebensweltlich zwar eine veritable Mehrheit versteht, die aber jene zurückweisen, die prinzipiell familienkritisch denken oder Familien sogar ablehnen und das zum politischen Programm erheben.

Aber wer tut das? So fatal das klingt, Vorbehalte wenn nicht Ablehnung von Familie finden sich in einem Zusammenhang, der zwischen sozialwissenschaftlichen Denkweisen und Sozialpolitik entstanden ist. *Typologisch* könnte man dieses Paradigma als sozialdemokratisch bezeichnen (vgl. Crouch 2013), flankiert von einem kruden Feminismus, wie er bei der Durchsetzung des therapeutischen Deutungsmusters für menschliche Lebensweisen zu beobachten ist (vgl. Furedi 2004; Illouz 2009): Mit Familien hadert, wer Gleichheit und Gerechtigkeit Vorrang einräumt, aber vergisst, wie schon die Französische Revolution der Brüderlichkeit, besser: der Sorge umeinander die Rolle eines weiteren, zentralen Motivs einräumt (vgl. Stiegler 2008). Familie hat mit diesem Motiv zu tun, es zeichnet sie als einen besonderen sozialen Zusammenhang ethisch aus, der auf einem basalen und vorrationalen Altruismus beruht, vermutlich im frühen Evolutionsstadium der Menschheit entstanden (vgl. Tomasello 2014). Und das macht Familie wohl verdächtig, sie hat mit Fortschritt nichts zu tun und ist unvernünftig, in ihr geht es um Menschen, ihr Miteinander und ihre Entwicklung, mehr oder weniger in Selbstbestimmung.

Innerhalb des – noch einmal: typologisch – linken Paradigmas findet sich nur einer der älteren marxistischen Theoretiker als Ausnahme: Antonio Gramsci bemerkt mit bitterem Realismus, wie die Sozialisten gemeinhin als „die Feinde der Familie hingestellt" werden (Gramsci 1918/1987, S. 76), dieser Vorbehalt zudem bei jenen verbreitet sei, die potenzielle Anhänger sein könnten; Familienmenschen schreckt, so Gramscis Einsicht, der sozialistische Kollektivismus selbst dann, wenn sie ihn im Zusammenhang der politischen Ökonomie sofort unterstützen würden. Indirekt gibt er solchen Vorbehalten recht. Er sieht und verteidigt nämlich eine ganz eigene Funktion von Familien, ausdrücklich als Aufgabe der Sozialisten. Familien sind wesentlich ein „moralischer Organismus", der sich allerdings historisch gewandelt habe. Mit der Etablierung des Staates haben Menschen Sicherheit und Freiheit jenseits der Familie gewonnen, eine Chance, die nicht ungenutzt vertan werden sollte. Denn nun „reduzierte" die Familie „sich auf ihren natürlichen Kern, Eltern und Kinder, aber sie ist nach wie vor nicht nur Organ moralischen Lebens, sondern auch Organ des biologischen, sozialen Schutzes und Schirms" (Gramsci 1918/1987, S. 76). Unter den Bedingungen des Kapitalismus, so Gramscis Argument, können Familien diese Funktionen jedoch nicht erfüllen. Denn die gesellschaftliche Durchsetzung des Privateigentums nimmt ihnen die nötigen Ressourcen; diese Lösung „ist unmenschlich", weil sie Privilegien noch bei der Frage der Erziehung schafft (Gramsci 1918/1987, S. 77). Sozialisten würden demgegenüber wollen,

> „daß alle Geschöpfe von Müttern in ihrer physiologischen und moralischen Entwicklung beschützt seien, daß alle Geschöpfe von Müttern sich den Gefahren, den Fallen der natürlichen Umwelt gegenüber in gleicher Lage befinden und daß alle gleichermaßen die erforderlichen Mittel vorfinden, um ihren Verstand zu bilden, um dem gesamten Gemeinwesen die höchsten Früchte zu bringen an Wissen, wissenschaftlicher Forschung, Phantasie, die die Schönheit in Dichtung, Bildhauerei, allen Künsten erschafft" (Gramsci 1918/1987, S. 77).

Eltern müssen von der Not und der „angstvollen Sorge" entlastet werden,

> „und sie werden ruhigen Sinnes ihre moralische Aufgabe als Erzieher ausüben können, die Fackel der Zivilisation von der einen Generation zur nächsten, von der Vergangenheit an die Zukunft weiterreichen. […] Der Proletarier kämpft und verzehrt sich, weil er seinen Kindern bessere gesellschaftliche Bedingungen für ihr Dasein und ihre Sicherheit hinterlassen will" (Gramsci 1918/1987, S. 77f.).

Gramsci hinterlässt in wenigen Zeilen eine erstaunlich umfassende, im Kern kulturwissenschaftlich und pädagogisch angelegte Theorie der Familie. Sie plädiert für die familiäre Lebenspraxis als eines Zusammenhangs, der Geschichte sichert, und fordert, die Kontinuität von Familien zu wahren – weil ihnen die Legitimität als des sozialen Ortes zukommt, an dem Biologie und Moral praktisch verknüpft werden. Gramsci bleibt jedoch in der Debatte singulär und wird kaum beachtet; sein Beitrag entgeht sogar dem ausführlichen Lemma *Familie* im *Historisch-Kritischen Wörterbuch des Marxismus*, das immerhin ausführlich die anthropologische Kritik an den Auffassungen von Familie referiert, wie sie die Altmeister des Marxismus vorgetragen haben (vgl. Haug, Petrioli, Ketelhut 1999). Denen zu folgen, fällt allerdings ein wenig schwer. Denn sie sind einem Ressentiment verfallen: Wider die Erwartung, dass die Überwindung des Kapitalismus umfassende Humanität ermögliche, die gegenüber den Vereinseitigungen, gegenüber der Entfremdung und Verdinglichung der ganzen sinnlich praktischen Lebendigkeit des Menschen wieder Raum gibt, verwerfen Marx und Engels jene Tätigkeiten im menschlichen Leben, die gewissermaßen unproduktiv sind: Putzen, Kochen und die Versorgung der Kinder gelten ihnen als ziemlich gruselig, sie werden eng verbunden mit der „Haussklaverei der Frau" – so Engels in *„Über den Ursprung der Familie, des Privateigentums und des Staats"* (Engels 1884/1972, S. 75). Die Tätigkeiten des Jagens, Fischens kommen entschieden besser weg, zwischen welchen man sich in der Utopie einer künftigen Gesellschaft frei entscheiden könnte, wie die *Deutsche Ideologie* sie knapp entwirft.

Noch mehr schätzen die beiden Chefdenker jedoch die produktive Tätigkeit, obwohl sie für sie zunächst und augenscheinlich doch auch nur eine sein konnte, die kapitalistisch geformt ist; noch war die Revolution nicht verwirklicht. Damit blenden sie – in der Theoriebildung – aus, was ihnen an anderer Stelle, bei Marx in den Frühen Schriften, bei den von ihnen gemeinsam verfassten Werken vor allem in der *Deutschen Ideologie* wichtig ist, nämlich die *Praxis* der Menschen anstelle einer Ausrichtung an dem, was der Begriff der *Arbeit* zu fassen vermag. Oder anders gesagt: Sprechen sie über Familie, orientieren sie sich allein am Tauschwert, was immerhin realistisch ist für eine kapitalistisch organisierte Gesellschaft, wie sie diese schließlich analysieren. Der Kapitalismus macht sich gierig über alle Lebensweisen her, um sich diese zu unterwerfen; Familie ist davon nicht ausgenommen, zumal wenn das Ressentiment gar nicht mehr zulässt, die besondere Qualität des Tuns zu begreifen, das in der Familie stattfindet. Lenin folgt dem und spitzt das Missverständnis noch zu, sofern er sich überhaupt für Familie interessiert und dieses Thema nicht einfach Alexandra Kollontai überlässt. Wenn überhaupt dann beschäftigt ihn die Befreiung der Frau aus der Haussklaverei; ihre Emanzipation gelinge, wenn staatliche Dienstleistungen für Erziehung gesichert sind, um die volle Arbeitstätigkeit der Frau zu sichern (vgl. Ginsborg 2014, S. 75). Das wäre und ist bei ihm sogar nachvollziehbar, weil für ihn die Arbeit schon unter der Prämisse einer gesellschaftlichen Organisation steht, die diesen Namen auch verdient - zumindest für ihn, andere haben das sicher anders gesehen. Es geht ihm also um die Stellung der Frau in einer sozialistischen, wenn nicht sogar kommunistischen Welt, in der Produktion gesellschaftlich nach demokratischen Prinzipien, nicht mehr aber privatkapitalistisch organisiert ist.

Eben diese privatkapitalistische Organisation blieb aber bis heute gemeinhin der Fall - mehr denn je, so dass die von Rosa Luxemburg in ihrer Schrift „Frauenwahlrecht und Klassenkampf" ausgesprochene Ahnung zutrifft, dass die Frauen dem Joch der familiären Herrschaft entkommen, um in das Joch des Kapitals eingespannt zu werden. Es gilt also generell: Frauen in die Produktion! Wenn es noch nicht die sozialistische ist, dann wenigstens die kapitalistische, Hauptsache es handelt sich um Arbeit, genauso wie die, unter der auch Männer leiden müssten, wären sie nicht längst kollektiv verblödet. Dieses Denkmuster blieb bis heute einigermaßen beharrlich in Geltung; Luxemburgs Vorbehalt wurde nicht so recht gesehen, erst recht blieb Gramsci in diesem Zusammenhang vergessen. Dass es um eine spezifische Praxis gehen könnte, die in der Sorge der Menschen für das Aufwachsen der Kinder in einer moralisch relevanten Sphäre gründet, spielt keine Rolle, vermutlich, weil zwar noch die Emanzipation der Frauen interessiert, das Schicksal der Kinder aber locker vernachlässigt wird. Das Ressentiment gegenüber der Qualität der häuslichen Arbeit ist nie verschwunden, wie noch die jüngeren Debatten um das Elterngeld nahelegen: *Herdprämie* klingt in jeder Satire an, ausgesprochen von Leuten, die gerne einiges Geld bei guten Köchen lassen; so schlecht kann es nicht sein, am eigenen Herd zu kochen. Zumal, wenn man die Klage in Rechnung stellt, nach der Kindern die gute Ernährung fehlt, von der Erwartung ganz abgesehen, dass Selberkochen besser sei als der Besuch des Fastfood-Lokals. Windeln zu wechseln sollte man hingegen ohnehin den Professionellen überlassen, wie die Bildung. Was so nebenbei den ekligen Nebeneffekt erzeugt, dass auf diese dann das Verdikt ein wenig abfärbt. Wer solche Arbeit übernimmt, ist nicht wirklich besser als die Frau, die zu Hause bleibt. So gesehen ist das niedrige Einkommen der pädagogischen Fachkräfte gerechtfertigt: Noch mehr Zynismus als der gegenüber Familien und Eltern praktizierte lässt sich in dieser Gesellschaft und bei ihren politischen Protagonisten kaum finden.

In all dem wird ohnedies übersehen, wie die von Marx, Engels und Lenin mit der Formel von der gesellschaftlichen Produktion avisierte Utopie auf fatale Weise Realität geworden ist, nämlich als ein alle Lebensäußerungen weitgehend totalisierender Kapitalismus. Mit Verlaub: die Moderne der Gegenwart ist umfassend vergesellschaftet (allzumal dort, wo bad banks die Passiva der Unternehmen allen Menschen auflasten). Vergesellschaftet freilich durch den Kapitalismus - und vermutlich inzwischen sogar mit besonderer Intensität und Dichte in der Sphäre der Konsumtion und nicht bloß in der der Produktion (vgl. Bauman 2000, 2010; Hirschle 2012). Wie weit dieser, der kapitalistischen Formbestimmtheit gehorchende Vergesellschaftungsprozess in das Leben der Menschen hinein reicht, ahnten übrigens die Altväter des Marxismus selbst schon und berichteten es im dritten

Band des *Kapitals* als *Oberfläche des Kapitalismus*. Danach werden im Kapitalismus sämtliche menschliche Beziehungen in die Warenform transformiert, sogar die Selbstverhältnisse unterliegen diesem Mechanismus. Wer Anschauungsmaterial dazu sucht, kann sich in einem Fitnessstudio umsehen, wo die Subjekte selbst ihre Körper dafür zurichten, dem Kapital bestens zur Verfügung zu stehen. Erkaufte Fitness lauten das Programm und Projekt, das sich doch viele zu eigen machen.

Die Pointe besteht in einem quid pro quo, wie Marx als alter Lateiner gesagt hätte. Man tut so, als ob die für die Zukunft eigentlich erhoffte Situation nun in der Gegenwart schon verwirklicht wäre, indem man das für demnächst gedachte Spiel einer öffentlichen Erziehung heute betreibt. Die utopische Idee: Eine sozialistisch oder kommunistisch vergesellschaftete Produktion hebt die Familie auf, sie macht die schrecklichen Hausarbeiten überflüssig oder delegiert sie an dafür zuständiges Personal - was ein wenig an die antike Sklavenhaltergesellschaft erinnert, die sich die Pädagogik von Leuten hat erledigen lassen, denen man nichts dafür zahlen musste. Die gegebene Wirklichkeit besteht nun darin: Frauen wie Männer können zwar nicht beliebig jagen und fischen, sind aber in der Produktion involviert; Teilhabe an gesellschaftlicher Wertschöpfung nennt man das euphemistisch. Im Arbeitsvertrag steht, dass und wie man sich damit gegen Lohn verdingt hat. Die - noch einmal: typologisch so zu bezeichnende - sozialdemokratische Antwort lautet, wenngleich etwas ironisch zugespitzt: Man führt das für die sozialistische Gesellschaft unter der Bedingung demokratischer Herrschaft und Machtorganisation gedachte Modell jetzt schon ein, merkt aber nicht, wie das die Durchsetzungskraft des Kapitalismus in Lebenszusammenhängen verstärkt, in welchen selbst ihm ein Innehalten aufgezwungen wäre und möglicherweise eine Alternative entstehen könnte. Noch einmal ist an Gramsci zu erinnern. Denn er hat begriffen, wie in Familien Natur und Moralität einen ganz eigenartigen Zusammenhang bilden, den die Subjekte zäh verteidigen, weil sie ahnen, wie sie hier ein Antidot gegenüber dem unsäglichen Einfluss des Kapitals haben.

Es könnte sein, dass solche politischen, noch einmal: typologisch sozialdemokratischen Strategien einfach politischer Naivität entspringen - vielleicht soll die Kollektivierung der Bildung den gesellschaftlichen Transformationsprozess vorantreiben. (Nur, mal im Ernst: hat die Sozialdemokratie nicht schon zur II. Internationale diese Absicht preisgegeben?) Es könnte auch sein, dass es ganz unversehens um Nothilfemaßnahmen nicht bloß für die immer vorgeschobenen und dann schon fast instrumentalisierten Alleinerziehenden, sondern vor allem für eine zwar akademisch ausgebildete, dennoch faktisch proletarisierte, wenn nicht sogar prekarisierte veritable Klasse geht, der man ihr Schicksal aber nicht verdeutlichen, sondern durch die Rede von der Bildung ihres Nachwuchses verbergen möchte (vgl. Großkopf 2014). Was dann durchaus das Prädikat der Ideologie verdienen würde. Noch fataler wäre jedoch, wenn sich die Sozialdemokratie selbst zum Büttel des Kapitals an der Stelle macht, die dem Kapital bislang ein wenig verwehrt war; eben an der Resistenz der Lebensform Familie, die bei allen

Scheußlichkeiten, die in ihren Zusammenhängen passieren, Natur und Moral zusammen bringt (um penetrant an Gramsci zu erinnern). Für diesen, allerdings bitteren Verdacht spricht dann die tägliche Empirie. Noch einmal: die kapitalistische Produktion ist allgegenwärtig, braucht das Menschenmaterial, Erwachsene wie Kinder gleichermaßen. Ohne Widerspruch seitens des ihr vorgesetzten Sozialreferenten sagt dann die Mitarbeiterin des Jugendamtes: „Kinder sind der Rohstoff für die künftige Stadtgesellschaft" (Franke 2015, S. 11). Und weil das so ist, müsste jede Anstrengung unternommen werden, die Familien von ihrer genuinen Praxis der familiären Lebensführung zu befreien, um alle Beteiligten in den Produktionsprozess zu überführen. Für die unverbesserlichen Männer ist das eh klar, die Frauen streben ihnen nach, wie die sprichwörtlichen Lemminge stürzen sie sich angezogen von der Aussicht auf Lohnarbeit in den kapitalistischen Arbeitsmarkt. Nun sind die Kinder dran, Rohstoff, Humankapital, Träger des Goldes, das aus ihren Köpfen gehoben werden soll.

Der schon angesprochene Sozialreferent gehört der Sozialdemokratie an, einer Partei, die gemeinsam mit anderen zwar gute Absichten verfolgt, vielleicht sogar meint, dem wildgewordenen Kapitalismus entgegen treten zu können. Faktisch aber tut sie alles, diesem noch zu helfen, bis in die letzten Ritzen des Sozialen einzudringen; bei der Durchsetzung neoliberaler Tendenzen kommt der Sozialdemokratie eine fatale Rolle zu (vgl. Crouch 2013), weil sie meint, mit dem vorgeblich fortschrittlichen Konzept einer Auflösung der privaten Zusammenhängen für das Aufwachsen und seiner Vergesellschaftung den Menschen das Leben erleichtern zu können – man könnte sagen, dass es einmal mehr darum geht, die Menschen von ihrer Herkunft zu befreien, ihnen das leichte Leben der Lohnarbeit zu geben (wie so mancher Idiot das nun sogar als Philosophie verkauft, um vermutlich für Leasing zu werben). Nur nebenbei: wer sich intensiver damit beschäftigen will, kann das ganze Geschehen wiederum bei Karl Marx nachlesen, im Werk *Das Kapital* unter der Überschrift: *die ursprüngliche Akkumulation.*

3 *Neue Familienbilder*

Dabei wird in dieser sozialdemokratischen Familienpolitik selten klar, wem die gute Absicht nützt. Ganz abgesehen davon, dass Kinder nur noch vor dem Hintergrund eines instrumentellen und utilitaristischen Denkens bewertet werden. Die politische Linke hat den schon länger angemeldeten Auftrag nicht aufgenommen, über Familien unter veränderten gesellschaftlichen Bedingungen nachzudenken und sie im Blick auf eine Pädagogik zu diskutieren, der es um die Mündigkeit junger Menschen geht. Schlimmer als das: Familien werden allein den Subsystemen von Gesellschaft zugerechnet, die der sozialen und kulturellen Reproduktion dienen. Das ist zwar nicht falsch, wird aber dann problematisch, wenn die Einsicht selbst normativ und dann vor allem affirmativ gewendet wird. Symptomatisch dafür sind die Projektionen, die auf Familien gerichtet werden –

in seltsamer Übereinstimmung der politischen Lager; um es etwas boshaft zu formulieren: Zwischen dem, was Frau von der Leyen als damals zuständiger Ministerin sagte, und den Vorstellungen einer Manuela Schwesig, passt nicht wirklich viel; die stehen so nahe, dass sie einander nicht einmal die Hand geben können: Da ist einerseits der Verdacht, dass Familien versagen – und zwar alle, so dass die strikte Überwachung nötig ist, die zu einer dann doch unsäglichen staatlichen Kinderschutz- und Kontrollpraxis geführt hat, welche das Kinder- und Jugendhilferecht zum überholten Interventionsmechanismus zurückgeführt hat. The winner is: the state. Da ist andererseits der Traum davon, die Kinderrechte im Grundgesetz zu verankern – and again: the winner is: the state. *Vater – Mutter – Staat* heißt die neue Konstellation (vgl. Stadler 2014), in deren Hintergrund eine Koalition zwischen Politik und Wirtschaft wirkt, die alle kommunalen Bündnisse für Familien zum Hohn erklärt.

Nun darf man sich nichts vormachen: Es geht zunächst und zuerst ohnedies nur um einen Bilderkrieg, vielleicht um eine Auseinandersetzung über Semantiken und darüber, wer die Deutungshoheit behält. Die Beteiligten erklären dies beständig, wie der angesprochene Sozialreferent: Das Bild der Familie habe sich gewandelt. Das lenkt davon ab hinzusehen, ob und wie weit sich familiäre Lebenspraxen gewandelt haben, ganz abgesehen davon, dass es hilft, dem ziemlich eindeutigen Befund nachzugehen, dass Menschen eben diese Lebenspraxis für wünschenswert betrachten und verfolgen.

Das *Bild* hat sich nun insofern verändert, als die in Westdeutschland lange übliche Verherrlichung und Heiligung von Familie (der in Ostdeutschland eine von den Launen der Staatspartei geprägte und daher mit ihren Parteitagen eher wechselnde Bilderwelt korrespondierte) ziemlich generell einer monochromen Färbung weichen musste. Zur *Unterschicht* wurde die *sozial schwache Familie* erfunden, begleitet von der *bildungsfernen Familie*, beide zählen als *Risikofamilien*, wie der englische Ausdruck *families at risk* ein wenig vereinfacht wurde. Beim Übersetzen geht halt öfters mal etwas schief, wie der Missbrauch mit dem Begriff *Bildung* als Übersetzung von *education* schön illustriert. Zwar hat die – was immer das heißen soll – soziale Schwäche von Familien hin und wieder etwas mit Armut, mit Prekarität und Ungerechtigkeit sowie Ungleichheit zu tun, könnte also im Zusammenhang gesellschaftlicher Strukturbedingungen interpretiert werden. Die tatsächlich praktizierte Ideologie erweist sich aber sogleich als doppelt zynisch. Den Subjekten wird jegliche Subjektivität gleich mal vorab abgesprochen: Die Eltern sind schuld, weil sie sich nicht genug anstrengen – und zugleich sind sie doch handlungsunfähig, weil nicht hinreichend instruiert. Dass die Verhältnisse vielleicht den Menschen die Handlungsfähigkeit nehmen, dass ein mieser Kapitalismus mit seinen Mechanismen der Ungleichheitsproduktion Menschen in Situationen bringt, in welchen sie gar nicht handeln können – und ihnen Aufklärung und Befähigung Handlungsmacht zurückgeben könnten –, wird als Möglichkeit gar nicht erst erwogen. Im Gegenteil: Man fordert professionelle Pädagogik, Institutionen, in welchen die Kinder verbracht werden, damit sie einem Treatment zugeführt werden, das sie dann fit für Tests und später für den Arbeitsmarkt macht – und man vergisst zu fragen, wie eng denn der Zusammenhang zwischen dem Kapitalismus und den Zwängen sein könnte, denen Familien ausgesetzt werden.

Trifft denn überhaupt in dem ständig behaupteten Maße zu, dass sich die Familienbilder oder Familienleitbilder verändert haben? Stutzen lässt schon, wie lange diese Feststellung vorgetragen wird. So ist es geraume Zeit her, dass das DJI ein Handbuch herausgegeben hat, nach dem Familien anders seien. Wer sich ein wenig historisch informiert, wird eher überrascht sein, dass es angeblich ein Standardmodell von Familie gegeben haben soll. Gelegentlich findet man schon Hinweise darauf, wie bei Familien eben doch alles anders bleibe; um es einmal so zusagen: Die Beharrlichkeit des Unterschiedlichen scheint normal. So zeigen die international zu beobachtenden Auseinandersetzungen nicht minder Kontinuitäten – das von Brigitte und Peter Berger vor über dreißig Jahren veröffentlichte Buch „The war over the Family“ könnte getrost als Blaupause für aktuelle Auseinandersetzungen genutzt werden (Berger, Berger 1984).

Für Deutschland kann man gleichwohl festhalten, dass das Thema Familie in politischen Debatten einen neuen, zumindest einen anderen Stellenwert gewonnen hat; Familien haben sich gewissermaßen sozialpolitisch emanzipiert, das Wort vom „Gedöns“ kann sich nur erlauben, wer seinen Arbeitsvertrag mit einem russischen Energielieferanten geschlossen hat. Indes: die gewachsene Aufmerksamkeit geht erneut mit einiger Blindheit und dann mit einer fast makabren Ambivalenz des Geschehens einher: Blind ist die Debatte, weil sie geradezu notorisch teutonisch indigen ausgerichtet ist und so übersieht, dass eine veritable Mehrheit von Familien das aufweist, was als Migrationshintergrund schematisiert wird. Dabei überwiegen eher traditionelle Modelle der Lebensführung (vgl. Bundesministerium für Familie, Senioren, Frauen 2010) – und angesichts der großen Zahl von Zuwanderungsfamilien kann nicht davon ausgegangen werden, dass sich diese (vergleichbar den Fertilitätsmustern) der bislang gültigen gesellschaftlichen Norm fügen; vielleicht verändert sich diese. Um eine makabre Ambivalenz handelt es sich jedoch, weil Familien Aufmerksamkeit im Rahmen von Diskursen gewinnen, die sich im thematischen Horizont von Kosten-Nutzen Abwägungen vollziehen sowie auf einer Ebene geführt werden, auf der die instrumentelle Tauglichkeit dieser Lebensform im Rahmen kapitalistischer Produktionsformen untersucht wird. Es geht – banal formuliert – darum, die bislang widerständige Lebensform Familie möglichst so zu normieren, dass sie konzeptionell sowohl in die Verwertungszusammenhänge eingefügt wie auch als Instrument politischer Ordnungsmacht genutzt werden kann; selbst die Rede von der Pluralität der familiären Lebensformen hat wenig mit Gerechtigkeit und Gleichheit, schon gar nicht mit Anerkennung zu tun, sondern vor allem damit, sie gewissermaßen ordnungsrechtlich und sozialpolitisch einzufangen. Im Grunde wird das Feld neu berechnet und vermessen, auf dem künftig Familie stattfinden darf und soll. Symptomatisch dafür sind die kritischen Anfragen, ob und wie weit familienpolitische Maßnahmen zielführend seien, nämlich Anreize setzen, ganz abgesehen von den immer wiederkehrenden Ideen, dass man unbotmäßiges Familienverhalten durch Entzug von Sozialleistungen bestrafen müsse. Könnte man sich das ganze gute Geld einfach sparen, das nur der Steigerung von Geburtenzahlen dienen sollte? Sollen Familien unterstützt werden, die dank Ausbildung und Arbeitsvertrag als Leistungsträger gelten, während diejenigen von Unterstützung ausgeschlossen werden, die ohnedies schon Sozialleistungen erhalten? Alles muss auf den Prüfstand, um dann möglichst optimiert zu werden! Und wenn die Familien anderes wollen, Geld beispielsweise, über das sie selbst verfügen, und keine institutionelle Betreuung? Wenn sie vielleicht das Elterngeld doch für die Kinder ausgeben, weder für Zigaretten noch für Flachbildschirme, wie in klassischer Sarrazin-Manier vermutet wird. Man fragt bekanntlich die Frösche nicht, wenn der Sumpf ausgetrocknet werden soll – Politikerinnen und Politiker tendieren in der Tat zur Verwüstung.

Das lässt ahnen, dass sich die Untersuchungen zu Familienbildern und Familienleitbildern nur bedingt auf Empirie richten, sondern mehr dazu dienen, hegemoniale Diskurse und ideologische Apparate zu bedienen, wenn nicht erst einzurichten. Im Hintergrund steht die Frage nach der Produktion von Humankapital – offensichtlich in solch nachdrücklicher Dreistigkeit, dass selbst Verfechter solcher Konzepte zusammen zucken: 2012 veröffentlicht die OECD den Sammelband *The Future of Families to 2030* (OECD 2012), der vorgeblich datengestützt *projected changes in family and household structures* (S. 9) thematisiert, mit der netten Unentschiedenheit, ob es um Entwürfe oder Programmatik gehen soll. Das Werk bemerkt, wie Kinderlosigkeit und weibliche Erwerbstätigkeit alle Formen informeller Sorge gefährden, geht dabei von der Zunahme von Alleinerziehenden sowie der ohne Trauschein zusammen Lebenden und der „reconstituted families" aus. Erstaunlich für die um solche Fragen meist wenig besorgte OECD ist der Hinweis auf die working poor, die eng mit Familien verbunden sind; das entscheidende Problem sozialer Integration liege demnach künftig darin, dass Familien künftig damit rechnen müssen, trotz Erwerbstätigkeit arm zu bleiben. Familien werden eher vom Wohlstand ausgeschlossen, die Rücknahme sozialstaatlicher, zu Gunsten von privater Absicherung trifft sie besonders, Beachtung finden die Fahrstuhleffekte für jene, die bislang als Mittelschichtsfamilien agierten; sie rutschen schnell in den Keller. Die Autorinnen und Autoren der OECD-Studie setzen sich dabei nachdrücklich für die Familiengründung ein; die Sorge darum, dass der Arbeitskräftemarkt schrumpfen könnte, lässt sich kaum übersehen, obwohl die Empfehlungen der UN-Familienpolitik kontrastieren, die auf Reduktion der Kinderzahlen setzt. (Man könnte schon den Verdacht haben, dass eine Art kameralistische Bevölkerungspolitik propagiert wird, nach der die erfolgreichen reichen Länder ihre Kopfzahl vergrößern sollten, während den armen Ländern ein Schrumpfungsprogramm verschrieben wird). So tendiert die OECD dazu, als eine Art von „grass roots strategies" eine gleichsam sanfte Familienpolitik zu empfehlen, die ein

„Golden Age“ ermögliche, wenn sich Wirtschaftswachstum einstellt (OECD 2012, S. 228). Deutlich wird: Es geht Angst um, Angst, dass die Arbeitskräfte vielleicht zu teuer werden, Angst, dass der Konsum zurückgehen könnte, wenn Menschen fehlen (bzw. im demographischen Wandel altern). Familien sind nicht als Lebensform relevant, sondern als Maschinen, die Menschen produzieren.

Der OECD-Studie darf man ein Papier zur Seite stellen, das die Adenauer-Stiftung mit *Familienleitbilder in Deutschland. Ihre Wirkung auf Familiengründer und Familienentwicklung* überschrieben hat (Henry-Schumacher 2014). Es hatte einige mediale Aufmerksamkeit auf sich gezogen, nicht zuletzt als katholisches Pendant zum Familienpapier der evangelischen Kirchen; dieses hatte bekanntlich jegliche substanzielle Differenz des Begriffs der Familie zu Gunsten der Vorstellung suspendiert, dass es um Beziehungen in Liebe gehe. Als Subtext der auf das katholische Papier gerichteten Erwartungen lässt sich eine Pointe erkennen: Die sozialpolitisch üblich gewordenen Debatten um Anreize verwenden nämlich ironischerweise ein Bild von Sexualität, das selbst dem Katholizismus abhandengekommen ist. Familie taugt demnach nur, um Kinder zu produzieren, nicht als Ort glückender Sexualität in der Paarbeziehung. Tatsächlich möchte sich die Adenauer-Stiftung nicht so recht festlegen. Ihre Kernfrage gilt zwar unverhohlen der Fertilität und ihrer Steigerung, gefragt ist die Vereinbarkeit von Privatheit und staatlich geförderter Ökonomie, die sich sehr rasch als Subordination erweist; das Recht auf Privatheit spielt keine Rolle. Dabei beschäftigen weniger Realbedingungen familialen Lebens, sondern die Familienleitbilder. Und was tut man, wenn es schwer fällt, diese zu erfassen? Man diskutiert vorgeblich neue, wie das von der „verantworteten Elternschaft“, um zu befinden, dass Politik die Vielzahl von Bildern und Realitäten von Familie anerkennen müsse.

Nüchtern betrachtet verändern sich weniger die Praktiken familiärer Lebensführung (vgl. Vascovics 1997; Nave-Herz 2009), sondern die Urteile über diese – und zwar bis in die professionelle Praxis hinein, die als Instrument der *Sichtbarmachung* verstanden werden kann (vgl. Richter 2013); so gesehen haben die Studien zu Leitbildern schon ihre Berechtigung und einen bemerkenswerten Nebeneffekt. Berechtigt sind sie, weil etwa Ein-Elternfamilien und Patch-Work-Familien nicht mehr als defizitär gelten. Im Gegenteil: zuweilen werden sie sogar privilegiert gegenüber einer Normalfamilie, die als solche gar nicht mehr bezeichnet werden darf. Denn der Begriff der Normalität gilt längst als inkorrekt, ihn haben die Durchschnitts- oder Medianwerte der statistischen Analysen ersetzt. Die Gesellschaften sind jedenfalls bis in ihre Rechtsprechung hinein toleranter und ziviler geworden, was die Attraktivität der Lebensform Familie sogar erhöht: Untergangsszenarien, wie sie in der OECD-Studie ebenfalls anklingen, verlieren Gewicht, wenn homosexuelle Paare Kinder wünschen und Unterstützung als eine richtige Familie fordern. Der Nebeneffekt liegt indes darin, dass Vorstellungen faktisch normativ wirksam und politisch geladen werden, die als neue Bilder erkannt sein sollen: Mit dem Verweis auf die französischen Nachbarn (vgl. Moulin 2013) wird dann politisch, längst freilich auch als kollektiv geteiltes Mentalitätsmuster verbindlich gemacht, dass Familie und Beruf zu vereinbaren seien – wegen der Kinder zu Hause zu bleiben, gilt als Sakrileg, wenn es nicht des Sozialschmarotzertums und der Bildungsunwilligkeit verdächtig ist. Man komme bloß nicht damit, dass Kinder in Familien gedeihen könnten. Solcher Egoismus verhindere soziale Gerechtigkeit – obwohl die enge Beziehung zwischen Bildung und Gerechtigkeit kaum nachzuweisen ist, der 14. Kinder- und Jugendbericht sogar anmerkt, wie öffentlich getragene Arrangements der Kinderbetreuung Ungleichheit verschärfen (vgl. Deutscher Bundestag 2013). Wohlbefinden und Bildung garantieren allein Krippe, Kita, Ganztagsschule, frühzeitige Unterbringung in Institutionen mit professioneller Betreuung; wobei selbst die zuständige Ministerin einräumt, dass das Gesetz noch fehlt, das die Qualitätsstandards für die KITAs regeln soll. Ohnehin droht, dass Bildung auf Curricula oder die Platitüden verengt wird, die mit meist erziehungswissenschaftlichem Segen in den einschlägigen Bildungsplänen elegisch ausgebreitet werden. Von einer Erziehungswissenschaft, die ziemlich vergesslich geworden ist und manches verdrängt: So werden Befunde aus den NICHD-Studien zu den messbaren Effekten frühzeitig einsetzender Betreuung für das Aggressionsniveau verschwiegen, während die Hospitalismusforschung sowie die noch kürzlich gehypte Bindungsforschung aus den Lehrbüchern gekippt wurden. Manches wird als Wissen verdrängt, als ob es lästerlich wäre, es zu erwähnen: Dass Literacy, die Lust am Lesen und an der Sprache, im familiären Kontext entsteht, gilt inzwischen als Tabu – vielleicht auch, weil es der Besetzung von Erzieherinnenstellen mit Fachkräften im Wege steht, die aus Spanien und Griechenland kommen; dass sie gut mit Kindern umgehen können, steht außer Zweifel, wie indes die Sprachförderung gelingen soll, hat ein wenig Züge des Rätselhaften.

4 Über die Widerständigkeit familiärer Lebenspraxis

Ohnedies liegt das Problem kaum bei denjenigen, die ihre Familie praktisch leben wollen, sondern bei der Vielzahl hochgradig widersprüchlicher, gleichwohl stark vorgetragener Ansprüche, die von Politik und Medien an die möglichen und realen Akteure familiärer Lebenspraxis herangetragen werden. Familien geht es wie dem Bildungssystem (vgl. Münch 2009). Die Überformung familiärer Lebenspraxen mit vorgeblich identifizierten und doch gesetzten normativen Bildern[2] führt dann zur Erosion der Lebensform, vielleicht sogar zu allererst als Folge einer überhitzten Aufmerksamkeitskonjunktur. Familien kollabieren, weil sie gar nicht in ihren sachlogisch möglichen Eigenheiten begriffen, sondern strukturell zwischen den widersprüchlichen Erwartungen zerrissen werden, die an sie gerichtet werden. Dass Familie mit Gemeinschaft und wechselseitiger Sorge zu tun haben

2 Dieser Mechanismus lässt sich auch an anderer Stelle beobachten, etwa bei der Forderung, mehr Männer in den Kindertagesstätten zu beschäftigen (vgl. Schlothauer 2015).

könnte, dass dies den Beteiligten sogar wichtig erscheint, wird als platter Patriarchalismus dekonstruiert, der der Freiheit der Individuen entgegensteht. Schluss mit den Residuen ständischer Verhältnisse jubelte schon Ulrich Beck (vgl. Beck 1986). Der Sozialstaat hat Abhängigkeit und elementare Solidarität überflüssig gemacht, blöd nur, wenn er selbst sich verändert hat und nur noch als Instrument der Aktivierung zur Verfügung steht (vgl. Lessenich 2008). Mütter sollen als Frauen auftreten, nicht mehr mit Küche und Kindern assoziiert, befreit – die prekäre Abhängigkeit von den Bedingungen des Arbeitsmarktes gilt für das akademische Personal angeblich nicht, obwohl es längst in die global Auktion eingetreten ist (vgl. Brown, Lauder, Ashton 2011). Die Debatte um Menschenrechte für Kinder treibt dies demnächst auf die Spitze, ruiniert den familiären Schutzraum, um Offenheit gegenüber gesellschaftlichen und ökonomischen Zumutungen zu schaffen. Vor allem wächst der Einfluss des Staates, der dann in loco parentis die Kinder stärkt, vielleicht als Arbeitnehmer, zumindest als Konsumenten, die sich keinen unwilligen Eltern mehr beugen müssen (vgl. auch Wiesner in diesem Band).

Widersprüchliche Anforderungen. So lauten sie: Du sollst Kinder lieben und sie zugleich autoritativ erziehen, nicht bloß für Kindergarten und Schule vorbereiten, sondern auf den Weg zum akademischen Abschluss bringen! Sie sollen individuelle, kreative Performer sein, Kompetenz zeigen, ohne sich mit kristallinem Wissen zu begnügen, mediengeschult und doch wachsam – aber am besten fit (was eben angepasst heißt). Wer will da eigentlich noch eine Familie gründen, allzumal wenn im Kleingedruckten der Sozialpolitik sogleich steht, dass allein die soziale Reproduktionsaufgabe zählt? Aber bitte nur für die indigene Bevölkerung und diejenigen, die als künftige Leistungsträger zu erwarten sind! Boshaft könnte man die neuere Sozialpolitik schon mit der Eugenik in Zusammenhang bringen, ginge es nicht letztlich allein um Kommodifizierung, nämlich um die Überführung sozialer Praktiken und Lebensformen in die kapitalistische Wertform.

Doch worin könnte die Widerständigkeit familiärer Lebenspraxis gründen? Oder anders: was zeichnet diese nun aus? Schon über die Zulässigkeit dieser Frage besteht Streit, allzumal in den Zusammenhängen erziehungswissenschaftlicher Forschung; hier gibt es einen Vorbehalt gegenüber anthropologischen und historischen Untersuchungen, dafür eine Präferenz für ein stark soziologisches Denken, das soziale Phänomene als Derivate, Ergebnis von Emergenz oder schlicht als determiniert betrachtet, um damit die Möglichkeiten der Sozialpolitik zu rechtfertigen. Andere sind vorsichtiger, einmal weil sie davon ausgehen, dass sich in allen Gesellschaften Sphären finden, die ihrer eigenen Qualität wegen von Menschen energisch verteidigt werden – so das Argument von Michael Walzer (vgl. Walzer 1992). Sphären, die sich zäh halten, vielleicht weil sie Naturbedingungen und ethische wie moralische Vorstellungen eng miteinander verknüpfen. Darin könnte die Beharrlichkeit gründen, mit welcher die Lebensform Familie in all ihrer Vielfalt überrascht. Rund zehn Jahre nach *The war over the Family* schrieb Brigitte Berger (2002): *The Family in the Modern Age. More than a lifestyle Choice.* Familie kann nicht bloß gewählt und gestaltet werden, so wie ein modernes Auto; sie ist weder ein Produktionsinstrument noch bloßer Ort des Konsums. Familien zeichnen vielmehr Stärke und Verbindlichkeit aus, sie sind – buchstäblich – radikal. Denn sie folgen einer eigenen Logik, erzeugen ein eigenes Bedingungsgefüge und eine eigene Sinnstruktur, möglicherweise sogar übergeschichtlich. Für Familien könnte das deshalb zutreffen, weil sie in einer Hinsicht notorisch asozial sind, wenngleich auf doppelt paradoxe Weise: In der allerdings sozialen Beziehung des Paares entsteht ein Leben, das zunächst und vornehmlich als Natur zu bestimmen ist, ein Zellhaufen, der sich als Vielfalt von natürlich gegebenen Möglichkeiten und ebenfalls natürlich gegebener Entwicklung erweist, um dann doch sozial und kulturell bestimmt zu werden – mit dem kleinen, aber wesentlichen Vorbehalt, auf den Kant schon hingewiesen hat: Menschen sind von Natur aus frei, müssen aber den Umgang mit dieser, ihrer eigenen Freiheit lernen. Dabei gelingt Familien, was andere soziale Institutionen eher verfehlen: Auf die Autonomie der Subjekte ist schon verwiesen worden, darauf also, dass Familien Freiheit ermöglichen. Verrückterweise spricht sogar einiges dafür, dass den Familien sogar Bildung gelingt, wozu die pädagogischen Institutionen aufgerufen sind und woran sie doch scheitern, eben weil sie wirken können und sollen, nicht hingegen Handlungen anregen, auslösen und sich von diesen überraschen lassen, wenn sie sich in einer Biographie verdichten. So scheint der familiäre Lebenszusammenhang jene Entlastung zu bieten, die junge Menschen in einer verrückt gewordenen Welt benötigen; sie entwickeln zumindest, wie die Jugendforschung nicht müde wird zu belegen, einen bemerkenswerten Pragmatismus, der noch damit einhergeht, Eltern eher als Verbündete zu betrachten und nicht als Gegner in Konflikten, denen man schleunigst entkommen müsse. Offensichtlich schaffen Familien eine *Modernisierung der Seele*, wie Martin Dornes (2012) formuliert, nämlich die Erziehung junger Menschen, die dann die Herausforderungen dieser, unserer modernen Gesellschaften bewältigen. Das spricht schon ziemlich für die Lebensform Familie, selbst wenn in dieser zuweilen jene eiskalten Verhältnisse vorzufinden sind, die junge Menschen dann in extreme Verhaltensweisen treiben.

Der Eigensinn von Familien? Ein solcher Zugang setzt sich reflexartig dem Vorwurf des Konservativismus aus. Zum Glück lässt sich auf Gramsci verweisen. Dabei macht es sich der Vorwurf des Konservativismus arg leicht. Denn in den modernen Gesellschaften der Gegenwart sind Konservativität und Fortschrittlichkeit längst durcheinander gewirbelt; Fortschritt, Reform und Innovation verkünden nur noch ziemlich hohle Formeln des Selbstbetrugs, gegenüber dem Konservativismus aufrecht und realistisch wirkt. Konservativ über Familie nachzudenken, bedeutet also eine Rebellion, wenn nicht eine Revolution gegenüber Fortschrittsvorstellungen, die längst dementiert worden sind – und stellt vor allem die Frage nach dem, was ein gutes Leben bedeuten könnte, nicht notwendig ein richtiges im falschen, aber vielleicht eines, das zu achten sich lohnen könnte. Darin könnte dann der Grund liegen, warum Menschen der familiären Lebenspraxis einen Vorrang einräumen, möglicherweise gegenwärtig mehr denn je: Einiges spricht schließlich dafür, dass angesichts der zunehmenden ökonomischen, ökologischen, sozialen, kulturellen und emotionalen Verheerungen in den modernen Gesellschaften ein Leben im Privaten, im abgegrenzten und selbst bestimmten Raum des Familiären als Fluchtpunkt gilt.

Wovon darf und kann man also reden, wenn die Sprache auf Familie oder Familien kommt?[3] Angesichts der aktuellen Debatten könnte man meinen, dass als das grundlegende Verhältnis das zwischen Staat und Familie angenommen werden muss. Historisch wäre das allerdings bedenklich, weil familiäre Konstellationen wohl schon vor der Entstehung staatlicher Gebilde zu finden sind, zudem darf man nicht übersehen, wie selbst die Inanspruchnahme familiärer Praktiken durch den Staat jene eigentlich als vorrangig bewertet; wenn die Habsburger die Heirat als ultima ratio der Außenpolitik angesehen haben, haben sie indirekt zugegeben, dass die Sozialform Familie den üblichen politischen Strategien überlegen ist. Das schließt nicht aus, dass Familien als Transformationsriemen staatlicher Politik dienen, wie Donzelot (1980) behauptet. Viel spricht dafür, dass in Zeiten neoliberaler Unordnung und Unsicherheit Familienpolitik sogar deshalb als Angelpunkt angesehen wird, weil Politik hier überhaupt noch eine Handlungschance wittert. Sie kann offensichtlich mit der Gewissheit rechnen, dass es Familien gibt und diese gewollt werden, Panik löst aus, wenn die Menschen auf Familiengründung verzichten. Deshalb tendiert Politik eben zur Behauptung, Familien unterstützen zu wollen – man könnte darin ein schlichtes Eigeninteresse der Politik sehen, weil sie andernfalls nicht wirklich viel mehr bewirken kann (vgl. Vobruba 1983). Aber all das legt eher nahe, über Familie ganz anders zu denken und zu sprechen (vgl. Hildenbrand 2011).

- Noch einmal: den – methodisch gemeinten – Ausgangspunkt bildet die Annahme, Familie als den Bereich einer Lebenspraxis zu fassen, die mit einer eigenen Qualität und Sinnhaftigkeit realisiert wird. Der Begriff der *Praxis* ist hier in einem strengen, gewissermaßen aristotelischen Sinne des Ausdrucks zu fassen, der übrigens hinterrücks dort zum Ausdruck kommt, wo neuerdings vom doing family gesprochen wird. Praxis meint ein Tun, das seine Dignität in sich selbst hat und den Subjekten in einer Weise zukommt, die sie durch ihre gemeinsame Praxis realisieren. Sie hat kein Ergebnis außer sich, das vorher als Plan bestanden hat oder im Nachhinein gemessen werden kann – und doch wird sie als Erfahrung den Beteiligten nicht mehr zu nehmen sein, ganz abgesehen davon, dass sie ein Ethos begründet (vgl. hierzu McIntyre 1987).

[3] Um keine Missverständnisse zu erzeugen: Ausgangspunkt und Grundlage meiner Überlegungen sind selbstverständlich die Befunde einer sozialwissenschaftlichen Forschung, die ich jedoch ein wenig gegen den Strich bürste, um sie als Pädagoge zu interpretieren (vgl. etwa deSingly 1992; Nave-Herz 2009; Krüger, Herma, Schierbaum 2013)

- Ein weiterer Ausgangspunkt findet sich in dem schon angesprochenen Zusammenhang von Natur und Gesellschaft, von Biologie und Kultur, von Genetik und Moral. Familien sind dabei weder als Naturtatsache zu verstehen, noch fallen sie aus der Welt heraus. Familiäre Lebenspraktiken sind historisch und gesellschaftlich überformt, stellen aber Zusammenhänge dar, in welchen angesichts der Naturphänomene von Zeugung, Geburt und Entwicklung ein historisch *möglicher sowie zugleich eigenwilliger* Umgang mit den sozialen und kulturellen Realitäten realisiert wird. Die basalen Mechanismen der Natur lassen sich nicht hintergehen. Zu diesen Mechanismen gehören Schemata in der Wahrnehmung des Anderen, gehören grundlegende Formen der Kooperation und der Perspektivenübernahme. Sie sind nicht bloß im Stammhirn abgespeichert, haben vielleicht mit Spiegelneuronen zu tun, sind vor allem jedoch an die Vorgänge der Entwicklung, der Reifung und des Alterns gebunden; man sollte diese Natur weder ignorieren noch allzusehr manipulieren. Entwicklung braucht reiche Anregung, Kinder haben immense Bedürfnisse, sie wollen die Welt in sich aufnehmen und sich zu eigen machen – es ist kein etymologischer Witz, dass das deutsche Wort *erziehen* erst *Nahrungsaufnahme* bedeutet. Diese Entwicklung braucht Rahmungen und vor allem eine gemeinsame Praxis, die durch die Subjekte und ihren Umgang miteinander bestimmt ist. Menschen in Veränderungen brauchen sozusagen praktische Formen, in welche sich ihre Aktivitäten langsam einfügen.
- Familien können sich kulturellen und sozialen Regelungen und Vorschriften nicht entziehen, gestalten aber ihren eigenen Umgang mit diesen. Verknüpft mit Sexualität und aufgespannt im Generationenverhältnis stellen Familien demnach eine spezifische Formation von Praxis dar. Sie ist durch Zeitdifferenz bestimmt, wird als Erfahrungsraum wahrgenommen und geschätzt, selbst wenn Macht und Herrschaftsprozesse ihn verseuchen. In diesem Generationenverhältnis klingt aber doch eine Naturdimension nach, die nicht unterschätzt werden darf. Sie müssen ihre Mitglieder nicht sanktionieren, wenn diese ein Fehlverhalten zeigen, das *in der Welt draußen* Strafen nach sich zieht: Der Ladendiebstahl des pubertierenden Buben gibt Anlass für einen größeren Krach, aber damit hat es sich schon; selbst schwerste Verbrechen belasten zwar die innerfamiliale Solidarität, zerstören sie aber nicht. Das bedeutet allerdings, dass es objektive Gegebenheiten und Zwänge gibt, die innerfamiliär bewältigt werden müssen. Sie sind nicht beliebig und lassen sich nicht frei verhandeln. Dennoch gilt der etwas komplizierte Befund: Wie sehr Familie mit Natur zu tun hat, diese wird kultiviert, entweder – wie in der Vergangenheit – durch unreflektierte Tradition oder eben durch Aufmerksamkeit und Achtsamkeit, wie das heute der Fall sein muss (und zwar so weit, dass in manchen Fällen die Natürlichkeit der Grundlage geradezu simuliert wird). Abgesehen von allen pathologischen Fällen (wie nachgeburtlichen Psychosen), sollte man diesen Befund nicht zurückweisen, sondern vielmehr als Monitum

nutzen: Die Gesellschaften der Moderne zerstören ihre eigenen Naturbedingungen und Naturvoraussetzungen; sie tun dies dauernd und in Bereichen, in welchen es ans Eigemachte unseres Lebens geht: Umwelteinflüsse schädigen beispielsweise die Zeugungsfähigkeit, manche Menschen haben sogar das kleine Einmaleins für den Umgang mit Kindern verlernt, das von Natur aus zumindest aktiviert sein sollte.

– Familien stellen einen Zusammenhang dar, der hochgradig flexibel und veränderungsfähig mit der Entwicklung seiner Mitglieder umgeht und diese organisiert, ohne den Kontext aufzulösen. Verändert wird das Bühnenbild, manchmal wird das Spiel sozusagen ins Freie verlegt, der um Natur geschaffene Zusammenhang, um Kultur zu bewältigen und hervorzubringen, bleibt bestehen. Machtvoll wirkt die Beziehung zwischen Großmutter, Mutter und Kind respektive Enkel. Dann: das, was als angeblich moderne Form der Familie behauptet wird, die sogenannte Kleinfamilie – anthropologisch stellt sie den Kern dar, der wohl übergeschichtlich anzutreffen ist, mehr oder weniger umlagert von anderen Mitgliedern des Stammes, die wichtig sind, um differenzierte Sozialverhältnisse kennen zu lernen und zu erproben. Dass in manchen Gesellschaften sich diese Kernfamilien nicht so sonderlich gut erkennen lassen, hängt wahrscheinlich damit zusammen, wieviel Aufwand betrieben werden muss, um sozusagen in einer Gesellschaft anzukommen. Wenn dieser Aufwand gering ist, wenn die Dauer der Sozialisation kurz ausfällt, wird man relativ schnell aus der Kernfamilie entlassen.
– Zuletzt bleibt ein Monitum: Familiäre Zusammenhänge können entsetzlich sein, von Gewalt durchzogen, bestimmt von erstaunlicher Unfähigkeit im Umgang mit anderen Menschen und einem Mangel an Sensibilität. Es gibt Familien, die im Schweigen aneinander gebunden sind oder in gewaltsamer Auseinandersetzung leben, Familien, in welchen die Mitglieder sich gegenseitig misshandeln, vergewaltigen und einsperren. Der Fall des Josef Fritzl im österreichischen Amstetten ist noch im Bewusstsein. War er singulär oder symptomatisch? Wenn Menschen dicht zusammen leben, ist Vorsicht angebracht. Es kann um Zwangsverhältnisse gehen, um Abhängigkeiten, die in blanke Herrschaft pervertieren. Familien können gefährliche Orte sein, allzu hoffnungsvoller Idealismus ist nicht angebracht – wer Menschen verstehen will, sollte sich mit den Werken österreichischer Dramatiker oder skandinavischer Krimiautoren eindecken. Sie erteilen die eine oder andere Lektion, wenn man an das Gute glauben möchte.

Wie lassen sich unter diesen Voraussetzungen Familien als lebendige soziale und pädagogische Praxis verstehen?

– Die bittere Wahrheit lautet, dass Familie ein unaufhebbares Realproblem ist; alle Zukunft beginnt in der Familie mit Vergangenheit. Man entkommt ihr nicht, höchstens für einige Jahre – und die sind nicht lustig. Menschen, die sich von ihren Familienmitgliedern losgesagt haben, fragen nach ihren Eltern. Das Unterbewusste ist hartnäckig, gelegentlich eklig. Selbst die aufgelöste Familie holt einen schnell wieder ein, wenn es um die Bezahlung des Pflegeplatzes geht – zumindest in Deutschland, während Österreich einen solchen Regress nicht vorsieht. Die reale Unausweichlichkeit von Familie stellt sich in der Aufgabe, die eigenen Eltern versorgen zu müssen. Familiendebatten lügen meist, weil sie immer nur prospektiv ausgerichtet sind, auf den jüngsten Nachwuchs hin. Doch liegt schon heute der Schwerpunkt familiärer Lebenspraxis darin, dass die älter Gewordenen, die hochaltrigen, eigenen Eltern versorgt werden müssen.

– Obwohl Familie unausweichlich ist, ein hartes soziales Datum und ein reales Problem, sind Familien nicht eindeutig zu identifizieren, selbst wenn man die Abstammungsfamilie als Grundmodell annimmt. Natürlich stimmt diese Feststellung der Uneindeutigkeit von Familie hilflos. Aber sie bewahrt davor, ein strenges Reglement zu verfolgen, das gute und schlechte Familien unterscheidet, solche, die der strengen Definition genügen, und andere, die aus dem Muster herausfallen. Es gibt offensichtlich viele Optionen, Familie zu verwirklichen.

Oder anders: Familien sind immer konkret, manchmal etwas seltsam zusammengewürfelt, mit irritierenden Spannungen. Das heißt wiederum: Zwar muss man den Blick darauf haben, wie belastet etwa Konsekutivfamilien sind – es ist nicht wirklich einfach, mit drei Großelternpaaren zu leben, zumal wenn sich die eigenen Biographien erst spät berührt haben; das überanstrengt manche dieser Familien des neuen Typus. Man muss sich als Professioneller darauf einlassen, wie eine Familie ihre Lebenspraxis bewältigt, zuweilen sogar in einer Weise, bei der man nicht so recht weiß, was denn nun an dieser Familie eben Familie ist. Familie ist aber das, was die Beteiligten als Familie definieren, selbst wenn einem das zuwider ist, weil es an den eigenen Normen rüttelt. Anders gesagt: Familie zeichnet grundlegend die *Autonomie der familiären Lebenspraxis* aus. Familie gründet in der je eigenen Form und Norm, ein gemeinsames Leben für sich zu bestimmen, zu gestalten und zu regeln.

– Insofern besteht eine Eigenart von Familien darin, dass ihre Angehörigen zuerst *subjektiv* gebunden sind und sich gebunden fühlen. Man muss die Mitglieder einer Familie in dem ernst nehmen, was und wie sie sich als Familie fassen. Familien sind daher – im Guten wie im Schlechten – emotional-affektive Zusammenhänge. Die subjektive Zugehörigkeit schlägt dabei alles: Kinder betrachten sogar Freunde der Eltern oder entfernte Verwandte als zur Familie gehörig. Wer lange Jahre im Haushalt gewirkt hat, kann noch für die erwachsen gewordenen Kinder zur engen Vertrauensperson werden. Das Dilemma sollte aber nicht übersehen werden: Die Dominanz des Emotional-Affektiven führt dazu, dass Familien manchmal irrational erscheinen. Diese

Entwicklung hat sich verstärkt, langfristig, weil Familien ihre Funktion als Absicherung des Alters (zum Teil) verloren haben – aber eben wieder gewinnen. Dennoch führt die Emotionalisierung der Familie zu einer massiven Verunsicherung in ihr, zumal sie durch äußeren Druck massiv vorangetrieben worden ist. Eva Illouz hat (mit Anleihen an Frank Furedi) gezeigt, wie psychologische und therapeutische Modelle, das Denken der Psychologen und Psychotherapeuten in die familiären Kontexte hinein wuchern, diesen ihre alltagsweltliche Normalität und Sinnhaftigkeit nehmen, um sie zu einer Bühne umzugestalten, auf der ständig nach möglichen Dramen und Traumata gefragt werden muss (vgl. Furedi 2004; Illouz 2009). So ist die unvermeidliche Pragmatik familiären Lebens aufgebrochen worden, alles muss verhandelt, geprüft und rational organisiert werden, selbst das Irrationale und Emotionale – am Ende wird das so individualisierte Leben Gegenstand von Interventionen, die bis in die Absurdität künstlicher Gemeinschaften reichen: da werden weight watchers, die Anonymen Alkoholiker oder die Freunde der Face-Book Seite zur eigenen Familie, ungefähr so, wie Puppen und Stofftiere um die eigene Schlafstätte gruppiert werden.

– Familien binden – aktiv wie passiv – meist bedeutsame gemeinsame Familiengeschichten. Sie konstituieren den familiären Zusammenhang wohl stärker als die unmittelbare Blutsverwandtschaft, wenngleich Erfahrungen mit Adoptivkindern zeigen, wie die Frage nach der Herkunft bewegt. Familiengeschichten wirken als Skript, das über Generationen hinaus reicht und noch diejenigen erfasst, die miteinander verschwägert sind oder gar nur als Verhältnis zur Familie gehören. Diese Familiengeschichten betten die jeweils jüngere Generation in einen langen Zusammenhang ein. Die jüdische Tradition symbolisiert diese Kette, indem der Name eines Vorfahren weiter gegeben wird. Familiengeschichten stellen zugleich Regelwerke für all jene dar, die einer familiären Lebenspraxis angehören. Sie stehen für gemeinsame Rituale, die auf Überlieferung aufbauen, die aber in jeder Familie neu etabliert werden, manchmal in mühsamen Aushandlungsprozessen, die an Festtagen brisant werden: Wer zu Weihnachten wann zu wem geht, eskaliert zur konfliktträchtigen Angelegenheit, zumal wenn die Entscheidungen in Spannung zu der Hoffnung stehen, eine eigene Tradition zu schaffen.
– Die gemeinsam geteilten Familiengeschichten begründen und verstärken ein wichtiges Merkmal familiärer Zugehörigkeit, nämlich die Nichtaustauschbarkeit der Beteiligten und die darauf beruhende, unbedingte affektive Solidarität. Man kann im Unterschied zur beruflichen Tätigkeit weder seinen Kindern kündigen, noch sich den Aufgaben entziehen, die aus den kleinen oder größeren Unglücksfällen in Familien entstehen (vgl. Hildenbrand 2011, 2014). Diese unbedingte Solidarität wird durch Erzählen und das gemeinsame Teilen der erzählten Erfahrung konstituiert. Aber wer sich einmal auf eine gemeinsame Geschichte eingelassen und diese als Familiengeschichte akzeptiert hat,

der entkommt dieser eingelagerten Normativität kaum mehr. Es entsteht eine Verpflichtung, die über alle Formen von Verpflichtung hinausgeht, welche wir in anderen Lebenssituationen, allzumal in beruflichen Zusammenhängen beobachten können. Eine gemeinsame Familiengeschichte kann dabei gerne und offen erzählt werden, immer wieder neu erfunden und weiter gesponnen; sie kann sogar durch Nichterzählen Bestand haben, als verschwiegenes oder verdrängtes Erbe, gar als Schreckensgeschichte von Misshandlungen – daran beißen sich dann die Therapeuten die Zähne aus.

- Autonomie der Lebenspraxis und gemeinsame Familiengeschichte bedeuten nicht, dass Familien jenseits von objektiven, ökonomischen, sozialen und kulturellen Bedingungszusammenhängen leben. Sie haben mit Möglichkeits- und Gelegenheitsstrukturen, mit Belastungen und Druck zu tun. Aber: Familien können nicht auf diese reduziert werden, sondern machen sozusagen *ihr eigenes Ding* daraus. Insofern sind Familien auf die Anerkennung durch andere angewiesen, weniger in wohlklingenden Worten, sondern in der Selbstverständlichkeit, mit der man ihnen gestattet, ihre Lebensform zu praktizieren. Vor allem bedeuten Autonomie der Lebenspraxis und gemeinsame Familiengeschichte, dass das Leben von Familien mit Risiken einhergeht. Das größte Risiko ist, dass man nicht mehr gemeinsam leben kann, die Familiengeschichte nicht mehr weiter spinnen will, sie möglicherweise nicht mehr erträgt, vielleicht weil man Selbsttäuschungen und Lügen nicht mehr aushält, die erzählt werden. Scheitern gehört zu Familien dazu.
- Familie ist eine lebendige sinnliche, eigene Praxis, die mit Abgrenzung nach außen operiert. Obwohl selbst Privatheit geschichtlich modifiziert wird (vgl. Geuss 2013), ziehen Familien geradezu systematisch eine Grenze zwischen Außenleben und Innenleben. Sie machen die Türe zu, faktisch oder symbolisch. Wo das nicht gelingt, sind sie und die sozialisatorischen Prozesse in ihnen gefährdet. Menschen, die öffentlich leben, mithin nicht über die Begrenzungen ihrer Existenz und der Praxis in ihren eigenen Räumen verfügen, haben kaum Chancen, erfolgreich Familie zu leben. Wachsen die Kinder in einem insofern öffentlichen Raum auf, gefährdet das ihre Entwicklung. Die Öffentlichkeit des Privaten schadet offensichtlich den Bindungen und verhindert die Entstehung einer Familiengeschichte. Die Schließung des Privaten scheint unabdingbar, weil aus dem geschlossenen Raum, beginnend wohl schon bei dem engen Zusammenhang zwischen der Mutter und dem im Tragetuch geschützten Kind, überhaupt erst die pädagogisch entscheidenden Zeigesituationen möglich sind, die sich als Erziehung fassen lassen (vgl. Mollenhauer 1983; Prange 2011). Erst ist das Kind auf die Mutter bezogen, dann beginnt es selbst auf die Welt zu verweisen, auf die begrenzte, unmittelbar räumlich gegebene Umwelt, die es sich dann langsam erobert. Erziehung geht nämlich mit einer gemeinsamen, kooperativen Praxis einher, in der man die Welt erschließt, bei der man zunehmend aus dem Raum herausweist, in dem man

sich geborgen fühlt, bei der sich das Zeigen mit einer Sprache verbindet, die erst im Kontext der Familie ihre Gültigkeit hat – und manchmal einen dann doch sogar lebenslang begleitet (vgl. Tomasello 2009; Winkler 2006; 2011). Familien operieren jedenfalls mit Filtern, sie grenzen ab. Im abgegrenzten Bereich zeigen sie, was ihnen wichtig ist, sie präsentieren und repräsentieren eine Lebensform, für die sie selbst stehen, die ihre eigene ist – und tatsächlich sich tief in die Psyche einlagert. Man muss mit dieser Lebensform sorgfältig umgehen, sie muss verantwortlich gestaltet und gewahrt werden. Immer spielt die Grenze eine wichtige Rolle: Noch die längst groß und erwachsen gewordenen Kinder kehren manchmal zurück, um im Schutz der Grenze zurück zu fallen in ihre Kindheit – und die Eltern müssen dann gelegentlich wie zu einem Pubertierenden reden.

Diese Grenzen sind doppelt gefährdet. So wird die eine Grenze zerstört durch zunehmende Öffnung und Offenheit gegenüber dem gesellschaftlichen Leben, gegenüber den Anforderungen von Produktion und Konsum. Das Ende der familiären Intimität setzte wohl mit dem Fernsehen ein, weil es die innerfamiliäre Kommunikation beschädigt. Die Familienmitglieder sind nicht mehr aufeinander ausgerichtet, sondern auf den Fernseher hin geordnet, die Interaktionen erstarren. Dieser Vorgang verstärkt sich, wobei die Außenkontakte individuell und geradezu erratisch stattfinden. Noch stärker wirkt sich die soziale und kulturelle *Beschleunigung* aus, selbst wenn wir mit Kontinuität rechnen können und müssen. Familien stecken – wie Arlie Russel Hochschild (2006) überzeugend nachweist – in einer Zeitfalle, weil ihre Mitglieder individualisiert und auf sich verwiesen in Projektexistenzen gebracht flexibel zur Verfügung stehen müssen, in Arbeitszeiten, die selten mit familiärer Lebenspraxis kompatibel sind. Ben Agger beschreibt in *Speeding Up Fast Capitalism* die Konsequenzen dieser modernen, beschleunigten Lebensformen: *The fast family has become a pitstop along the information superhigway,* (Agger 2004; vgl. Agger, Shelton 2007). Gemeinsamkeit zerbröselt, Familien sind laut und beschäftigt, doch überwiegen Vernachlässigung und Anomie, mit dem Effekt, dass alle dauernd müde und erschöpft sind; sie verbrennen von innen. Starker Tobak, gewiss, doch kommen viele zur gleichen Diagnose. Oder anders gesagt: Familiäre Lebenspraxis gelingt nur, wenn Raumgrenzen gezogen werden, um Entschleunigungsinseln zu bilden, in welcher ein bürgerlich-kleinfamiliales Leben geführt werden kann.

- Familien operieren notwendig mit *Abgrenzung nach außen, weil* sie ihre Praxis mit einer *Offenheit und Diffusität nach innen* betreiben. Sie halten dabei viel in ihren Binnenbereichen aus, was in der Gesellschaft unmöglich wäre. Vermutlich ist das Grundmuster der familiären Interaktion in der *Sorge* um einander und für einander zu sehen – wie sehr diese auf die Nerven geht, weil Eltern um die längst volljährigen Kinder bangen. Diese Sorge hängt mit der *unbedingten Solidarität* zusammen, in der die Mitglieder einer Familie ihre leibliche und seelische Verbundenheit praktizieren. Wichtig ist, dass die Außengrenzen nicht zerstört werden und als Filter oder Wehre genutzt werden, die Familien selbst öffnen oder schließen. Professionelle müssen sich an diese Grenzen halten und dürfen nicht beliebig in Familien eindringen, um die interne Diffusität der Familien aufzubrechen. Alle Versuche, Familien oder ihre Mitglieder zu instrumentalisieren oder gar zu professionalisieren, vernichten die sozialisatorischen Potenziale von Familien. Um es etwas paradox zu formulieren: Familien sind die besten Orte der Erziehung – aber sie sind das nur, wenn sie selbst regeln, was sie als Erziehung verstehen, wenn sie dieses pädagogische Geschehen nicht methodisch, sondern allein durch ihre familiäre Lebenspraxis und in dieser realisieren. Wird Familie nach Handbuch gelebt und als didaktischer wie methodischer Zusammenhang gestaltet, geht der Familie ihre pädagogische Bedeutung verloren. Dabei lernen Kinder in der Familie zu *leben* – übrigens auch in der Pflegefamilie. Familien bieten den geschützten Raum des Aufwachsens, eine Umgebung für Seh-, Hörversuche, für Zuwendung und Anerkennung, vor allem für den elementaren Vorgang aller Bildung, nämlich für das Zeigen auf Dinge und die Versuche, das Gezeigte in eine Sprache zu fassen. Familien bilden die Umgebung für alle Formen des Lernens, sie bieten vor allem in ihrer Begrenzung die Möglichkeit des Überschreitens der Grenzen, der Grenzen eines geschützten Ortes, an den man zurückkehren kann. Das leistet keine Institution, weil die meisten Institutionen, selbst die familienähnlich gestalteten mit Täuschung und Enttäuschung arbeiten. Sie lösen den Zusammenhang auf, der als exklusiv vermutet worden ist.

– Die pädagogische Eigentümlichkeit von Familie besteht nicht nur in ihrer Diffusität, also in ihrem ungewöhnlichen Charakter, Pädagogik durch Nicht-Pädagogik zu verwirklichen. Dabei zeichnet die familiäre Lebenspraxis jedoch die Struktur der sozialisatorischen Triade aus, die als Anker gegenüber der Offenheit verstanden werden kann: Eltern stützen sich auf eine mehr oder weniger gut gelungene Paarbeziehung, der gegenüber die Kinder in der sogenannten Filiationsbeziehung stehen, also in der Eltern-Kind-Beziehung. Dieses Dreieck birgt die Möglichkeit fester Bindungen, führt aber zu Konflikten. Denn Kinder sind loyal an ihre Eltern gebunden, müssen sich aber zwischen diesen, also gemeinhin zwischen Vater und Mutter entscheiden, wobei diese wieder Front gegenüber den Kindern beziehen. Jeder kennt solche Auseinandersetzungen, die nicht nur die Pubertät überschatten. Sie ermöglichen und erzwingen, dass Kinder eine eigene Position entwickeln und differenzierte Vorstellungen von der Gestaltung der Beziehungen zu anderen Menschen entwickeln. Beides, die Diffusität der Familie, dass ihre Mitglieder nicht auf bestimmte Funktionen festgelegt sind, dass sie zugleich in diesem spannenden Familiendreieck agieren, zwingt die Kinder dazu, ihre eigene Identität zu definieren. Sie müssen soziale, kulturelle, emotionale Kompetenz erwerben – und zwar in einem Maße selbst aus sich herausbringen, wie sie das niemals in

einer Institution können, weil in dieser die Funktionen und Aufgaben doch schon immer festgelegt sind. So bleibt eine Erzieherin eine Erzieherin, die Lehrerin immer Lehrerin, selbst wenn man sich privat begegnet. Eltern, Vater und Mutter spielen hingegen keine definierte Rollen, sie überraschen immer wieder, mehr als das: Kinder müssen sich an ihnen aufarbeiten, also nicht nur abarbeiten, sondern sich gewissermaßen selbst gewinnen. Eltern, die als Lehrer agieren müssen, zerstören den Zauber der Familie, weil sie ihre Kinder niemals in einer Weise bewerten dürfen, die über Lebenskarrieren entscheidet. Wo Eltern dies tun, haben wir mit verstörenden Verhältnissen zu tun, welche die Entwicklung von Kindern gefährden.
- Immer wieder überrascht, wie wenig erkannt wird, dass Familien den Lebenszusammenhang bilden, der systematisch Autonomie ermöglicht. Die Ignoranz gegenüber dem – wenn man so will – strukturell emanzipatorischen Potenzial von Familien hängt wohl einerseits mit dem durch die kritische Theorie und ihrer Theorie von der autoritären Struktur der Familien ausgelösten Vorbehalt sowie andererseits mit einem fundamentalen Desinteresse zusammen, das die jüngeren Erziehungswissenschaft gegenüber der Freiheitsthematik entwickelt hat; wer Wirkungen messen will, kann und will sich wohl schon im Grundsatz die Autonomie von Menschen kaum vorstellen.

Dass Familien Autonomie ermöglichen, ergibt sich aus der sozialisatorischen Triade, sichtbar wird es in den subtilen Bildungsprozessen, die in Familien möglich sind. Alles läuft eigentlich darauf hin, dass die Beteiligten Unabhängigkeit, Selbständigkeit und insofern Freiheit, eben Autonomie gewinnen, gerade weil sie gebunden sind. Genau dies begründet die Souveränität, die in Ablösungsprozessen entsteht; sie gelingen, wenn die Beteiligten sich ihrer Familie sicher fühlen. Möglicherweise erlaubt diese Tatsache des Autonomiegewinns eine optimistische Interpretation der jüngsten Wandlungsprozesse von Familie. Wenn der Familienzusammenhang sich nach einer intensiven Familienphase abschwächt und die Beteiligten mehr oder weniger eigene Wege gehen, durchaus in wechselseitiger Anerkennung oder vielleicht sogar in Liebe zueinander, könnte sich das als Gewinn erweisen, der gegenüber gesellschaftlichen Vereinnahmungsversuchen zu verteidigen wäre.

5 *Fortschreitende Verwüstung*

All das spricht nun eigentlich gegen die These von der Verwüstung von Familien. Was schädigt also Familien und wie ist dem zu begegnen? Zunächst ist Entwarnung angesagt, selbst gegenüber der schon angesprochenen Schrift der OECD (2012). Sie hält schließlich für möglich, dass Familien schon bis zum Jahre 2030 verschwinden, sozusagen aufgelöst in mehr oder weniger zufälligen sexual encounters, deren Produkte in pädagogisch-professionelle Einrichtungen verbracht werden sollten, wo sie besser gebildet werden – ganz abgesehen davon, dass solche Dienstleistungen im Bruttosozialprodukt zu verrechnen sind, ganz im Unterschied zur elterlichen Familienleistung. Dennoch handelt es sich bei Familien weiterhin um ein Erfolgsmodell: Die Mehrzahl von Kindern wächst in ihren Herkunftsfamilien auf, unkonventionelle Familien wollen die rechtliche und soziale Anerkennung als Familie – dass nicht wenige eigene Kinder als Last empfinden, widerspricht dem nicht. Junge Menschen geben überwiegend Familie als ihre ideale Lebensform an, bei jungen Männern mit mehr Vorbehalten, weil sie sich ihrer Rolle und Aufgabe nicht ganz sicher sind.

Familien funktionieren zum Teil sogar besser denn je, besonders im Blick auf ihre sozialisatorischen Leistungen. In ihrer schon angesprochenen Vielfalt sind sie normaler, als die aufgeregten Debatten dies gerne behaupten. Für dieses bessere Funktionieren gibt es gute Belege, beginnend beim Gesundheitszustand junger Menschen und nicht endend bei dem, was Martin Dornes (2012) als *Entheroisierung* beschrieben hat: Junge Menschen lernen in ihren Familien, andere zu schätzen und zu achten, Zuneigung zu einander zu entwickeln, die bei Konflikten dazu führt, einigermaßen menschlich miteinander umzugehen. Weder Eltern noch Kinder führen Kriege gegeneinander, sie sind entspannter, zugleich sensibler, ansprechbarer für gemeinsame Lösungen. Es scheint fast, als ob die familiäre Lebenspraxis tatsächlich als ein gutes Unternehmen betrieben wird, das allen Beteiligten gehört. Der Druck aufeinander fehlt, zugleich herrschen Offenheit und die Bereitschaft, sich gegenseitig zu fragen und zu unterstützen, selbst in schwierigen Fragen der Beziehungsgestaltung oder des Bildungs- und Berufswegs. Nicht zu vergessen übrigens, wie sich Jugendliche ihrerseits Sorgen um ihre Eltern machen und darum, dass die Solidargemeinschaft der Familie sich auflösen könnte: *Bitte streitet Euch doch nicht* oder *Ihr werdet Euch doch nicht scheiden lassen*, gehört zu den Ängsten der Kinder.

Hinzu kommt: Es gibt inzwischen eine veritable Mehrheit an Familien, die ihre familiäre Lebenspraxis ziemlich konventionell und traditionalistisch betreiben, nämlich die Zuwanderungsfamilien, die zu klassischen Familienformen tendieren. Die städtischen Grünanlagen geben jedes Wochenende davon neue Evidenz und legen das Wort *Unfug* nahe, wenn Herr Sarrazin vor den kopftuchtragenden Mädchen warnt und Herr Buschkowsky gegenüber arabischen Jugendlichen wieder einmal ausfällig wird. Richtig ist freilich, dass diese eher traditionellen Formen familiärer Lebenspraxis zu Konflikten führen, die in den „modernen“ Familien kaum mehr vertraut sind.

Dennoch sind Warnungen vor der Verwüstung angebracht:

- Alle Indikatoren verweisen darauf, dass die objektiven, ökonomischen und ökologischen Rahmenbedingungen für das Leben von Menschen, erst recht aber für die dann doch sensiblen Familiensysteme und Praktiken sich in den letzten Jahrzehnten verschlechtert haben. Zu nennen sind in weltweiter Perspektive die Zunahme kriegerischer Auseinandersetzungen, die Verfolgung von

Menschen, die Zerstörung der Lebensverhältnisse durch industriell verursachte ökologische Katastrophen. Fast immer wollen sich die Familien als Familien retten, oft genug versuchen sie, wie viele Beispiele unbegleiteter minderjähriger Flüchtlinge belegen, wenigstens ihre Kinder in Sicherheit zu bringen. Wilkinson und Pickett (2010) zeigen, wie selbst in den vordergründig reichen Staaten Ungleichheit zunimmt, wie Lebens- und Entwicklungschancen sich verringern, wie die Einkommen nahezu überall sinken. Besonders trifft es junge Menschen. Ihre Zukunftsaussichten werden zunehmend düster, obwohl der demographische Wandel angeblich den Bedarf an jungen, gut ausgebildeten Fachkräften wachsen lässt. Daran ist nicht viel wahr, selbst Informatiker und Ingenieure haben Schwierigkeiten, in die Berufswelt einzumünden und ein Gehalt zu verdienen, das Familiengründung erlaubt. Flexibilität und Projektexistenz sind erwartet, prekäre Arbeitsverhältnisse werden längst normal. Noch mehr trifft dies jene, die sich in die Richtung von Medien-, sozialen oder pädagogischen Berufen bewegen. Überall wird der Bedarf verkündet, kommt es zum Schwur, fehlen die Gelder oder deckt die Entlohnung nicht einmal den eigenen Lebensbedarf. Jungen Menschen fehlt die Lebensperspektive. Weil ihnen Mobilität abverlangt ist, können sie sich kaum auf Großeltern stützen, die ihrerseits dem Zwang zu längerer Arbeitszeit unterliegen und mit sinkendem Alterseinkommen rechnen. Die klassischen innerfamiliären Transfers fallen zunehmend dünner aus. Umstritten ist, ob die sogenannte Mittelschicht verschwindet. Sie war bislang Garant für Familiengründung und Familienpraxis. Indizien für dieses Verschwinden gibt es genug, da bleiben nicht mehr viele übrig, die sich praktisch wie theoretisch für Familie aussprechen. Bitter wird die Lage für Alleinerziehende, das Armutsrisiko wird da zur Realität.

Unsicherheit und Ängste überschatten die Lebenssituation vieler und lässt sie daran zweifeln, ob Familie möglich ist. Wer ein Kind hat, steht vor der Schwierigkeit, eine einigermaßen bezahlbare Wohnung mieten zu können, Alleinlebende oder sogar Studierende werden inzwischen vorgezogen. Ein Haus zu kaufen übersteigt mancherorts längst die Finanzkraft ordentlicher Durchschnittsverdiener. Im Alltag selbst werden die Familien schlicht durch Überforderung zerrissen. Die Durchsetzung der sogenannten Options- oder Wahl- und Entscheidungsgesellschaft drückt zwar die Preise, vermittelt damit dann wiederum die Löhne; dass beide Eltern möglichst Vollzeit arbeiten, hat nicht nur mit dem Selbstverständnis von Individualisierung, sondern schlicht mit knappen Einkommen zu tun. Nebenbei zieht die Optionsgesellschaft ein unsägliches Beschäftigungsprogramm nach sich, das die ohnedies spärliche Familienzeit endgültig absorbiert. Vor allem jedoch: In allen Bereichen des Lebens begegnet ein wuchernder marktradikaler Kapitalismus, dem ein dann doch irgendwie archaisches Lebensmodell wie Familie wenig entgegen zu setzen hat. Marktradikaler Kapitalismus und eine Gemeinschaft, die auf Sorge aufbaut, gehen schlicht nicht zusammen – die Gesellschaften werden sich auf Dauer für das eine oder das andere entscheiden müssen.

- Der marktradikale Kapitalismus produziert eine paradoxe Sozialform: Menschen werden radikal individualisiert, die Sozialform ihrer Existenz ist die des Individuums. Im Grunde erzeugen Gesellschaften sich als asoziale oder – um ein Kunstwort zu prägen – desozialisierende Zusammenhänge. Prämiert werden jene, die als Unternehmer ihrer selbst, als Ich-AG, als Arbeits- und Konsumsubjekt jenseits aller Bindungen sich verfügbar machen.[4] Der Unternehmer seiner selbst, das Leben als Projekt, die leichte Existenz werden gelobt. Man sollte sich besser nicht belasten, wenn die Performanz stimmen soll. Da sind schon Paar-Beziehungen zu schwer, ein Kind bedroht diese Lebensform; ein besonders nachdrückliches Beispiel für diese Entwicklung bieten übrigens die in Teilen des öffentlichen Dienstes, allzumal die in den Hochschulen angebotenen Lebensformen. Sicherheit verhindere Exzellenz, hat unlängst eine österreichische Universitätsrektorin verkündet. So recht weiß man dann schon nicht mehr, was man mit Leuten eigentlich anfangen soll, die solche Zynismen verbreiten!

Die familienpolitischen Maßnahmen präferieren und prämieren dieses Modell der Individualisierung. Sie wollen eine vollberufliche Beteiligung der Frauen am Arbeitsmarkt ermöglichen, wobei die Unternehmerverbände sich für die Umsteuerung von Geldern aussprechen. Familienpolitik soll sich an ihrer Effizienz messen lassen, nämlich an der Zahl der so in Produktion gebrachten Kinder; wie profertile Politiken scheitern, belegt jedoch das Beispiel Frankreichs. Für die Frauen bedeutet jedenfalls das Kriterium der vollberuflichen Beteiligung am Arbeitsmarkt eine Kommodifizierung. Die Ratio ist offensichtlich, es geht um die Ausweitung einer kleiner gewordenen *workforce*, es geht vor allem darum, alle Menschen in den globalen Wettbewerb um Arbeitsplätze einzubinden, der inzwischen als *global auction* mit dem Ergebnis analysiert wird, dass sich die Lebens- und Arbeitsbedingungen aller verschlechtern. Die Beteiligung von Frauen am Arbeitsmarkt führt tatsächlich zu einer Prekarisierung von Familien, selbst wenn öffentliche Betreuungsangebote vorhanden sind (die häufig ihrerseits große Anteile des Familieneinkommens wieder absorbieren: Ganztagsplätze in KITAS sind teuer). Arlie Russel Hochschild (2003) zeigt, wie die hohen Kinderzahlen bei akademisch gebildeten und gut verdienenden amerikanischen Familien damit einhergehen, dass Nannies aus den asiatischen Ländern als billige Haushaltshilfen importiert werden, um den Preis allerdings, dass sie ihre eigenen Kinder zurück lassen. Ähnliche Tendenzen begegnen bei osteuropäischen Pflegekräften, die in der Betreuung älterer Menschen eingesetzt werden. Was passiert mit ihren Familien? Wer betreut ihre Kinder?

- Die Staaten selbst betreiben das Geschäft der Familienzerstörung, indem sie Familien in vielen Bereichen eher belasten. So werden die Familien in nahezu allen Bereichen des gesellschaftlichen und kulturellen Lebens in Anspruch ge-

---

4 Sven Hillenkamp (2014) hat dies noch zur These zugespitzt, dass den radikal freigesetzten Menschen Liebe unmöglich wird; sie sind zur Entscheidung gezwungen, dennoch entscheidungsunfähig und daher zu öffentlicher Existenz verurteilt (vgl. Hillenkamp 2014, S. 117).

nommen, um durch ihre Erziehungsleistung die Folgeprobleme der Modernisierung auszugleichen. Eltern sollen für Gesundheits- und Ernährungserziehung, für Sporterziehung, für Sexual- und Medienerziehung, für Wirtschafts- und Konsumerziehung usw. sorgen – die Klage des Bayerischen Lehrerinnen- und Lehrerverbandes ist nicht vergessen. Doch ständig werden neue Produkte auf den Markt gebracht, deren Verträglichkeit mit Kindern nicht einmal befragt wird. Eltern sollen ihre Kinder vor hoch zweifelhaften Fernsehproduktionen schützen, während Deutschlands künftiges *Top Model* schlicht die Anorexia nervosa provoziert. So verlieren Familien die Verfügung über sich selbst. Eine Staatspädagogik nimmt sie als Instrumente in Anspruch, um mit ihnen reparieren zu lassen, was eine kapitalistische Konsumgesellschaft an Schäden produziert; Familien sind dann untergeordnete Hilfserzieher, die den Profis im Kindergarten oder in der Schule zuarbeiten und von diesen bewertet werden.

Ohne Zweifel: Familienunterstützende Maßnahmen haben ein gewaltiges Volumen. Sie werden aber schnell wieder eingesammelt: Die auf Familien mit kleinen Kindern gerichteten Leistungen und Angebote wurden zuletzt schlicht von jenen genommen, die mit Jugendlichen zu tun haben, es hat lange gedauert, bis die Jugend wieder entdeckt wurde. Familienpolitik wird jedenfalls als ein Verschiebebahnhof betrieben, Zuwächse sind nur selten zu verzeichnen. Da ist dann plötzlich der Besuch des Schwimmbades zum Privatvergnügen der Eltern erklärt, die sich aber gefälligst um den Schwimmunterricht kümmern sollen. Alles andere wäre doch verantwortungslos. Dabei spielen die entlastend gemeinten pädagogischen Einrichtungen eine fatale Rolle: Selbstverständlich beschwören sie die Kooperation mit den Familien, die Jugendberichte sprechen regelmäßig von *geteilter Verantwortung*. Nur: die Rede von der geteilten Verantwortung verschweigt, dass Teilung mit Ungleichheit einhergehen kann. Erst dem letzten Jugendbericht ist dann aufgefallen, wie zudem noch einige Mitspieler machtvoll mitmischen. Sie nehmen Einfluss, ohne zur Verantwortung gezogen werden zu können. Wirtschaft und Staat haben bekanntlich immer Recht, die Öffentlichkeit, höflich als Zivilgesellschaft überschrieben, übt symbolisch und semantisch Druck wie Kontrolle aus, denen wenig entgegengesetzt werden kann. Sie setzen die kulturellen Erwartungen an Eltern und Familien fest: Die gute Bildung, die Schulung des Körpers im Sport, die gute Ernährung, möglichst selbstgekocht und biodynamisch.

– Die Staaten konstruieren und etablieren im Zusammenspiel mit interessierten Professionen neue Bilder von Familien. Auf der einen Seite wird die Vorstellung von der schützenswerten Familie und dem Elternrecht zunehmend in den Hintergrund gedrängt. In den Vordergrund rückt die *Elternpflicht*, Familien müssen sich daran messen lassen, ob sie den Nachwuchs ordentlich für die Gesellschaft zurichten; Sozial- und Erziehungswissenschaftler erklären fleißig, dass Familien eine andere Funktion ohnedies nicht mehr haben. Den Eigensinn von Familie gibt es für sie nicht mehr. Wenn sich Eltern nicht beugen, dann droht der Entzug von Transferleistungen. Dahinter steht weniger die Sorge um das Wohlergehen von Kindern, sondern die Angst, dass diese – wie es der frühere englische Premierminister Blair formulierte – zur *menace for society*, zu einer störenden Belastung für die Gesellschaft werden könnten (bbc 2006). Die modernen Gesellschaften wollen, dass Familien sicherstellen, was in der schönen technischen Sprache der Psychologie als das gute Funktionieren, als *good functioning* bezeichnet wird.

Auf der anderen Seite sind Familien jedoch schon längst als hochriskante Angelegenheit entlarvt. Familie und Risiko sind eng assoziiert, Eltern stehen unter Generalverdacht, die frühen Hilfen sollen Netze um sie legen – offen bleibt nur, ob sie der Sicherheit dienen oder auf Gefangennahme zielen. All das wird gelobt als Prävention – doch dummerweise taugt alle Prävention nur in einer Richtung (vgl. Hildenbrand 2014): Sie stärkt den Einfluss des Staates und der Professionellen, verlangt Überwachung und Kontrolle, heute vornehm Monitoring genannt, erlaubt Eingriffe aufgrund einer Verdachtshermeneutik. *Es könnte ja so kommen, Gefahr dräut am Horizont, das arme schutzlose Kind hat nur seine Eltern, welches Glück, dass die staatliche Ordnungsmacht nicht schläft.* In all dem wirkt ein Denken, das sich auf die Wahrscheinlichkeitsrechnungen der statistischen Manuale, auf die Codes von DSM IV und DSM V sowie auf die von ICD X stützt. Da manifestiert der Trotzanfall des kleinen Kindes eine Pathologie, die medikamentöser Behandlung bedarf. Dem statistisch erhärteten Verdacht entspricht ein technisches Denken, das an den Familien exekutiert wird. Ursache und Wirkung sind schnell erkannt: Das in der Familie vorgeblich schlecht versorgte Kind, mit dem nicht gesprochen worden ist, wird im Leben scheitern. Frühe Hilfe bieten dem auf wundersame Weise Einhalt und verhindern, dass Entwicklungen entgleisen, und garantieren gelingendes Leben. Dies ist absurd: Protektive Faktoren, die Resilienz begründen, sind komplex, die frühe Kindheit entscheidet nicht alles, Lebensverläufe gehen mit Brüchen und Diskontinuitäten einher, ohne dass von Scheitern die Rede sein darf. Das Leben in modernen Gesellschaften verläuft nicht in einfachen Bahnen; vor allem hält menschliches Lernen ein Leben lang an. All das zählt aber nicht. Im Gegenteil wird eine staatliche Kontrolldiktatur errichtet.

– In die familiären Lebenspraxen schleichen sich Codes und Formen der therapeutischen Debatten sowie eines pädagogischen Denkens ein, die technisch und instrumentell ausgerichtet sind. Wer Bildung zur Aufgabe der Familien macht, dabei an testfähiges Wissen und nicht an ein subjektiviertes Weltwissen denkt, zerstört den Eigensinn der familiären Lebenspraxis. Bislang haben Familien eigentlich alle Katastrophen überstanden, mit welchen die Menschheit bislang konfrontiert war. Familien mit ihrer autonomen Lebenspraxis sind wahrscheinlich in jeder Hinsicht das Überlebensmuster, das sich anthropologisch bewährt. Dennoch könnten die modernen Gesellschaften an einem Wendepunkt angekommen sein, weil die kulturellen Deutungsmuster für Familien einem bislang nicht denkbaren Rationalisierungsschub unterworfen sind. Die Normalität, damit die Banalität von Familie und Familien werden preisgegeben, das Lebensmodell Familie verliert seine Selbstverständlichkeit, seine Sinnhaftigkeit für die Beteiligten und seine normative Regelhaftigkeit, weil es einer Verdachtshermeneutik ausgesetzt wird. Sie erklärt Familie zum pathologischen Fall, der mit modernen, individualistischen Lebensformen nichts zu tun hat, der für die modernen Gesellschaften nichts taugt und die Zukunft nicht sichert, der vor allem für den Kapitalismus gefährlich ist. In den USA haben die Psychologen und Psychoanalytiker diesen Verdacht durchgesetzt, in trautem Einklang mit dem Feminismus. In Deutschland wirkt sich ein Bildungsdenken aus, eine Form verkürzter Pädagogik, die darauf schielt, dass Standards eingehalten werden. Standards, die vor allem darauf gerichtet sind, den Vorgang des Aufwachsens zu kontrollieren, zu beschleunigen und überprüfbar zu machen. Familien sind hier eine gefährliche Angelegenheit, weil sie sich Zeit lassen, gelegentlich für gemeinsames Nichtstun. Zwar passiert in ihnen ganz viel, aber doch eher hinter- oder untergründig, nicht messbar. Insofern taugt die Kontrolldiktatur wenig, die gegenwärtig über Familien errichtet wird.

6 *Perspektiven: Familie als Lebensform*

Welche Konsequenzen lassen sich ziehen? Die eine, mehrfach schon angedeutet, ist strikt methodischer Natur. Sie richtet sich darauf wenigstens zu prüfen, ob Familie als ein eigener Sachverhalt thematisiert werden sollte, gewissermaßen als ein Tatbestand sui generis oder von vornherein als ein Phänomen, das als ein soziologisches hinreichend begriffen ist. Damit ergibt sich eine ähnliche Problemlage wie bei der Frage nach Erziehung, die ebenfalls eine solche methodische Grundüberlegung verlangt: Gibt es eine Spezifik und Eigenart von Erziehung, mit der sich dieser von anderen sozialen Sachverhalten so weit unterscheidet, dass sozialwissenschaftliches Denken allein nicht ausreicht, um sie zu verstehen? In beiden Fällen besteht der crucial point wohl darin, in welchem Umfang der Natur eine handlungsauslösende, wenn nicht sogar handlungskonstituierende Bedeutung zugemessen wird; Bernfeld hat das für den Sachverhalt der Erziehung ziemlich eindeutig entschieden, wenn er sagt, dass diese „die Summe der Reaktionen einer Gesellschaft auf die Entwicklungstatsache“ (Bernfeld 1925/2013, S. 48) darstelle, dass ihre erste Voraussetzung in einer „Naturtatsache“ gründe, nämlich der ontogenetischen Entwicklung (Bernfeld 1925/2013, S. 46). Bei Familien mag man sogar eine Zuspitzung erkennen, einmal darauf, dass die soziale Formation selbst noch ein Naturelement enthalten könnte, nämlich in einem biologisch fundierten Mechanismus der Sorge, dann darin, dass sich ihre Form erkennen lässt, nämlich als eine – sehr zurückhaltend formuliert – generative Gruppierung.

Die zweite Konsequenz irritiert prima facie ein wenig: Sie geht nämlich mit der Frage einher, ob Familie eher mit Blick auf die in ihr gestalteten Sozialisations- bzw. genauer: Erziehungsprozesse thematisiert wird oder als eine Form der Gemeinschaft. Das angesprochene Statement der Evangelischen Kirche hat sich für die zweite Sicht entschieden (vgl. EKD 2013). Sie bedeutet, dass die Aufmerksamkeit den an Familie Beteiligten gleichsam differenzlos gilt, während ein gleichsam pädagogisch inspirierter Zugang mindestens den Unterschied zwischen älterer und jüngerer Generation trifft und somit die Aufmerksamkeit in besonderer Weise auf die Kinder richtet; in diesem Zugang kann dann zur Debatte gestellt werden, ob und inwieweit Kinder etwa besondere Bedürfnisse oder Entwicklungsaufgaben zu bewältigen haben, für die sie auf besondere Settings angewiesen sind. Familie könnte ein solches sein – das muss aber durch Forschung entschieden werden. Oder durch die menschliche Lebenspraxis, die hier allerdings eine ziemlich eindeutige Antwort gibt.

Drittens sollte man sich allerdings fragen, welche Bedeutung sozialisatorischen Institutionen zukommt bzw. zugemessen werden soll. In der Tat spielt eine normative Dimension herein, die ein wenig mit der Überlegung zu tun hat, welche Prioritäten Menschen für ihr Leben setzen möchten. Sind solche Institutionen prioritär funktional und allein im Blick darauf zu sehen, ob und wie weit sie gesellschaftliche Kontinuität sichern bzw. einer ökonomischen Ordnung dienen, wie dynamisch diese sein mag? Oder sollte ihrer Leistung für die Individuen selbst mehr Gewicht zukommen, dafür also, dass sie selbst eine gute Lebensform darstellen, die als Praxis erlebt wird, in der Menschen sich als autonome Subjekte erfahren oder diese Souveränität gewinnen? Platt gefragt: Geht es mehr um das Ganze einer Gesellschaft, um ihre Ordnung und ihre Funktion, vielleicht auch um das, was gerne als Fortschritt behauptet wird – ohne so recht auszuweisen, worin dieser denn überhaupt besteht und ob denn so sicher sei, dass er denn nun eintritt? Oder geht es doch mehr um die Kinder, vielleicht sogar um ihre Eltern, darum endlich, dass Menschen in einer Praxis gemeinsamen Lebens sich entwickeln, die sie als bedeutungs- und vielleicht sogar wertvoll, zudem als exklusiv erfahren? Kluge Pädagogen (es soll sie geben), wie etwa Schleiermacher oder Korczak, haben lieber auf das Glück der Gegenwart gesetzt, wie klein dies ausfallen mag. Sie präferieren die Praxis gegenüber den Instrumentalisierungen, die in anderen Organisationsformen menschlichen Handelns wirken. Pädagogisch wäre es übrigens ohnedies ein Irrtum, die beiden Dimensionen, Gesellschaft und Individualität, abstrakt gegeneinander auszuspielen, sie sind stets miteinander vermittelt, in den Gesellschaften der Moderne freilich normativ mit einem höheren Gewicht für die Seite der Autonomie des Subjekts, vielleicht weil diese empirisch, durch die Realität und Funktionszusammenhänge allzumal arbeitsteiliger Gesellschaften immer wieder gefährdet wird.

Dabei zeichnet sich durchaus eine Paradoxie in der Gegenwart ab: Moderne Gesellschaften benötigen offensichtlich eine Form autonomer Subjektivität – über diese Herausforderung ist sogar nachzudenken, weil sie möglicherweise selbst schon eine Perversion des Konzepts und Sachverhalts der Autonomie andeutet. Die flexible Projektexistenz und der Zwang zur Performanz sind längst umstritten, weil sie hohe Kosten nach sich ziehen. Im Zusammenhang sozialisatorischer Institutionen kann die Schule genannt werden, die auf eben diese Lebensform mit der Ausrichtung an Kompetenzen vorbereitet. In der Summe zeigt sich hier schon ein deutlicher Vorteil der familiären Lebenspraxis: Öffentlich getragene Institutionen der Sozialisation, die Kinderkrippe, der Kindergarten und die Schule können – notabene – strukturell weder den Freiheitsraum eröffnen, der für die Entwicklung subjektiver Autonomie nötig ist, noch aber bieten sie den Rückzugsraum, der der Erholung und Entspannung von den Bühnen bietet, auf welchen sich Menschen performativ zeigen müssen. Öffentlich getragene Sozialisationsinstanzen sind immer total, nämlich überwachte, geordnete im Zwang zustande gekommene Massenereignisse; diesen Gruppen entkommt man nicht, im Gegenteil: die Erfahrung des Kollektivs wird noch als pädagogisch wertvoll hochgejubelt, doch allein der Lärm in diesen Einrichtungen ist schon unerträglich, vom Mangel an Rückzugsgebieten ganz zu schweigen. Die Verwendung des Wörtchens *strukturell* gesteht dabei zu, wie einzelne, Erzieherinnen und Lehrerinnen um diesen totalen Charakter wissen und daher ruhige Situationen schaffen, den Rückzug erlauben, stillen Kindern eine Ecke schaffen, in der diese verschwinden können. Doch als regelhaft lässt sich dies nicht erkennen, in der Schule noch weniger als im Elementarbereich.

Nüchtern betrachtet spricht eigentlich alles gegen die öffentlich getragenen Institutionen; Klaus Wenzels Jeremiade, eingangs wurde sie aufgenommen, belegt das ja, indem sie sofort die Familien und Eltern als Schuldige ausmacht. Öffentliche Einrichtungen sind selbst nur insofern rational, als sie einerseits die nötige Instruktionspädagogik mehr oder wenig mechanisch in großen Gruppen organisieren – da hat sich seit dem 19. Jahrhundert nicht viel geändert. Andererseits verankern sie mit ihren Schemata des Zwangs und des Gehorsams die Ordnungsmuster in den Menschen, die in den vorgeblich liberalen Gesellschaften der Individuen dann doch benötigt werden, um Integration zu sichern – oder vielleicht doch Inklusion im strengen Wortsinne. Flexible Projektexistenzen vollziehen sich denn doch in letztlich strenger geschriebenen Rollen; oder noch besser: man muss sich ja der Rolle beugen, die ständige Improvisation verlangt. Auch das ist ein sozialisatorisches Muster – wenn sich Jugendliche einer Gruppe anschließen, kann das dann eben auch bedeuten, dass sie der Zumutung von Individualität entkommen und für sich einen anspruchslos geordneten Lebenszusammenhang wollen.

Unter der Prämisse einer Entscheidung dafür, sowohl hinreichende, nicht formal geregelte sondern informell gegebene Sicherheit für das Aufwachsen zu schaffen, wie zugleich Freiheitsräume zu geben, die individuelle Autonomie ermöglichen, spricht vieles für den Zusammenhang einer familiären Lebenspraxis. Es ist insofern kein Zufall, wenn die meisten Menschen diese präferieren. Man kann dennoch einwenden, dass sie nicht in hinreichendem Maße die Subjekte für die gesellschaftliche Produktion vorbereitet, man kann vor allem entgegenhalten, dass diese Lebenspraxis ökonomisch unwahrscheinlich geworden ist. Endlich kann man behaupten, dass junge Menschen im familiären Zusammenhang stärker gefährdet sind als dort, wo sie in öffentlicher Verantwortung betreut, erzogen und gebildet werden – wie die seltsame, Unmündigkeit ins Zentrum stellende Trias heute heißt. Noch einmal: Dass Familien vielleicht weniger für die wirtschaftlichen Zwänge vorbereiten, verweist auf eine sozialethische Entscheidung – abgesehen davon, dass die Behauptung ohnehin falsch ist. Ethisch muss man fragen, ob Menschen allein am Maßstab ihrer Brauchbarkeit und Nützlichkeit gemessen werden sollen; für Pädagogen sollte sich das eigentlich um 1800 erledigt haben, als das utilitaristische Denken der Aufklärungspädagogen von den Neuhumanisten dementiert und demontiert worden ist. Dass die modernen Gesellschaften die Lebensform Familie nicht mehr zulassen, trifft die Sache schon eher; wer diesen Tatbestand zur Grundlage seiner sozialpolitischen Entscheidung macht, kann aber nur noch des affirmativen Denkens bezichtigt werden. Über die Qualität von Politik und Gesellschaft wird dabei nämlich nicht mehr nachgedacht.

Endlich: Unstrittig ist, dass Familien scheitern, sich auflösen, zerbrechen oder gar als Leidenszusammenhang fortgeführt werden; unstrittig ist auch, dass Menschen in Familien traumatisiert werden. Dass Familien zuweilen auf Hilfen angewiesen sind und diese brauchen, bedarf ebenfalls keiner Diskussion. Doch taugen andere Institutionen der Sozialisation eigentlich mehr? Die großen, ambitionierten Experimente mit diesen sind oft misslungen, wie etwa die kollektive Kibbutz-Erziehung. Die Problematik der totalen Institution und der Hospitalisierung ist nur verdrängt worden, Übergriffigkeit, Missbrauch und Misshandlung sind zuletzt selbst in Institutionen aufgedeckt worden, die durch ein hohes pädagogisches Ethos geschützt schienen. Die Lehren der Odenwaldschule müssen zu denken geben. Einrichtungen könnten gefährlicher sein, weil sie mit einem Desinteresse der Lohnerzieher einhergehen („Wir wollen hier keinen Ärger"), weil sie vielleicht eher dazu tendieren, Kinder und Jugendliche als ein Material anzusehen, das zu bearbeiten ist. Dennoch ist hier ein Bedenken insofern anzumelden: Für junge Menschen kann es allerdings wichtig sein, vorübergehend jenseits des familiären Zusammenhangs in einer Institution aufzuwachsen, die demokratisch und partizipativ angelegt ist. Familien werden sinnvollerweise darüber entscheiden, ob sie den Kindern oder Jugendlichen diesen Weg erlauben oder ermöglichen – darin liegt der spezifische Sinn von Hilfen zur Erziehung.

Doch eine solche Entscheidung kann gut nur in den familiären Kontexten selbst getroffen werden, vielleicht beraten und unterstützt von anderen. In jedem Fall ist es jedoch nötig, sogar dann Familien in Ruhe zu lassen, ihnen Zeit und den Raum zu geben, sie eben ihr Ding machen zu lassen, ihre Praxis leben zu können. Schon der große Philosoph Hegel hatte gewusst, dass Familien die Bedingung von Freiheit darstellen. Sie muss ihnen gewährt werden, generell sowie im einzelnen Fall, allzumal durch jene, die sich den Familien aus pädagogischen

Gründen verpflichtet fühlen. Die Professionellen müssen lernen, vorsichtig, achtsam mit Familien umzugehen. Insofern ist Vorsicht gegenüber allen Aktivitäten angeraten, die in Familien intervenieren, diese unter Druck setzen, ihnen Defizite und Risikobelastung zusprechen. Insofern ist zu fragen, ob die Politiken sinnvoll sind, bei welchen die Arbeit der Eltern staatlich finanziert oder durch Institutionen ersetzt werden sollen. Beide Zugänge untergraben die Autonomie der familiären Lebenspraxis, indem sie Familien zu Funktionen im staatlichen und gesellschaftlichen Kontrollsystem machen. Um nicht missverstanden zu werden: Pragmatisch und professionell sind Unterstützungssysteme für Familien nötig, eben weil sie und die in ihnen gebundenen und einander verpflichteten Menschen in eine gefährliche Randlage gedrängt werden. Pragmatisch und professionell brauchen Familien Beratung und Begleitung, aber nicht um besser in einer Gesellschaft zu funktionieren, die nur Interesse an der in ihnen entstehenden und gegebenen potentiellen Arbeitskraft hat, sondern darum, dass ihre Mitglieder ihr Leben selbstbestimmt führen können und sich wohl fühlen.

Mehr noch: es könnte sinnvoll sein, über Familien als eine Möglichkeitsform für ein anderes Leben nachzudenken, für ein Leben, das eben nicht durch den Kapitalismus geformt und bestimmt ist. Es überrascht, erstaunt und deprimiert zugleich, wie wenig Hoffnung auf Optionen und Alternativen des gesellschaftlichen Lebens offensichtlich gerade bei jenen noch besteht, die selbst emanzipatorische Projekte verfolgen; die Frauenbewegung folgt dem urmännlichen Vorurteil gegenüber der häuslichen Arbeit, identifiziert Kinder, Küche und Kirche als Übel, um sogleich das private Leben zu verwerfen. Reproduktionsarbeit sind ihnen ebenso wie die Frage nach der Transzendenz ein Brechmittel – mit der Folge, dass nur die fremdbestimmte Produktion zu ihrem Lebensinhalt wird, nicht einmal das freilich banale Glück in der Gegenwart. Regina Becker-Schmidt warnt schon 1981 davor, häusliche Arbeit nur als Bornierung zu fassen, Zaretzky (1978) überlegt, ob Familienarbeit möglicherweise eine Alternative zu einem alles verheerenden Kapitalismus bedeuten könnte; vielleicht könnte sie in der Tat die Chance eröffnen, ökologisch statt ökonomisch zu denken. All das ist wohl schnell als Illusion verworfen worden. Dennoch gilt: Solche Ideen klingen gewiss ein wenig naiv und utopisch – aber ohne solche Naivität und ohne solche Utopie des Denkens entkommt man kaum einer Situation, in der es nicht um das Elend der Familie sondern um das Elend einer Gesellschaft geht, die ziemlich unerträglich geworden ist.

Literatur:

Agger, B. (2004): Speeding up Fast Capitalism. Cultures, Jobs, Families, Schools, Bodies. Boulder, London: Paradigm Publishers.

Agger, B, Shelton, A. (2007): Fast Families, Virtual Children. A Critical Sociology of Families and Schooling. Boulder, London: Paradigm Publisher.

Allert, T. (1997): Die Familie: Fallstudien zur Unverwüstlichkeit einer Lebensform (Materiale Soziologie), Berlin: de Gruyter.

Bauman, Z. (2000): Liquid Modernity, Cambridge: Polity Press.

Bauman, Z. (2010): Wir Lebenskünstler, Frankfurt am Main: Suhrkamp

BBC (2006): Blair to tackle 'menace' children. BBC News 31 August 2006, http://news.bbc.co.uk/2/hi/uk_politics/5301824.stm (Letzter Aufruf 16.6.2015)

Beck, U. (1986): Risikogesellschaft. Auf dem Weg in eine andere Moderne, Frankfurt am Main: Suhrkamp.

Becker-Schmidt, R. / Knapp, G.-A. / Rumpf, M. (1981): Familienarbeit im proletarischen Lebenszusammenhang: Was es heißt, Hausfrau zu sein, in: Autorenkollektiv (Hrsg.): Gesellschaft. Beiträge zur Marxschen Theorie, Band 14, Frankfurt am Main: Suhrkamp, S. 52-76.

Berger, B. (2002): The Family in the Modern Age: More Than a Lifestyle Choice, New Brunswick: Transaction Publishers.

Berger, B. und P. (1984): The War over the Family. Capturing the Middle Ground, Harmondsworth: Penguin.

Bernfeld, S. (2013): Sisyphos oder Die Grenzen der Erziehung (1925), in: Herrmann, U. u.a. (Hrsg.): Siegfried Bernfeld: Theorie und Praxis der Erziehung. Pädagogik und Psychoanalyse. Werke, Bd. 5. Gießen: Psychosozial.

Brown, P., Lauder, H., Ashton, D. (2011): The Global Auction. The Broken Promises of Education, Jobs, and Incomes, Oxford: University Press.

Bundesministerium für Familie, Senioren, Frauen (Hrsg.) (2010): Ehe, Familie, Werte – Migrantinnen und Migranten in Deutschland. Monitor Familienforschung. Beiträge aus Forschung, Statistik und Familienpolitik, Ausgabe 24, Berlin.

Crouch, C. (2013): Jenseits des Neoliberalismus. Ein Plädoyer für soziale Gerechtigkeit, Wien: Passagen-verlag.

Deutscher Bundestag (Hrsg.) (2013): 14. Kinder- und Jugendbericht. Bericht über die Lebenssituation junger Menschen und die Leistungen der Kinder- und Jugendhilfe in Deutschland, Drucksache 17/12200. Berlin: Bundesanzeiger Verlagsgesellschaft mbh.

Donzelot, J. (1980): Die Ordnung der Familie. Frankfurt am Main: Suhrkamp.

Dornes, M. (2012): Die Modernisierung der Seele. Kind – Familie – Gesellschaft, Frankfurt am Main: Fischer.

Engels, F. (1972): Der Ursprung der Familie, des Privateigentums und des Staats (1884), in: Institut für Marxismus-Leninismus beim ZK der SED (Hrsg.): K. Marx, F. Engels: Werke, Band 21, Berlin: Dietz, S. 25-173.

EKD – Rat der Evangelischen Kirche Deutschlands (2013): Zwischen Autonomie und Angewiesenheit. Familie als verlässliche Gemeinschaft stärken. Eine Orientierungshilfe der Evangelischen Kirchen in Deutschland. 2. Auflage. Gütersloh.

Franke, A. (2015): Kinder sind der Rohstoff für die künftige Stadtgesellschaft, in: Nürnberger Nachrichten, 21.03.2015, S. 11.

Furedi, F. (2004): Therapy Culture. Cultivating Vulnerability in an Uncertain Age, London: Routlegde.

Geuss, R. (2013): Privatheit. Eine Genealogie, Frankfurt am Main: Suhrkamp.

Ginsborg, P. (2014): Die geführte Familie. Das Private in Revolution und Diktatur 1900-1950, Hamburg: Hoffmann und Campe.

Gramsci, A. (1987): Die Familie. (Ursprünglich in: Il Grido del Popolo 9.2.1918), in: A. Gramsci (Hrsg.): Gedanken zur Kultur, Leipzig: Reclam, S. 76-78.

Großkopf, S. (2014): Ausbeutung für alle! Der marginalisierte Vater und die Maximierung der industriellen Reservearmee. Kulturtheoretische Betrachtungen, in: Sozialwissenschaftliche Literatur Rundschau 37 (2014), Heft 68, S. 107- 122.

Haug, W. F., Petrioli, A., Ketelhut, B. (1999): Familie, in: Historisches Wörterbuch des Marxismus. Bd. 4, Berlin: Argument, S. 100-118.

Henry-Huthmacher, C., Konrad Adenauer Stifung (Hrsg.) (2014): Familienbilder in Deutschland. Ihre Wirkung auf Familiengründung und Familienentwicklung, online unter: http://www.kas.de/wf/doc/kas_38060-544-1-30.pdf [Zugriff am: 17.04.2015].

Hildenbrand, B. (2011): Kann Liebe Arbeit sein? Überlegungen zum Verhältnis von Staat und Familie, online unter: http://parapluie.de/archiv/arbeit/fami lienarbeit/ [Zugriff am: 02.06.2015]

Hildenbrand, B, (2014): Denn erstens kommt es anders und zweitens als man denkt: Prävention im 21. Jahrhundert. In: Familiendynamik 39, 3, S. 180- 186.

Hillenkamp, S. (2014): Das Ende der Liebe. Gefühle im Zeitalter unendlicher Freiheit. Frankfurt am Main, Zürich, Wien: Büchergilde Gutenberg.

Hirschle, J. (2012) Die Entstehung des transzendenten Kapitalismus, Konstanz: UVK.

Hochschild, A. R. (2003): The Commercialization of Intimate Life. Notes from Home and Work. Berkeley, Los Angeles u.a.: University of California Press.

Hochschild, A. R. (2006): Keine Zeit. Wenn die Firma zum Zuhause wird und zu Hause nur Arbeit wartet, Wiesbaden: VS.

Illouz, E. (2009): Die Errettung der modernen Seele. Therapien, Gefühle und die Kultur der Selbsthilfe, Frankfurt a. M.: Suhrkamp.

Krüger, D. C., Herma, H., Schierbaum, A. (Hrsg.) (2013): Familie(n) heute. Entwicklungen, Kontroversen, Prognosen, Weinheim und Basel: Beltz.

Lessenich, S. (2008): Die Neuerfindung des Sozialen. Der Sozialstaat im flexiblen Kapitalismus, Bielfeld; Transcript.

McIntyre, A. (1987): Der Verlust der Tugend. Zur moralischen Krise der Gegenwart, Frankfurt am Main u.a.: Campus.

Mollenhauer, K. (1983): Vergessene Zusammenhänge: Über Kultur und Erziehung, München: Juventa.

Moulin, M. (2013): Liebe auf Distanz, online unter: http://www.zeit.de/2013/37 /frankreich-kinder-staatliche-fruehfoerderung/komplettansi [Zugriff am: 05.01.2014].

Münch, R. (2009): Globale Eliten, lokale Autoritäten. Bildung und Wissenschaft unter dem Regime von PISA, McKinsey & Co, Frankfurt am Main: Suhrkamp.

Nave-Herz, R. (2009): Familie heute. Wandel der Familienstrukturen und Folgen für die Erziehung, 4. Auflage, Darmstadt: wissenschaftliche Buchgesellschaft.

OECD (2012): The Future of Families to 2030, online unter: http://dx.doi.org/10.1787/9789264168367-en [Zugriff am 02. 06. 2015]

Prange, K. (2011): Zeigen - Lernen - Erziehung. (Hrsg. v. K. Kenklies), Jena: IKS-Verlag.

Richter, M. (2013): Die Sichtbarmachung des Familialen. Gesprächspraktiken in der Sozialpädagogischen Familienhilfe, Weinheim und Basel: Beltz-Juventa.

Schlothauer, M. (2015): Männer in Kitas, Masterarbeit im Studiengang Bildung - Kultur - Anthropologie. Universität Jena. MS. Jena.

Singly, F. d. (1992): Die Familie der Moderne. Eine soziologische Einführung, Konstanz: Universitätsverlag 1994.

Stadler, R. (2014): Vater - Mutter - Staat. Das Märchen vom Segen der Ganztagsbetreuung - Wie Politik und Wirtschaft die Familie zerstören, München: Ludwig.

Stiegler, B. (2008): Die Logik der Sorge. Verlust der Aufklärung durch Technik und Medien. edition unseld, Band 6, Frankfurt am Main: Suhrkamp.

Tomasello, M. (2009): Die Ursprünge der menschlichen Kommunikation, Frankfurt am Main: Suhrkamp.

Tomasello, M. (2014): Das ultra-soziale Tier, in: Sozialwissenschaftliche Literatur Rundschau 37, 69, S. 97-111.

Vascovicz, L. A. (Hrsg.) (1997): Familienleitbilder und Familienrealitäten, Opladen: Budrich.

Vobruba, G. (1983): Politik mit dem Wohlfahrtsstaat, Frankfurt am Main: Suhrkamp.

Walzer, M. (1992): Sphären der Gerechtigkeit. Ein Plädoyer für Pluralität und Gleichheit. Frankfurt am Main u.a.: Campus.

Wilkinson, R., Pickett, K. (2010): The Spirit Level. Why Equality is Better for Everyone, London: Penguin.

Winkler, M. (2006): Kritik der Pädagogik. Der Sinn der Erziehung, Stuttgart: Kohlhammer.

Winkler, M. (2011): Michael Tomasello über Kultur und Zeigesituationen - oder: noch etwas über die Ignoranz der Erziehungswissenschaft, in: Sozialwissenschaftliche Literatur Rundschau 34, 1, S. 5-14.

Winkler, M (2012): Erziehung in der Familie. Innenansichten des pädagogischen Alltags, Stuttgart: Kohlhammer.

Winkler, M. (2015): Erziehung in der Familie, in: Pädagogik Unterricht. Die Fachzeitschrift für die pädagogische Fächergruppe 35, 1, S. 2-13.

Zaretzky, E. (1978): Die Zukunft der Familie. Über Emanzipation und Entfaltung der Persönlichkeit, Frankfurt am Main u.a.: Campus.

Familie – ein Fluchtpunkt in einer ökonomisierten Arbeitswelt? Strategien der Beschleunigung und Formen von Gegenbewegungen in Familien

Dorett Funcke

1 Gliederung

Das Verhältnis zur Zeit hat sich im Zuge der Moderne geändert, in der Spätmoderne sogar zugespitzt in Richtung einer Dauerflexibilität, einer Tempoerhöhung und einer Bereitschaft zum ständigen Aufbruch. Vieles soll gleichzeitig gemacht und immer mehr an Möglichkeiten im Leben realisiert werden. Eine Strategie ist Beschleunigung. Es gilt – so Hans Blumenberg – „Zeit zu gewinnen, um mehr von der Welt zu haben" (Blumenberg 1986, S. 73). Dieses Bestreben geht einher mit der Erfahrung, zu wenig oder keine Zeit zu haben. Wie Familien mit den veränderten Zeiterfahrungen umgehen und welche Folgen für die sozialisatorische Praxis Anpassungsleistungen an gesellschaftliche Wandlungsprozesse haben, darüber wissen wir noch relativ wenig. Zentrale Fragen in diesem Zusammenhang sind: Wie reagiert die alte und für relativ stabil gehaltene Institution Familie auf eine zunehmende Dynamisierung? Kann die Familie der Zeitlogik der Arbeitswelt widerstehen? Oder ist Familie offensichtlich keine Gegenwelt mehr gegen das Rationalisierungsprinzip des Wirtschaftslebens? Sondern ist Familie, „der Hafen in einer herzlosen Welt" – so hat es der Soziologe Christopher Lasch (1987, S. 3) einmal formuliert – doch eher zu einer Keimzelle des Marktes geworden? Um diese Fragen wird es gehen. Zu erwarten sind allerdings keine Rezepte oder handfeste Handlungsanleitungen für ein gutes und richtiges Leben in unserer beschleunigten Zeit. Die Rede wird sein von Licht- und Schattenseiten.

2 Eine soziologische Zeitdiagnose: Die „Beschleunigungsgesellschaft"

Die Diagnose scheint evident. In allen Bereichen wird alles schneller. Schnelleres Essen hat einen eigenen Namen erhalten: Fast Food. Der Mittagsschlaf lässt sich angeblich schneller und genauso effektiv gestalten mit Power Napping. Ein allgemeiner Zeitverlust soll durch Zeiten intensiveren Zusammenseins kompensiert werden, man nennt das „QualityTime". Unter „Qualitätszeit" versteht man die Zeit, in der man seinen Kindern und seinem Partner besondere Aufmerksamkeit widmet. Gefühlsbindungen sollen hier in kurzer, knapp bemessener Zeit, aktiv, gezielt und von ganzem Herzen betrieben werden. Beim Speed-Dating, eine

Form der Partnervermittlung, kann man im Minutentakt gleichsam am Fließband seinem neuen potenziellen Partner begegnen. Allerdings wird heute tendenziell der Lebenspartner durch den sogenannten Lebensabschnittspartner ersetzt. Die lebenslange Monogamie wird immer öfter durch eine neue Form der „seriellen Monogamie", das „Liebespaar auf Zeit" abgelöst.

Der Online-Händler Amazon, seit vielen Jahren gefürchtet und verhasst als übermächtiger Konkurrent des stationären Buchhandels, plant, Pakete künftig noch schneller auszuliefern. Kleine Drohnen sollen die bestellte Ware in 30 Minuten liefern. Die Drohne lässt dann die Box vor der Haustür fallen. Noch unklar ist allerdings, wie das bei Apartmenthäusern und Bürogebäuden funktionieren soll.

Auch im Personenverkehr soll alles schneller gehen, sollen in kürzeren Zeiten längere Strecken zurückgelegt werden. Die Magnetschwebebahn, eine Hochgeschwindigkeitsbahn, die eine 30 km lange Strecke in 7 Minuten und 18 Sekunden zurücklegt, gibt es bereits. Sie fährt in China (Shanghai), die Technik dafür stammt übrigens aus Deutschland. Das Neueste planen die Amerikaner; den sogenannten „Hyperloop", eine Art Hochbahn, die Passagiere in Aluminiumkapseln durch eine Stahlröhre transportieren soll. Dieses futuristische Transportmittel soll Passagiere von Los Angeles nach San Francisco in 30 Minuten bringen, eine rund 650 km lange Strecke.

Dass die Welt sich in einem atemberaubenden Tempo wandelt, ist besonders auch in der modernen Arbeitswelt spürbar. Mobilität und Termindruck führen dazu, dass Angestellte keine Zeit mehr haben. Neue Beschäftigungsverhältnisse und damit verbundene Präsenzzumutungen am Arbeitsmarkt lassen die Grenze zwischen Arbeit und Familie verschwimmen. Feste Arbeitszeiten, Dienstschluss, den sogenannten Feierabend gibt es nicht mehr. Die „Projektförmigkeit der Arbeit" (Burkart 2013, Vortrag auf dem 4. Europäischen Familienkongress) verlangt im Beruf den ganzen Menschen. Berufliche Flexibilität ist zum Gebot der Stunde geworden. Das hat Auswirkungen auf die Privatsphäre und das Familienleben. Partnerschaften und Familienbeziehungen passen sich dem Berufsleben an. Der Binnenraum der Familie schrumpft zur bloßen Verabredungszentrale, aus der Familie wird eine „Verhandlungsfamilie" (Lenz 2009, S. 83), wenn, wie – Arlie Hochschild, eine amerikanische Soziologin es formuliert – „die Firma zum Zuhause wird und zu Hause nur Arbeit wartet" (Hochschild 2006) oder schließlich dazu führt, dass „Arbeit die Liebe ersetzt" (Wimbauer 2012).

Ein Beispiel für den massiven Zugriff der Arbeitswelt auf das Familienleben ist der politisch vorangetriebene Krippenausbau. Die Vereinbarkeit von Beruf und Familie soll den familiär Gebundenen erleichtert werden, auch den Alleinerziehenden, den Berufspendlern und Eltern mit Schichtarbeit. Was allerdings aus der Perspektive der Wirtschaft als Fortschrittsprojekt dargestellt und als frühkindliche Bildung verkauft wird, bedeutet aus der Perspektive von Müttern und Vätern, bereits die frühen Jahre nicht mit ihren Kindern verbringen zu können. Die Folgen einer extensiven Fremdbetreuung sind mittlerweile bekannt und stimmen skeptisch. Betreuungsangebote mit ausgedehnten Öffnungszeiten ‚ganztags, nachts, an den Wochenenden und bei Bedarf auch über längere Zeiten, harmonisieren gut mit den Anforderungen der Wirtschaft, nicht aber mit den Fürsorgebedürfnissen in Familien. Eine derart arbeitsfokussierte Wirtschafts- und Familienpolitik hat die Rechnung ohne den Wirt, die Eltern und die Kinder gemacht. Die Trauer, vor allem der Mütter, die sich Vorwürfe machen, ist groß, die vergangene Lebenszeit nicht mit ihren Kleinkindern verbracht zu haben. In den psychotherapeutischen Praxen suchen diese Mütter zunehmend Rat und Hilfe. Auch aus entwicklungspsychologischen Studien und neurobiologischen Untersuchungen sprechen die Ergebnisse und Befunde gegen eine zu frühe Fremdbetreuung der Kinder (wenn auch mit Ausnahmen und nicht in allen Fällen). Sicher gebundene Kinder mit Urvertrauen, die ohne zu frühe Trennung von zentralen Bezugspersonen basale Bindungsmuster ausbilden konnten, haben nicht nur eine bessere eigene Stressregulation, sondern auch schulische Vorteile und weniger soziale Schwierigkeiten als Kinder, die früh und über eine lange Zeit fremd betreut wurden. In einer Studie hat man nun untersucht, ob neue Arbeitszeitmodelle den Eltern helfen, Beruf und Familie besser zu vereinen (vgl. Johnson et al. 2013). Die Ergebnisse zeigen, dass trotz flexibler Arbeitszeiten Eltern keineswegs mehr Zeit mit ihren Kindern verbringen. Das Mehr an Zeit wird als Eigenzeit genutzt, allerdings mit der Folge, sich weniger unter Stress zu fühlen. Auch die zunehmende Emotionalisierung des Arbeitsplatzes stärkt eher eine an Arbeitskräften interessierte Wirtschaft als das Binnenleben einer Familie. Betriebe, Firmen, Unternehmen mit Betriebskindergarten, Rundumverpflegung, Sporthallen und Loungeecken sind im Vergleich zum verdichteten Kommunikationsraum Familie gleichsam Ruheoasen. Entlastet sollen die Mitarbeiter(innen) aber nicht nur vom ‚zeitraubenden' Familienleben werden, sondern auch vom Zeitdruck, eine Familie zu gründen. Das Angebot von Eizellen-Freezing – so das Argument der amerikanischen Firmenanbieter wie Google, Apple und Facebook – soll den Frauen und Paaren helfen, sich aufs Karrieremachen zu konzentrieren.[1]

Eine grundlegende Erfahrung unserer Moderne ist, dass die eigenständige Strukturierung von Zeit, die gestiegenen Anforderungen an Autonomie, Selbstverantwortung und Eigeninitiative manchmal nur schwierig zu realisieren sind. „Auf dem Arbeitsmarkt" – so Jurczyk et al. (2009, S. 217) – „wird […] gegenwärtig die Bereitschaft zu individueller Flexibilität, Mobilität und Eigenverantwortung

1 Beim Eizellen-Freezing, auch SocialFreezing genannt, handelt es sich um ein Angebot der genannten amerikanischen Firmen, für ihre Mitarbeiterinnen die Kosten für das Einfrieren ihrer Eizellen zu übernehmen, um den Kinderwunsch zu einem späteren Zeitpunkt über eine künstliche Befruchtung realisieren zu können. Die Frauen, so ein Argument der Unternehmen, soll der Druck genommen werden, sich in Karrierezeiten mit Fragen der Familiengründung auseinanderzusetzen. Das Risiko liegt allerdings allein bei den Eltern, insbesondere bei den Müttern und noch ungeborenen Kindern. Denn eine künstliche Befruchtung verringert nicht nur die Chancen, ein Kind zu zeugen, sondern es auch gesund zur Welt zu bringen.

[sogar – D.F.] zur sozialen Tugend stilisiert". Die Folge von beschleunigten Lebensbedingungen, so behauptet der Pariser Soziologe Ehrenberg (2004), ist „[d]as erschöpfte Selbst". Psychische Erkrankungen und Depressionen nehmen zu. Nicht selten ist in diesem Zusammenhang vom sogenannten Burnout die Rede. „Ein Volk der Erschöpften", so schrieb der Spiegel im Januar 2011, und die Wochenzeitschrift „Zeit" schloss den Reigen im Dezember 2011 mit der rhetorischen Frage: „Noch jemand ohne Burnout?". Besorgniserregende Statistiken und erschütternde Fallgeschichten wechseln sich ab. Der Burnout-Diskurs wird getragen von Sprachbildern, in denen die widersprüchlichen Konturen der Zeitkrankheit und der von ihr gezeichneten deutlich hervortreten. Adressiert werden die Menschen im Burnout-Diskurs als leere Akkus und seelenlose Roboter, als Langzeitgefangene im Hamsterrad, aber auch als Wartungsingenieure ihres Lebensmotors. Allerdings, so eine Gegendiagnose, nicht nur zu viel Arbeit macht krank, sondern auch keine Arbeit zu haben. Laut einer Analyse der Bundespsychotherapeutenkammer (2010) stieg die Zahl der psychischen Erkrankungen vor allem bei Arbeitslosigkeit dramatisch an, sie sei 3-4 Mal so hoch wie bei Beschäftigten.

Einigkeit besteht in der Forschungsliteratur darüber, dass es zwei bedeutsame Beschleunigungswellen gab. Unbestritten ist, dass die Jahrhundertwende vor und nach 1900 infolge der industriellen Revolution eine Geschwindigkeitsrevolution in allen Bereichen brachte. Auch wenn sich erst im 20. Jahrhundert dank der Luftfahrt und der Verbesserung des Straßenverkehrs die Transportgeschwindigkeit dramatisch erhöhte, so bedeuteten die Eisenbahn und der Telegraf den entscheidenden Bruch mit der früheren Geschichte. Sie waren schneller als die schnellste Pferdekutsche und der schnellste Postreiter. Den zweiten großen Beschleunigungsschub kann man am Übergang vom 20. zum 21. Jahrhundert ausmachen. Die Geschwindigkeitssteigerung ist hier hervorgerufen vor allem durch die digitale und politische Revolution von 1989. Im Jahr 2000 hat der Medienwissenschaftler Gundolf Freyermuth die Beschleunigungsdiagnose wie folgt auf den Punkt gebracht: „Wir sind Zeitgenossen eines Beschleunigungsschubs, der in der Geschichte der Menschheit einmalig ist und die Industrialisierung im Nachhinein geradezu gemütlich erscheinen lässt" (Freyermuth 2000, S. 74).

Auf einen technischen Beschleunigungsschub folgt aber immer ein Entschleunigungsdiskurs. Auf die Erfahrung der Beschleunigung folgt der Ruf der Entschleuniger. ‚Zeitratgeber' und ‚Lebenshilfen' zum verbesserten Zeitmanagement finden reißenden Absatz. Hier nur einige Titel: „Faulheit adelt. Von der Kunst, bei der Arbeit möglichst wenig zu tun"; „nichts tun. vom flanieren, pausieren, blaumachen und müßiggehen", „Anleitung zum Müßiggang", „Vom Glück des Nichtstuns", „Das Sofa-Universum". Bücher und Bewegungen, die sich der bewussten Verlangsamung verschrieben haben: der Bestseller „Die Entdeckung der Langsamkeit" von Sten Nadolny oder der „Verein zur Verzögerung der Zeit". Am originellsten hat vielleicht der Schriftsteller Walter Benjamin seinem Geschwindigkeitsprotest Ausdruck verschafft. Er forderte dazu auf, in den Pariser Straßen Schildkröten spazieren zu führen.

Warum macht uns der Umgang mit der Zeit aber so zu schaffen? Was ist das Problem mit der Zeit? Eine Antwort ist folgende: Unhintergehbar ist für uns Menschen die Aufgabe, ganz verschiedene Zeitstrukturen nicht bloß zu reflektieren. Sondern es geht darum, verschiedene Zeitstrukturen auch so miteinander in Verbindung zu setzen, dass daraus für uns als Person eine eigene glaubwürdige und vertretbare Geschichte entsteht. Eine Geschichte, die uns als unverwechselbare, einzigartige, nicht austauschbare Person ausmacht. Damit das gelingt, sind wir herausgefordert, drei unterschiedliche Zeitperspektiven immer wieder neu zu reflektieren. Wir müssen immer wieder drei Zeitebenen miteinander in Einklang bringen: die Alltagszeit, dann unsere Lebenszeit und auch die Zeit unserer Epoche, die Weltzeit. Ich will die drei Zeitebenen kurz erläutern. Zur Alltagszeit: Wenn von Zeitstrukturen des Alltags die Rede ist, dann sind damit zum Beispiel wiederkehrende Routinen und Rhythmen von Arbeit und Freizeit, Wachen und Schlafen gemeint und die damit verbundenen Probleme, das alles irgendwie zu synchronisieren: *Wie schaffe ich es, meine Arbeit im Büro zu erledigen und meine Tochter rechtzeitig vom Kindergarten abzuholen? Soll ich vor oder nach dem Schwimmen einkaufen gehen? Will ich erst die Gartenarbeit machen und dann die Hausarbeit erledigen? Essen wir zu Abend vor dem Elternabend oder danach?*

Die Frage, wie wir unsere Zeit verbringen wollen, stellt sich aber nicht nur hinsichtlich unseres Alltags, sondern auch hinsichtlich unseres ganzen Lebens. Ich komme zur Lebenszeit: Es geht hier um die zeitliche Perspektive auf das ganze Leben: *Wie lange will/darf ich studieren? Bleibe ich als Mutter ganz zu Hause oder gehe ich Teilzeit arbeiten? Will ich wirklich mein ganzes Leben lang Jurist sein? Wann gehe ich in den Ruhestand?*

Zum anderen erleben wir unsere Alltags- und Lebenszeit auch als eingebettet in die übergreifende Zeit unserer Epoche, Generation und unseres Zeitalters. Heinz Abels, ein deutscher Soziologe, hat das in einer seiner Vorlesungen am Beispiel des Begrüßens durch Küsschen rechts und links auf die Wange geschildert, ein Phänomen der neueren Zeit, für manche – wie die Verabredung übers Handy oder Smartphone – vielleicht keine selbstverständliche Praktik. Das Gespür, dass sich die Zeiten geändert haben, wird deutlich, wenn ältere Leute sagen „zu meiner Zeit war das noch anders“, oder „in unserer heutigen Zeit gelten diese Traditionen nicht mehr“.

‚Unsere Zeit‘ ist daher stets zugleich die Zeit unseres Alltags, unseres Lebens und unserer Epoche. Diese drei Zeitperspektiven müssen wir als Menschen in Einklang miteinander bringen. Das machen wir über das Erzählen, meistens das Erzählen von Geschichten. In diesen setzen wir Alltagszeit, biografische Zeit und historische Zeit zueinander in Beziehung, kritisieren sie und rechtfertigen sie auch. Eine Studentin der FernUniversität in Hagen könnte sagen: ‚Die Kinder sind jetzt erwachsen, die freie Zeit neben meinem Beruf widme ich dem Studium der Geschichte und englischen Sprache, das ich damals wegen der Familie nicht beendet habe. Die FernUniversität ist für mich eine Alternative, um die Karten jetzt noch einmal neu zu mischen und eine berufliche Neuorientierung zu versuchen'. In solchen narrativen Entwürfen ist von Vergangenheit, Gegenwart und Zukunft die Rede. Wer man ist, bestimmt sich immer auch dadurch, wie man es geworden ist, was man war und hätte sein können und was man sein wird und sein möchte. Wir konstruieren unsere Lebensgeschichte, indem wir nicht nur auf unsere Vergangenheit schauen, sondern damit zugleich unsere Gegenwart deuten und für uns eine mögliche Zukunft entwerfen.

Wenn nun alles schneller wird, wir aber als Menschen in alles Sinn hineinlegen müssen, um eine für uns verträgliche Ordnung mit der Welt herzustellen, dann bekommen wir ein Problem. Wir haben das Gefühl, die sozialen Veränderungen nicht mehr über Deutungsprozesse, die eben auch Zeit brauchen, verarbeiten zu können. Diese Eigenschaft des Menschen, alles mit Sinn versehen zu müssen, um seine Identität zu erhalten, macht ihn angesichts der bewegenden modernen Zeiten zu einem antiquierten Wesen. Das Lebenstempo, mit dem er nicht Schritt halten kann, untergräbt seine Autonomie, verschafft ihm den Eindruck, über die Gesamtrichtung seines Lebens nicht entscheiden zu können. Ein klassischer Typ der Spätmoderne ist der „Wellenreiter" (Rosa 2007a), der seine Chancen situativ zu nutzen weiß, langfristige Pläne ganz vermeidet. Weitere Figuren, in denen sich eine flexible und auf den Arbeitsmarkt bezogene Lebensführung verdichtet, sind der sogenannte „flexible Mensch" (vgl. Sennett 1998) und der Arbeitskraftunternehmer (vgl. Bröckling 2007), der seine Lebensführung am Prinzip des „unternehmerischen Selbst" ausrichtet. Aktuell hat die Soziologin Vera King sich dafür ausgesprochen, das „Konzept der ‚Patchworkidentität' (Keupp 1999)", das auf fluide Identitäten in einem flexiblen Kapitalismus verweist, „„noch zu radikalisieren: Nicht einem Flickenteppich, der, einmal genäht, sein Muster nicht mehr ändert, gleicht das sich als ‚Projekt Ich' konstituierende Selbst, sondern einem Kaleidoskop, das bei jedem Schütteln ein neues Muster zeigt" (Bröckling 2007, S. 279; Keupp 1999 zit. n. King et al. 2014, S. 287).

In der Soziologie gibt es für die Diagnose, dass die Zeiträume sich verkürzen, in denen das Wissen von gestern heute noch gültig ist, den Begriff der *Gegenwartsschrumpfung* (vgl. Lübbe 1994). Gegenwartsschrumpfung meint, dass das konkrete Ereignisjetzt kleiner und begrenzter wird. Vergangenheit und Zukunft müssen in immer kürzeren Abständen umgeschrieben werden. Das, was gestern noch galt, hat morgen keinen gültigen Orientierungswert mehr. Das Haltbarkeitsdatum von stabilen Wissensbeständen ist verkürzt. Sozialer Wandel verläuft so rasant, dass er – darauf haben soziologische Betrachtungen der beschleunigten Gegenwartsgesellschaft immer wieder verwiesen – auch schneller als der Generationenwechsel ablaufe. Im Innenbereich der Familie kann das Folgen derart haben, dass Generationendifferenzen nicht ihre ganze sozialisatorische Wirksamkeit entfalten können. Das tritt insbesondere dann ein, wenn „äußerlich und innerlich getriebene" Erwachsene auf beschleunigte Lebensbedingungen mit einer egozentrischen Nutzung von Zeit reagieren. Die sozialen Positionen der Eltern bleiben dann unausgefüllt. Die für Bildungsprozesse einschließlich adoleszenter Ablösungsprozesse notwendige Generationenspannung kann nicht ins Werk gesetzt werden (vgl. ausführlicher unter Punkt 4.).

Doch kehren wir noch einmal zu einer zentralen Aussage der soziologischen Beschleunigungstheorie zurück. Die soziologische Beschleunigungstheorie beschreibt unsere Spätmoderne als eine Epoche, in der Beschleunigungsprozesse alle Lebensbereiche durchdringen. Zeitressourcen sind knapp. Aus der erlebnisreichen Gesellschaft wird durch die Nicht-Übersetzbarkeit in Erfahrung eine erfahrungslose Gesellschaft. Das ist insgesamt gesehen eine negative Zeitdiagnose. Die Frage ist nun, ob die Beschleunigung tatsächlich alle Gesellschaftsbereiche erfasst. In diesem Zusammenhang ist die Familie als ein besonderer Ort zu betrachten. Denn in der Familie gilt im Gegensatz zur Arbeitswelt eine ganz eigene Zeitlogik.

3 Die Zeitlogik von familialen Fürsorgebeziehungen

Wer jetzt annehme, ich würde von der Familie als einer Lebensform berichten, die ganz unabhängig von der Gesellschaft zu betrachten sei, der irrt. Familie hat einen Doppelcharakter.[2] Sie ist einerseits auf die Gesellschaft bezogen, andererseits von ihr abgegrenzt. Mit Bezogenheit auf die Gesellschaft ist gemeint, dass Familien dazu da sind, Gesellschaftsmitglieder zu sozialisieren, so dass sie dann als Beschäftigte oder Bürger eines Gemeinwesens die Gesellschaft mit gestalten. In der Abgrenzung von der Gesellschaft schafft die Familie einen Raum, in welchem das Kind sich abgeschirmt von den gesellschaftlichen Zumutungen entwickeln kann. Kinder nutzen diesen Rahmen, um in Muße Erfahrungen zu machen. Anpassung an die Gesellschaft und Integration nach innen gehören zusammen. Zwischen Familie und Gesellschaft besteht – man könnte auch sagen – eine Grenze. Eine Grenze, die zugleich verbindet und trennt. Um diese Familiengrenze, die einen Raum schafft, in dem eine andere Zeitstruktur als im Wirtschafts- und Beschäftigungssystem herrscht, geht es im Folgenden. Die Frage lautet: Was geschieht im Inneren von Familien, wenn sie sich von der Gesellschaft abgegrenzt haben?

Im abgegrenzten Raum bietet die Familie ihren Mitgliedern einen Satz von modellhaften Erklärungen für sich und die Welt an. David Reiss, ein amerikanischer Psychiater und Familienforscher, nennt das Familienparadigma (vgl. Reiss 1981). Dabei geht es um drei grundlegende Themen: um die Trennung der Familie von ihrer Umgebung, um den Erhalt einer über Generationen weitergegebenen Familienkultur und schließlich darum, dass Familien in unterschiedlicher Weise

2 Die folgenden Ausführungen finden sich in ähnlicher Weise in Funcke, Hildenbrand 2009, S. 21-26.

ihre Beziehung zu ihrer Umwelt gestalten. Die *familienspezifischen* Vorstellungen von sich und der Welt werden durch zwei Mechanismen aufrechterhalten: einmal durch Rituale und durch das Familienmuster. *Rituale* wie Geburtstage, aber auch Beerdigungen stellen die Kontinuität von Vergangenheit und Zukunft her. *Familienmuster* organisieren die zwei grundlegenden Ressourcen des Alltagslebens: Zeit und Raum. Bei der *Zeit* geht es um Zeitregulierung im Familienablauf: wer bringt die Kinder zur Schule, holt sie ab, macht die Wäsche und wer kocht und wer putzt zu Hause? Es geht aber auch um die Orientierung in der Zeit, sowohl kurz- wie auch langfristig. So stecken beispielsweise hinter den Handlungsmustern des Sparens bzw. Schuldenmachens ganz unterschiedliche Zeitmuster.

Auch bedarf es Zeit, die am gemeinsamen Ort verbracht wird. Denn Familie ist mehr als ein bloßes Nebeneinander von Individuen, die sich nur die Klinke in die Hand geben. Zum Beispiel finden Trösten und Zuhören während der gemeinsamen Mahlzeiten statt. Ein „gutes Gespräch" kann sich ergeben, wenn ein Elternteil das Kind mit dem Auto zur Schule bringt. „Vermischtes Tun" (Jurczyk et al. 2009, S. 68) ist charakteristisch für Sorgeleistungen in Familien. Familiales Beisammensein ist nicht durch Rationalitätskriterien bestimmt und mit Effektivierungsbestrebungen vereinbar. In Familien gilt, sich nach Bedarf ‚verwenden zu lassen, Zeit ungeplant, ziellos und ungerichtet geben und verbringen zu können. Beim *Raum* geht es um Regulationsprozesse an den innerfamilialen Grenzen, sowie an jenen zwischen Familie und Außenwelt. Innerhalb der Familie bedeutet Grenzarbeit, Privatheit zu etablieren: Welche Türen sind wann geschlossen, wann geöffnet? Wer hat einen Schlüssel für die Haustür? Wer darf zu welchen Zeiten anrufen und wann gehört es sich nicht? Jenseits der Familiengrenzen geht es darum, wie sich die Familie den öffentlichen Raum erschließt: Ob sie sich eher weltoffen oder eher weltabgewandt verhält, ob die Familie beispielsweise Geburtstage zu Hause oder in der Öffentlichkeit feiert.

Familien stellen demnach gegenüber der Außenwelt ihre relative Autonomie her und erhalten sie aufrecht. Die Mittel dazu entnehmen sie der Welt, die sie umgibt und passen sie der Besonderheit ihrer eigenen Welt an. Dazu kommen *innerfamiliale Kommunikationsprozesse,* die von Klarheit, Offenheit und Kooperation geprägt sind. Den Chef kann man auf Distanz halten, wenn er einen in seine privaten Angelegenheiten hineinziehen will, den eigenen Partner nicht. Denn für den Chef ist man ein Rollenträger, für den Partner eine ganze, ungeteilte Person. Es gibt nichts, was nicht thematisiert werden kann. Auf der Grundlage maximaler thematischer Offenheit besteht in Familien ein Anspruch auf die Mitteilung von Freude, Trauer und Leid. Der Soziologe Niklas Luhmann hat es einmal so formuliert: In der Familie besteht die „Erwartung, dass man hier für alles, was einen angeht, ein Recht auf Gehör, aber auch eine Pflicht hat Rede und Antwort zu stehen. Man kann erzählen, man darf auch fragen […]. Man kann eine Kommunikation [aber] über sich selber nicht ablehnen mit der Bemerkung: das geht Dich nichts an! Man hat zu antworten und man darf sich nicht anmerken lassen, mit welcher Vorsicht man auswählt was man sagt." Wer bereit ist – so Luhmann weiter – „sich dieser Regel zu fügen, ist bereit zu heiraten" (Luhmann 2009, S. 199).

Gesichert wird der Familienrahmen durch *Solidaritäten.* Gemeint sind damit zum einen die Unkündbarkeit der Beziehungen und zum anderen die Nicht-Ersetzbarkeit der Personen. Familie ist auf Dauer angelegt und nicht auf eine befristete Zusammengehörigkeit. Wenn zwei als Paar zusammenkommen, dann weil sie ineinander verliebt sind. Das gilt selbst für solche Paarbeziehungen, in denen der ökonomische Besitz eine Rolle spielt, der erhalten und vielleicht bei Aufwärtsheirat noch vermehrt werden kann. Romantische Verliebtheit, selbst wenn sie vergänglich ist, ist auch grundlegend für moderne bäuerliche Paarbeziehungen, wo neben dem Paar auch Güter verschmelzen. Geht die Paarbildung allerdings allein auf ein Kalkül zurück, etwa die Versorgung oder ein gemeinsames Geschäft, so ist das zumindest in der westlichen Welt erklärungsbedürftig.

Was macht eine Paarbeziehung noch aus? Es gilt das Kriterium der Ausschließlichkeit –nur der oder die eine –, Seitensprünge sind i.d.R. nicht vorgesehen. Liebe ist – in den Worten des Soziologen Niklas Luhmann –„wechselseitige Komplettannahme im Modus der Höchstrelevanz" (Luhmann 1982, S. 40). Weiterhin gilt für Paarbeziehungen: Attraktivität, Vertrauen und ein gemeinsamer Lebensweg – „bis das der Tod euch scheidet". Trennung und Scheidung sind – auch wenn sie immer häufiger vorkommen – auch in der moderneren Definition nicht einfach hinzunehmende Tatsachen, sondern Katastrophen.

Wenn aus dem Paar eine Familie wird, aus dem Paar Eltern werden, dann gelten ebenfalls die Kriterien der Unbegrenztheit der Beziehungen und des Vertrauens. Vom Partner oder von der Partnerin kann man sich trennen, von den eigenen Kindern nicht. Selbst wenn das Elternpaar sich trennt und sich mit neuen Partnern zusammentut – was heute zunehmend der Fall ist – dann gilt es als geschiedene Mutter bzw. Vater Zeit mit den leiblichen Kindern zu verbringen. Aus der Forschungsliteratur über Stieffamilien und Patchworkfamilien ist bekannt, wie anstrengend es sein kann, verschiedene Familienwelten, die alte und die neue miteinander zu synchronisieren.

Ich habe bisher Folgendes versucht zu zeigen: Die zeitliche Ordnung der Familie kann nicht einfach der zeitlichen Ordnung außerfamilialer Welten gegenübergestellt werden. Die Zeitlogik der Familie, die auf Dauer angelegt ist, entspricht nicht der Logik des Wirtschafts- und Beschäftigungssystems. Kann die Familie nun angesichts der zunehmenden Beschleunigung sich der gesellschaftlichen Dynamik zur Wehr setzen? Einige Indizien sprechen dagegen:

Die amerikanische Soziologin Arlie Hochschild (2006) hat sich in einer Studie mit der Zeitproblematik von Familien befasst. Sie hat dafür Mitarbeiterinnen und Mitarbeiter eines US-amerikanischen Konzerns interviewt. Das Besondere an diesem Konzern: er war für eine familienfreundliche Politik landesweit ausgezeichnet worden. Diese Politik konnte allerdings nicht verhindern, dass die Doppelbelastung von Berufsarbeit und Familie zu einer Umkehrung der Verhältnisse führte. Es war das Unternehmen, in dem gelebt und die Familie, in der gearbeitet wurde. Der müde Vater oder die müde Mutter flieht aus der Welt der ungelösten Konflikte und ungewaschenen Wäsche in die verlässliche Ordnung, Harmonie und gute Laune der Arbeitswelt. Arbeitsplätze ersetzten die häusliche Geborgenheit, da zu Hause auch nur Arbeit wartet.

Weitere Bewältigungsformen, mit denen auf akzelerierte Lebensprozesse reagiert wird, sind nach Arlie Hochschild: die *Vertagungsstrategie*: „Wenn dieses Projekt erst einmal abgeschlossen ist, bin ich entspannter" (Hochschild 2006, S. 259); „Es kostet *Zeit,* meine Tochter vor all dem zu schützen, was die Werbung tagtäglich über sie schüttet. Und es braucht noch mehr Zeit, noch irgendetwas anderes zu tun. Ich *sehe* diese Zeit nicht. Vielleicht, wenn Diane älter ist…" (ebd., S. 249), die *Effektivierungsstrategie*: „Wenn wir unsere Termine erst einmal aufeinander abgestimmt haben, werden wir alle zusammen ein ganz entspanntes Essen machen" (ebd., S. 259), die *Umwertungsstrategie*, durch die Bedürfnisse klein geredet werden: „Eigentlich müssen wir abends nicht warm essen, wir essen ja mittags gut" (ebd., S. 249), oder: „Der Vater eines drei Monate alten Jungen, der täglich neun Stunden in der Kinderkrippe verbrachte, beruhigte mich: ‚Ich will, das er selbständig wird'" (ebd.). Auf den Zeitnotstand und familiären Zeitkonflikt reagieren Eltern auch mit einer Minimierung der eigenen Zeit. Eltern stellen ihre eigenen Regenerationsbedürfnisse zurück, um gemeinsame Zeit mit den Kindern zu gewinnen. Langfristig gesehen wirkt diese Strategie kontraproduktiv, da in der verbleibenden Restzeit die Erschöpfung der Eltern umso größer ist. Das Empfinden, keine Zeit zu haben, führt auch dazu, den Kinderwunsch aufzuschieben oder zur Entscheidung, ganz auf eine Familiengründung zu verzichten. Nach einem Vergleich von Daten über die Kohortenfertilität aus dem Mikrozensus und der Längsschnittstudie Pairfam hat der Bevölkerungsforscher Huinink folgendes festgestellt: Von den Frauen der Jahrgänge 1949-1953 hatten 14 Prozent keine Kinder, 26 Prozent ein Kind, 41 Prozent zwei Kinder und 19 Prozent mehr als drei Kinder. Bei den Frauen der Jahrgänge 1971-1973 sah die Lage im Jahr 2010 ganz anders aus: Die Zahl der Kinderlosen war auf ein Drittel angestiegen (31 Prozent). 22 Prozent hatten ein Kind, beinahe jede Dritte (31 Prozent) hatte zwei Kinder. Die Zahl der kinderreichen (drei und mehr) war mit 17 Prozent gleich geblieben. „[K]eine Zeit für Kinder zu haben, […] ist einer der wichtigsten Gründe für Männer und Frauen, ihren Kinderwunsch nicht zu realisieren. Bereits ab 35 Jahren nimmt der Kinderwunsch bei Frauen und Männern rapide ab." (BMFSFJ 2006, S. 75). Die am häufigsten genannten Gründe für das Aufschieben und den Verzicht einer Familiengründung sind lange Ausbildungszeiten und unsichere Beschäftigungsverhältnisse.

Die modernen Arbeitsbedingungen, die Flexibilität und Mobilität erfordern, kommen ungebundenen Personen entgegen, also etwa Single-Männern und Frauen ohne Kinder. Neue Studien zeigen, dass junge Erwachsene heute später ausziehen. 72 Prozent der Männer in der Altersgruppe der 18-25-Jährigen leben noch zu Hause, bei den Frauen sind es 56 Prozent (vgl. Koppetsch 2013b, S. 365). Auch kann man einen Trend in der Familienpolitik beobachten: Eltern, vor allem Mütter, von Kindererziehungsaufgaben zu entlasten und stattdessen Angebote öffentlicher Kinderbetreuung bereitzustellen. Ich erinnere an die zahlreichen Gründungen von Privat- und Ganztagsschulen. In der Frankfurter Allgemeinen Zeitung war am 25. Februar 2014 von einer Hamburger Ganztagsschule die Rede, an der 93 Prozent der Eltern für eine Ganztagsbetreuung ihrer Kinder an drei Tagen von 13-18 Uhr stimmten. Viele Eltern wollen allerdings noch längere Öffnungszeiten, auch nachts. Ein Reporter der FAZ, der eine 24-Stunden-Krippe in Schwerin besuchte, berichtet, dass die Erzieher der Einrichtung die Eltern oft in ihrem Fremdbetreuungs-Elan: „sie sind viel lieber mit anderen Kindern zusammen", „hier lernen sie Selbständigkeit", „hier lernen sie sich durchzusetzen" bremsen müssten (vgl. Grossarth 2015). Längst hat sich in Deutschland hinsichtlich der Nutzung von frühkindlichen Betreuungsangeboten folgendes Muster herausgebildet: Ein Jahr Elternzeit der Frau, zwei Monate für den Mann, dann geht das Kind in die Krippe und die Eltern arbeiten. In dem Maße, so der Soziologe Tilmann Allert (2009), wie die Eltern sozialisatorisch verschwinden, wandelt sich die Hypothese von der „vaterlosen Gesellschaft" zur „elternlosen Gesellschaft".

4 Wie Beschleunigung als eine Strategie mit der Endlichkeit des Lebens fertig zu werden sich auf die Generationenspannung in der Familie auswirkt

Es gibt kaum soziologische Forschungsarbeiten, die Fragen aus der soziologischen Beschleunigungstheorie in den Bereich einer empirisch ausgerichteten Familiensoziologie übersetzt haben. Eine Ausnahme bilden die Studien der Soziologin Vera King (vgl. King 2009; 2011; 2012; 2014). Das Interessante an ihren Arbeiten ist, dass das Phänomen der Zeit nicht monadisch, also nur aus der Perspektive des Einzelnen und seines Lebenslaufs betrachtet wird, sondern im Zentrum ihrer Forschungsarbeiten steht u.a. die Frage, welche Folgen die Strategie der Beschleunigung für kernfamiliale Generationenbeziehungen hat. Es geht um die Sorgebeziehung zwischen Eltern und ihren Kindern. Zeit wird hier als eine Ressource und ein Medium der Sozialität verstanden. „Zeit ist Bedingung sozialer Beziehung, unverzichtbare Grundlage der Liebe, der Freundschaft und eben auch der Fürsorge für die Nachkommen" (King 2011, S. 1072). Ich möchte im Folgenden die Formen der gesellschaftlichen Gestaltung von familialen Generationenbeziehungen skizzieren, die Vera King als Folgen von Beschleunigungsstrategien herausgearbeitet hat. Einfachheitshalber habe ich hier drei Gruppen unterschieden:

(1.) *Die Generationendifferenz einebnen:* Wenn die Eltern dazu neigen, ihre Lebenszeit zu ihren eigenen Gunsten zu verwenden, dann können Unterschiede zwischen den Generationen im Rahmen einer sozialisatorischen Praxis nicht wirksam werden. Das tritt genau dann ein, wenn die Erwachsenen auf gesellschaftliche Anforderungsstrukturen wie zum Beispiel Flexibilität, Mobilität,

Optionenvielfalt und „souveräne Trennungskompetenz" (King 2011, S. 1084) mit juvenilen Verhaltensformen antworten. Diese finden ihren Ausdruck in der Orientierung an jugendlichen Leitbildern und in der Bereitschaft, zu jeder Zeit aufbrechen zu können. Sich über diese Formen von Integrationsleistung den Anforderungen der Arbeitswelt zu unterwerfen, führt allerdings zum Verschwinden der Differenz zwischen den Generationen. Aus der klinischen Praxis ist bekannt, dass eine uneindeutige symbolische Markierung von generationaler Differenz keine günstige Bedingung für das Gelingen von Entwicklungsprozessen ist und auch die Adoleszenskrisenbewältigung erschwert, die über den idealtypischen „Dreischritt von Trennung, Umgestaltung und Neuschöpfung" (King 2010, S. 14) zu vollziehen ist.

(2.) Die Generationenbeziehung aufkündigen: Wenn die Antwort der Eltern auf veränderte Arbeitsmarktbedingungen eine egozentrische Lebensführung ist, dann kann das nicht nur zur Labilisierung von sozialen Beziehungen, sondern zu Formen von Kindesvernachlässigung bis hin zur Aufkündigung von Generationenbeziehungen führen. Insbesondere in Zeiten der Adoleszenz, so King, wo den Eltern ein Höchstmaß an elterlicher Kompetenz abgefordert wird, die ohne die Gabe von Zeit nicht wirksam werden kann, besteht dann eine Tendenz zur Neigung generationale Beziehungen aufzukündigen, wenn die egozentrische Perspektive immer schon federführend in der Ausbalancierung von Familienzeit und individueller Lebenszeit war (vgl. dazu der Fall Florian K. in King 2014, S. 289ff.). Das elterliche ‚Nest' ist dann bereits schon leer, bevor die Jugendlichen das Elternhaus verlassen haben.

(3.) Die Generationenbeziehung kontrollieren. Vera King spricht in diesem Zusammenhang von der „Annexion der Zeit der Nachkommen" (King 2009, S. 54). Eltern, die an einer gegenwartsbezogenen Lebensführung orientiert sind, in der das Erwachsenenleben arbeitsbezogen durchorganisiert ist, übertragen Optimierungsbestrebungen auf Bildungs- und Erziehungsprozesse. Es gilt hier die Devise, mit einem Minimum an Zeitaufwand, ein Maximum an Erfolg zu erzeugen. Hierzu zählen verkürzte Ausbildungszeiten wie das achtjährige Gymnasium und auch durchrationalisierte, stark strukturierte Bachelor- und Masterstudiengänge, ebenso die Planung von Karrierewegen des Kindes, mit oder ohne die Unterstützung durch Dienstleistungsunternehmen (vgl. King 2009, S. 56 hier insb. Fn. 8).

Formen von Gegenbewegungen, damit günstige Entwicklungsbedingungen durch Anerkennung der Generationendifferenz erzeugt werden können, sind (vgl. King 2011, S.1084ff.): Abgrenzung vom Druck der Tempoerhöhung und Hyperflexibilität, Distanzierung von einer Dynamik der Dauerinnovation, Anerkennung der „Potenz und Kompetenz der Jüngeren im Generationswechsel" (ebd., S. 1075), Schaffung von Entwicklungsräumen für Erfahrungsverarbeitung und Reflexivität, Abgrenzung von verkürzten Autonomieidealen und Anerkennung, dass Sorge und Fürsorge sich nicht „beliebig zeitlich steuern lässt" (2012, S. 8). Zum stärksten

Widerstandsmoment gegen Beschleunigung zählt King „die Liebe zu den Kindern und damit verbundene Fürsorgewünsche" (2011, S. 1084). Das Schenken von Zeit und die damit verbundene Begrenzung von Eigenzeit bedeute allerdings nicht nur Verzicht. Denn die Identifizierung mit einer Generationenlinie enthält auch ein versöhnliches Moment, da durch das symbolische Überschreiten der einzelnen Lebenszeit, die eigene Endlichkeit eine Transzendenz erfährt (vgl. King 2011).

In den mir bekannten und hier rezipierten Studien von Vera King, in denen die Frage nach der Wirksamkeit von Beschleunigungsstrategien auf familiale Generationsbeziehungen erörtert wird, finden sich, was bedenklich stimmt, allerdings keine Fallanalysen, die gleichsam exemplarisch für ein familiales Handeln stehen, von denen man lernen könnte, wie in Zeiten der Entgrenzung von Familie und Arbeit sich erfolgreich zur Wehr gesetzt werden kann. Es fehlen bisher Fallrekonstruktionen, die aufzeigen, wie die verschiedenen Formen von Gegenbewegungen eingebettet in die Fallspezifik von Familien realisiert werden (können). Es stehen noch Studien aus, die auch mithilfe der methodischen Operation des Fallvergleichs die Frage beantworten, welche Bedingungen bzw. welche Einflussfaktoren dazu führen, dass es elterlichem Handeln gelingt bzw. nicht gelingt, über Abgrenzungsstrategien, die eine Alternative zu Beschleunigungsstrategien darstellen, sich erfolgreich dem Zugriff der Arbeitswelt auf die Familie zu entziehen.[3]

5 Ein Blick in die Geschichte der Familie. Familienstrategien vergangener Zeiten

Die zwei folgenden Beispiele stammen aus verschiedenen sozialhistorischen Untersuchungen. Das Gemeinsame beider Studien besteht darin, dass hier nicht der Einzelne im Zentrum steht, sondern der Einzelne als Mitglied einer Familie, die auf Einflüsse, Anforderungen und Zumutungen aus der Umwelt mit aktiven Anpassungsleistungen reagiert. Auch wenn wir diesen Beispielen keine Handlungsmodelle entnehmen können, die zeigen, wie Familien auf sich rasch verändernde gesellschaftliche Bedingungen – also das Thema der Moderne – reagieren, so belegen sie doch die Potenz der Institution Familie, strategisch mit bestandsbedrohenden Faktoren umzugehen. Der Blick in die Geschichte sensibilisiert für die Hypothese, dass das Identische über die Zeiten hinweg in der Reaktion besteht, auch in unsicheren Zeiten Stabilität erzeugen zu können. Die Familie löst sich nicht auf, sondern zeigt Kontinuität darin, mit krisenhaften außerfamilialen Einflussfaktoren fertig zu werden.

Das erste Beispiel führt uns in die Frühe Neuzeit. In ihm wird die Geschichte einer bäuerlichen Familie erzählt, die untrennbar mit der Geschichte ihres Hofes

3 Dazu bräuchte es einen theoretischen Bezugsrahmen, in dem Familiensoziologie, Sozialisationstheorien und methodische Kenntnisse aus dem Bereich der qualitativ-rekonstruktiven Verfahren eine Verbindung eingehen.

verbunden ist. Im Zentrum der Erzählung steht der Bauer Johannes Hooss, der im Jahr 1698 den Hof von seinem Vater erbt. Der Hof liegt in einem hessischen Dorf und ist urkundlich nachweislich belegt bis ins 13. Jahrhundert. Die lebensbedrohlichen Faktoren, von denen über lange Zeiträume Gefahr für das Leben der Familienmitglieder und für das Fortbestehen des Hofes ausging, waren Pest, Kriege, Missernten, Krankheiten, eine hohe Säuglings- und Kindersterblichkeit. Der Sozialhistoriker Artur Imhof (1983), der Autor dieser Studie, hat verschiedene Familienstrategien herausgearbeitet, die uns einen Eindruck davon geben, wie in diesen Zeiten mit lebensbedrohlichen Unwägbarkeiten umgegangen wurde. Das Besondere an diesen Strategien ist, dass sie mehrere Generationen überdauern, nicht am einzelnen Individuum ansetzen und darauf zielen, die Kontinuität in der Generationenabfolge zu sichern. Zu diesen generationenübergreifenden Praktiken, die Stabilitäten zum eigenen Schutz erzeugen, den Familienmitgliedern Halt und ihnen auch einem dem Hof angemessenen Platz in der sozialen Welt sichern sollten, zählen: Erbfolgeregelungen (1), Heiratswahlen (2), Namensvergabe (3), und geburtenplanerisches Verhalten (4).

(1). Der Hof, der im hessischen Leimbach liegt, wurde seit 400 Jahren ungeteilt an die nächste Generation weitergegeben. Diese Strategie, den Hof als Einheit zu vererben, verhinderte, dass durch eine Zersplitterung des Erbes die Existenzsicherung der nachfolgenden Generation gefährdet war. Sie sicherte den Wohlstand, auch den der nichterbenden Kinder. Denn der Ruf und das Prestige des Hofes erlaubten, den Nichterben Heiratsstrategien zu verfolgen, die das Ansehen des Hofes vermehrten und soziale Netzwerke erweiterten. (2). Der Hoferbe Johannes Hooss, der im Jahr 1689 den Hof ungeteilt erbte, heiratete innerhalb der lokalen Heiratskreise. Nach dem Tod seiner ersten Frau, die bei der Geburt des vierten Kindes starb, heiratete Johannes eine Frau, die aus dem Nachbarhof stammte, auf dem es keinen Erbnachfolger gab. Eine gute Partie, da der eigene Hofbesitz über diese Heiratsallianz vergrößert werden konnte. Aus den beiden Ehen des Johannes Hooss überlebten von insgesamt 16 Kindern einzig fünf Töchter. Ein männlicher Erbnachfolger fehlte. Die Kontinuität des Hofes konnte aber dadurch gesichert werden, indem die älteste Tochter als Alleinerbin einen wohlhabenden Bauern heiratete. Die anderen Töchter gingen aber keineswegs leer aus. Ihnen war aufgrund des Familien- und Hofansehens eine standesgemäße Heirat möglich. Sie heirateten in angesehene Bauernfamilien ein und trugen durch diese prestigebedachte Heiratswahl dazu bei, das soziale und wirtschaftliche Netzwerk der Familie zu festigen und auszudehnen. (3). In der Familie hießen alle Bauern, die den Hof erbten, Johannes Hooss. Damit diese Kontinuität trotz der hohen Kindersterblichkeit gesichert werden konnte, war es üblich, mehrere Kinder mit diesem Namen zu benennen. Die Mehrfachbenennung sollte gewährleisten, dass mindestens immer ein Johannes übrig blieb. Selbst als dem Hof die Erbnachfolger ausgingen, da nur Töchter überlebten, konnte die Namenskontinuität gewahrt werden. Denn die Erbtochter heiratete einen Bauern mit dem Namen Johannes Hooss. So blieb der Hof über viele Generationen hinweg immer in Besitz eines Johannes Hooss. Der Name blieb, auch wenn ihre Träger wechselten. (4). Das Gebiet, in dem der Hof lag, war calvinistisch. Die Familienplanung – es wurden 16 Kinder geboren – entsprach allerdings nicht dem calvinistischen Prinzip eines geburtenbeschränkenden Verhaltens. Sondern die Familienplanung war darauf gerichtet, das Weiterbestehen des Hofes im Sinne der Generationenfolge zu sichern und ein Potenzial für den Ausbau eines dem Hof angemessenen sozialen Netzwerkes bereitzustellen. Im Zentrum stand nicht die Aufgabe, für eine Geburtenplanung im Sinne des Calvinismus zu sorgen, also für eine kleine Familie mit wenigen Kindern, sondern in Zeiten von Unwägbarkeiten, Verantwortung für den Erhalt des Hofes und die Sicherung des Wohlstandes der Familie zu übernehmen.

Im zweiten Beispiel geht es um Anpassungsleistungen von Familien zur Zeit des gesellschaftlichen Industrialisierungsprozesses. Die amerikanische Historikerin Tamara Hareven hat gezeigt, dass Familien strategisch mit Veränderungsprozessen umgehen, die auch eine Herausforderung und Zumutung bedeuten können (vgl. Hareven 1999). Gegenstand ihrer Fallstudie waren die franko-kanadischen Einwanderer der amerikanischen Industriestadt Manchester (New Hampshire) in der Zeit zwischen 1880-1930. Auch hier stand nicht der Einzelne mit seinem Lebenslauf und seinen individuellen Entscheidungen im Zentrum der Untersuchung. Sondern es ging darum, den Anpassungsprozess des Familiensystems während des Lebensverlaufs seiner Mitglieder im Kontext von historisch-gesellschaftlichen Bedingungen zu erfassen. Hareven hat herausgearbeitet, dass die Entscheidungen der franko-kanadischen Einwanderer, die im Zuge der Arbeitsmigration von Kanada nach Manchester zogen, eingebunden waren in Familienstrategien. Die Familienmitglieder und Verwandten, die schon in der Textilfabrik waren, informierten die in Kanada Zurückgebliebenen über die neuen Arbeitsbedingungen. So dienten sie der Firma auch „als ein informelles Anwerbe- und Einstellungsbüro" (Hareven 1999, S. 93), was der Firma wiederum auch Zeit ersparte. Auch brauchte sie nicht in Ausbildungsprogramme und Lehrwerkstätten zu investieren, da die Arbeiter ihre Verwandten selbst anlernten. Auf diese Weise wirkten die Arbeitsmigranten aktiv an der Umsetzung des gesellschaftlich Neuen mit. Dass sie sich weder nahtlos bzw. automatisch an gesellschaftliche Veränderungsprozesse anpassten, zeigte sich auch in dem Verhalten, den Familienstatus zu nutzen, um den Neuankömmlingen zu zeigen, wie das Fabriksystem zum eigenen Vorteil manipuliert werden konnte, zum Beispiel in der Reduzierung der Stückzahlen. Die Familienbande, die in der Firma galten und dem Einzelnen keineswegs erlaubten, losgelöst von Familienbedürfnissen seinen Weg zu gehen, waren auch außerhalb wirksam. Unverheiratete Kinder bzw. junge Erwachsene lebten weiterhin bei den Eltern und gaben den größten Teil ihres Lohnes ab. So warfen die kanadischen Migranten der Textilfabrik in Manchester nicht einfach alte Familiengewohnheiten aus ihrem Herkunftsland über Bord, als sich die gesellschaftlichen Verhältnisse um sie herum änderten. Sondern durch ein Festhalten an Traditionen sollten Familienmitglieder vor allzu großen Veränderungen auch geschützt werden. Es sollte ihnen Rückendeckung gewährt werden, um ihnen den Anschluss an die neuen gesellschaftlichen Veränderungen schrittweise zu ermöglichen. Allerdings, so Hareven, ist Vorsicht bei der Einschätzung dieser traditionellen Orientierungsweisen geboten. Denn „die Phänomene, die als Überleben vormoderner Verhaltensmuster gedeutet worden sind, (können – D.F.) in Wirklichkeit eher moderne Antworten auf neue Lebensbedingungen darstellen" (ebd., S. 116).

Im Folgenden soll es um einige weitere Bewältigungsformen von Familien gehen. Diese sind nun aber nicht darauf gerichtet, mithilfe von Familienstrategien einen über das einzelne Leben hinausweisenden stabilen Ordnungsrahmen zu erzeugen und auch nicht darauf, den einzelnen durch kollektive Familienstrategien in Zeiten der Arbeitsmigration einen Halt zu geben. Die folgenden Strategien sind als Reaktionen zu deuten, die verdeutlichen, wie die Familie sich gegen die Zugriffe der Arbeitswelt zur Wehr setzt und versucht, ihre eigene Zeitstruktur zu behaupten.

6 *Familienstrategien in beschleunigten Zeiten*

Ganz individuelle Strategien, um das Zeitregime zu beeinflussen, sind: „Arbeitszeit reduzieren, Abstriche im Berufsleben machen, eine eigene Firma gründen und so das Zeitregime selbst bestimmen, Bedürfnisse radikal zurückfahren oder gar ganz aus dem System aussteigen und sich aufs Land zurückziehen" (Hildenbrand 2009, S. 271). Weitere Möglichkeiten der Zeitfalle zu entgehen, beziehen sich auf die Nutzung von medialer Erreichbarkeit. Viele kennen womöglich den Kampf gegen den täglichen E-Mail-Wahnsinn. Einige Unternehmen haben darauf reagiert. So stellt der Konzern Volkswagen von 18.15 bis 7.00 Uhr auf den Smartphones der beschäftigten Mitarbeiter die E-Mail-Funktion ab. Daimler-Mitarbeiter können E-Mails, die sie im Urlaub erhalten, automatisch löschen. Bei Henkel geht der Chef mit gutem Beispiel voran. Er lese am Wochenende grundsätzlich keine E-Mails" (Löhr 2014).

Vergegenwärtigen wir uns noch einmal den Doppelcharakter der Familie. Die Familie kann beschrieben werden als eine Gruppe von Menschen, die sich gegenüber ihrer Umgebung abgrenzt, gleichzeitig aber auf die Umwelt, die Gesellschaft bezogen ist. Ihre Aufgabe ist, zum einen Gesellschaftsmitglieder zu sozialisieren, also Anpassung an die Gesellschaft und zum anderen die Integration aller Familienmitglieder, das meint die Abschirmung nach innen. Wenn wir diesen Doppelcharakter bedenken, also Integration nach innen und Anpassung nach außen, dann scheiden zwei Auswege aus, um in der Beschleunigungsgesellschaft mit dem Zeitproblem zurechtzukommen. Keine Alternativen sind zum einen die Flucht aus der Gesellschaft in den Binnenbereich der Familie. Auch keine Alternative ist zum anderen die Auflösung der Familiengrenze und die Totalöffnung hin zur Gesellschaft.

> „Wo der Eskapismus nicht in ein gesellschaftliches Abseits führt, sondern sich die Akteure mit den Mühen der Ebenen auseinandergesetzt haben, wie zum Beispiel die Zurück-aufs-Land-Bewegung, sind die früheren Aussteiger Tourismusunternehmer, Landwirte, Zwischenhändler ländlicher Produkte, Genossenschaftsmitglieder, Bürgermeister etc., die ihren Weg zwischen Rückzug und kapitalistischer Betriebsamkeit suchen und dabei zu einem beachtlichen Faktor des Erhalts ländlicher Strukturen geworden sind" (Hildenbrand 2009, S. 277).

Ein Beispiel: In Süddeutschland haben Unternehmer, Wissenschaftler und Angestellte einen Ort gegründet, in dem das Leben sozial gerecht, nachhaltig und demokratisch zugehen soll. Tempelhof ist ein Aussteigerdorf. Eine Ansammlung von Häusern im bayerisch-baden-württembergischen Grenzgebiet. Zur Gruppe der Gründer gehören 20 Frauen und Männer aus München. Sie feilten an der Dorfsatzung, arbeiteten ein Geflecht aus Stiftung, Genossenschaft und Verein aus. Bei Google, der Suchmaschine im Internet, gaben sie „Dorf kaufen" ein. Sie fanden den Tempelhof: ein Schlossgut mit 30 ha Land, was einmal ein Behindertenheim war, dann stand es einige Jahre leer. Heute leben 85 Erwachsene und 27 Kinder im Dorf. Auf dem Tempelhof finden sich Imkerei, Bäckerei, Käserei, Schreinerei, Schlosserei, Dorfcafé, Waldkindergarten, auch eine Schule. Also: Ein funktionierendes Dorf. Doch taugt es deshalb als Modell für die echte Welt? Riskant ist das Unternehmen deshalb, da der Aussteiger riskiert, alle Anschlüsse zu verpassen. Wenn er nach einigen Jahren zur Rückkehr in die Mainstream-Gesellschaft bereit ist, sind seine Ressourcen hoffnungslos veraltet. Auch die Erwartung, sich auf dem Tempelhof der Beschleunigungsgesellschaft zu entziehen, ist eine Illusion. Von Entschleunigung und Ruhe sprechen die Tempelhofbewohner nicht. Eher das Gegenteil ist der Fall: Da es im Dorf urdemokratisch zugeht, gibt es viele Sitzungen, Ausschüsse und Plenen. Das hat Folgen: Ein Bauer berichtet, er sei sehr müde. Die Schulbeauftragte erzählt, sie stehe kurz vor einer Erschöpfungsdepression. Ein Dritter erklärt, er wolle nach seinem Urlaub noch ein bisschen allein sein, nicht sofort in den „Strudel des Getriebenseins" geraten (vgl. Nefzger 2013) – Also kein Ferienidyll und keine „Entschleunigungsoase" (Rosa 2007b), in der man Ruhe vor der hektischen Betriebsamkeit der Welt findet.

Ein anderes Extrem, mit dem auf die Beschleunigungsgesellschaft reagiert werden kann, ist die Auflösung der Familiengrenze. Die Auflösung der Familiengrenze führt zur Abwesenheit der Eltern in der Familie. Dazu zwei Beispiele: Zum einen die kollektive Kindererziehung. Die kollektive Kindererziehung ist uns aus der Kibbuz-Bewegung bekannt, die zur Aufbauzeit des israelischen Staates zählt. Die Kibbuz-Bewegung ist bekanntlich „mit dem Ziel angetreten, die Erziehung von Kindern der Gemeinschaft zu überlassen" (Hildenbrand 2009, S. 277). Die Kinder im Kibbuz sahen ihre Eltern regelmäßig, aber eben nur in der Kibbuz-Öffentlichkeit und am Wochenende. „Diese Struktur der öffentlichen Erziehung hat ihre charismatische Gründerzeit nicht überstanden" (ebd.). Ein Grund dafür: Da es im Kibbuz-Kollektiv keine Privatheit, eben keinen Abschluss der Familie nach innen geben kann, gibt es auch keine Geborgenheit.

Zunehmend rückt noch eine andere alternative Form in den Vordergrund, um das familiale Zeitregime zu steuern. Die Auslagerung der Familienarbeit an professionelle Dienste. So wie es Firmen tun, so tun es Arbeitnehmer mit Teilen ihres Familienlebens um Zeit zu gewinnen. Familiäre Aktivitäten werden quasi outgesourct. Viele dieser Dienstleistungen werden ganz selbstverständlich in Anspruch genommen: zum Beispiel die Kinderbetreuung, das Sommercamp oder die Putzfrau, die nicht selten aus dem Ausland kommt. Und für die wirklich Vermögenden gibt es Haushaltsmanager, die eine ganze Mannschaft von Helfern steuern.

Wenn aber nun die Flucht aus der Gesellschaft einerseits (siehe Tempelhof), aber auch die Auflösung der Familiengrenzen andererseits als Auswege nicht anzuraten sind, dann stellt sich folgende Frage: Über welche Strategien verfügen Familien, um der Beschleunigung zu entkommen bzw. um dem beschleunigten Tempo der Gesellschaft standzuhalten?

7 *Alternativen*

Von den konventionellen Wegen habe ich mit Bezug auf Bruno Hildenbrand schon berichtet. Dazu zählen, u.a. „ein solides Grenzregime, Bezogenheit auf Nachbarschaft und Verwandtschaft" (ebd.), Arbeitszeit reduzieren. Was aber nun, wenn die Beschleunigung diese konventionellen Strategien zunehmend bedroht. Welche anderen Strategien sind denkbar? Bruno Hildenbrand verweist hier auf den Philosophen Herrmann Lübbe, der zwei Bewältigungsstrategien beobachtet hat (vgl. Hildenbrand 2009, S. 278).

Was sich in unsicheren und schnellen Zeiten herauszubilden beginnt, ist ein Konservatismus, eine Rückkehr zur Konformität. „Wir kehren kompensatorisch hervor, was im Wandel der Dinge den Vorzug größerer zeitüberdauernder Konstanz hat" (Lübbe 1994, S. 162). Dieser Konservatismus trete dann hervor, wenn uns die prekären Nebenfolgen des Fortschritts zu schaffen machen. So ist zum Beispiel interessant zu beobachten, dass die intakte Kleinfamilie zum höchsten Ideal der Lebensführung erklärt wird. In der Jugend-Shellstudie 2012 geben 75 Prozent der weiblichen und 65 Prozent der männlichen Befragten an, eine Familie zum Glücklichsein zu brauchen. Auch kann man einen „Traditionalisierungsschub von Lebensformen" (Koppetsch 2013a, S. 102) beobachten. In Zeiten der Unsicherheit und Beschleunigung erscheint die klassische Familie mit ihren klaren Rollenvorgaben als „Garant für Stabilität und Grenzerhaltung" (Koppetsch 2013b, S. 365). Alternative Lebensformen erfahren eine Entwertung.

Ein weiteres für die Familie relevantes Moment – so der Philosoph Hermann Lübbe – sei die Historisierung. Beispiele dafür sind das Interesse an Familiengeschichte, an Stammbäumen und an anderen Zeugnissen aus der Vergangenheit der Familie. Wenn das Bild einer mehrere Generationen umfassenden Familie zu Stammbäumen gerinnt, dann wird der Fluss der Zeit aufgehoben. Die Familie saugt als generationenübergreifende Größe die Zeit ein. Die Zeit ist still gestellt durch die vordergründige Thematisierung von Zeit. Wer schon einmal einen eigenen Stammbaum gezeichnet hat oder Daten dafür zusammengetragen hat, weiß was gemeint ist. „Wir erhalten auf diese Art, sich mit der Familie zu beschäftigen, unsere eigene, uns immer rascher fremd werdende Vergangenheit als eigene Vergangenheit aneignungsfähig, und halten so erzählbar, wer wir sind" (Lübbe 1994, S. 162).

Mit Bezug auf den Erziehungswissenschaftler Michael Winkler sollen noch drei weitere Strategien genannt werden. *Erstens*, sich mit anderen Familien zusammentun. Erleichterung kann verschaffen, wenn Eltern und Kinder in „mittleidender Solidarität" über die „pädagogische Kunst des Ausbalancierens unterschiedlichster Ansprüche", die zur Übermüdung und Überforderung führen können, sich wechselseitig auszutauschen. (Winkler 2012, S. 139). *Zweitens*, professionelle Hilfsangebote pragmatisch in Anspruch nehmen. Die Jugendämter und Erziehungsberatungsstellen verfügen mittlerweile über ausdifferenzierte Hilfeformen, die keineswegs generell mehr als prekär und diskriminierend erfahren werden. Ohne die „Aktivitäten und Wirkungen der Erziehungshilfen [...] schön zu reden [...], zeigen [sich - D.F.] beeindruckende Ergebnisse" (ebd.). *Drittens*, „reflexive Elternschaft" (Burkart 2007). Hier geht es um ein Nachdenken der Eltern über ihre familiäre Lebenspraxis. Zu resümieren, was über den Tag hinweg in der Familie geschehen ist, ermögliche ein „Innehalten gegenüber idealisierten Normalitätserwartungen und gegenüber Optimierungsvorstellungen" (ebd., S. 153).

Und Schließlich: Resistenz bzw. Widerständigkeit gegen Beschleunigung ist Grenzsicherung. Grenzsicherung geschieht in Interaktionen, die Zeit brauchen. Ein wesentliches Medium der Interaktion ist das Gespräch (vgl. Berger, Kellner 1965). Das alltägliche Gespräch schafft Ordnung. Das, was wir erlebt haben, wird durch die Erzählung in Form einer Geschichte als Erfahrung verankert und bleibt in der Erinnerung weitgehend erosionsbeständig. So haben zum Beispiel Tischgespräche als eine Form des geselligen Beisammenseins eine stabilisierende Funktion. Denn, wenn man sich zu einer „Mahlzeit" zusammenfindet, dann konsumiert man nicht nur Speisen und Getränke, sondern man widmet sich der Konversation und Diskussion, man tauscht Informationen und Meinungen aus, erzählt Geschichten und/oder vollzieht vielleicht auch religiöse Zeremonien (vgl. Hirschmann 1997).

8 Die Familie eine antiquierte Institution?

Familie ist ein auf Interaktion, Kommunikation angelegter Zusammenhang. Familien agieren nicht auf ein Ziel hin. Sondern Familien haben ihr Ziel in sich selbst, u.a. Kindern einen Rahmen zu bieten, in dem sie angemessen aufwachsen und in Muße beim Entdecken ihrer Welt Krisenerfahrungen machen können. Dazu brauchen Familien Zeit. Diese Zeit steht in Konkurrenz zu anderen Zeitregimen. Diese Konkurrenz, die zum Beispiel das Berufsleben mit sich bringt, ist auch mit flexiblen und sogenannten bedarfsorientierten Kinderbetreuungsangeboten nicht zu beseitigen. Die Frage ist, in welche Richtung sich die deutsche Gesellschaft entwickeln wird? Wie wird die Realität von Familien in einer flexibilisierten Arbeitswelt aussehen? Wird die Arbeitswelt über die Familie dominieren? Kommt es zum Schwund von Familie und Gemeinschaft? Oder kommt es zu einer Reformulierung des Problems der Balance von Arbeit und Leben? Das Kräftefeld und dessen Dynamik, in dem der Wandel von Zeitstrukturen stattfindet, sind nur schwer abzuschätzen. Ein Blick in die Geschichte der Familie hat aber gezeigt, dass Familien keineswegs gesellschaftlichen Veränderungsprozessen und sozialen Unwägbarkeiten bloß ausgeliefert sind. Sondern Familien sind in der Lage, sich äußeren Bedingungen anzuverwandeln und diese auch zu verändern. „Familie zählt" könnte heißen, zugunsten einer „Einheit der Vergemeinschaftung" (Burkart 2014, S. 78) Einschränkungen im Beruf zu akzeptieren, Geselligkeit praktizieren, die sich um Tempomaximierung nicht kümmert. Anstatt „Elternschaft als universalisierter Hektik" (Allert 2009) zu betreiben, soll dem Kind eine Erkenntnisbildung in der Entrücktheit der Zeit erlaubt sein. Also, was ist sozialisatorisch geboten? Singen, Tanzen, Springen, vielleicht auch Beten. Eine Elternschaft, die behutsam drei Dinge enthält: Liturgie, d.h. Zeremonien wie das allabendliche Vorlesen einer Geschichte, Riten, wie gemeinsame Gespräche bei den Mahlzeiten; Trost und Muße als atmosphärische Rahmung der moralischen Reifung; Ernst statt Clownerie und Verkleidung.

Literatur

Allert, T. (2009): Die Sorge hat keine Adresse mehr, in: Frankfurter Allgemeine Zeitung, 19.08.2009.

Berger, P. L., Kellner, H. (1965): Die Ehe und die Konstruktion der Wirklichkeit. Eine Abhandlung zur Mikrosoziologie des Wissens, in: Soziale Welt, 16, S. 220-235.

Blumenberg, H. (1986): Lebenszeit und Weltzeit, Frankfurt/M: Suhrkamp.

Bundesministerium für Familie, Senioren, Frauen und Jugend (BMFSFJ) (2006): Familie zwischen Flexibilität und Verlässlichkeit. Perspektiven für eine lebenslaufbezogene Familienpolitik. Siebter Familienbericht, Berlin: Drucksache 16/1360.

Bundes Psychotherapeuten Kammer (BPtK) (2010): Komplexe Abhängigkeiten machen psychisch krank, Berlin: Eigendruck. Oder online unter: http://www.bptk.de/fileadmin/user_upload/Publikationen/BPtK-Studien/belastung_moderne_arbeitswelt/20100323_belastung-moderne-arbeitswelt_bptk-studie.pdf [Zugriff am: 14.4.2015].

Bröckling, U. (2007): Das unternehmerische Selbst. Soziologie einer Subjektivierungsform, Frankfurt/M.: Suhrkamp.

Burkart, G. (2007): Eine Kultur des Zweifels: Kinderlosigkeit und die Zukunft der Familie, in: Konietzka, D., Kreyenfeld, M. (Hrsg.): Ein Leben ohne Kinder, in: Kinderlosigkeit in Deutschland, Wiesbaden: VS, S. 379-402.

Burkart, G. (2013): Konsequenzen gesellschaftlicher Entwicklungstrends für Familie und private Lebensformen der Zukunft, in: Krüger, D., Herma, H., Schierbaum, A., (Hrsg.), Familie(n) heute. Entwicklungen, Kontroversen, Prognosen, Weinheim u.a.: Beltz Juventa Verlag, S. 392-411.

Burkart, G. (2014): Paarbeziehung und Familie als vertragsförmige Institution?, in:. Steinbach, A., Hennig, M., Arránz Becker, O. (Hrsg.): Familie im Fokus der Wissenschaft, Wiesbaden: VS, S. 77-91.

Ehrenberg, A. (2004): Das erschöpfte Selbst. Depression und Gesellschaft in der Gegenwart, Frankfurt/M.: Campus.

Freyermuth, G. S.: (2000): Digitales Tempo. Computer und Internet revolutionieren das Zeitempfinden, in: c't, magazin für computertechnik 2000, 14, S. 74-81.

Funcke, D., Hildenbrand, B. (2009): Unkonventionelle Familien in Beratung und Therapie, Heidelberg: Carl-Auer-Verlag.

Grossarth, J. (2015): Krippenöffnung bis In die Nacht?, in: Frankfurter Allgemeine Zeitung, 12.11.2014.

Hareven, T. (1999): Familiengeschichte, Lebenslauf und sozialer Wandel, Frankfurt/M.: Campus.

Hildenbrand, B. (2009): Familie und Beschleunigung, in: Sozialer Sinn. Zeitschrift für hermeneutische Sozialforschung 10, Bd. 2, S. 265-281.

Hirschmann, A. O. (1997): Tischgemeinschaft. Zwischen öffentlicher und privater Sphäre, Passagen-Verlag: Wien.

Hochschild, A. (2006): Keine Zeit. Wenn die Firma zum Zuhause wird und zu Hause nur Arbeit wartet, Wiesbaden: VS.

Imhof, A. (1983): Die verlorenen Welten. Alltagsbewältigung durch unsere Vorfahren, München: C. H. Beck.

Johnson, S. et al. (2013): Mothers' and Fathers' Work Hours, Child Gender and Behavior in Middle Childhood, in:Journal of Marriage and Family 75, 1, S. 56-74.

Jurczyk, K. et al. (2009): Entgrenzte Arbeit – entgrenzte Familie. Grenzmanagement im Alltag als neue Herausforderung, Berlin: editionsigma.

King, V. (2009): Umkämpfte Zeit – Folgen der Beschleunigung in Generationenbeziehungen, in: King, V., Gerisch, B. (Hrsg.): Zeitgewinn und Selbstverlust, Frankfurt u.a.: Campus Verlag, S. 40-62.

King, V. (2011): Beschleunigte Lebensführung – ewiger Aufbruch, in: Psyche. Zeitschrift für Psychoanalyse und ihre Anwendungen 65, 11, S. 1061-1088.

King, V., Busch, K. (2012): Widersprüchliche Zeiten des Aufwachsens – Fürsorge, Zeitnot und Optimierungsbestrebungen in Familien, in: Diskurs Kindheits- und Jugendforschung 7, 1, S. 7-23.

King, V. et al. (2014): Optimierte Lebensführung – wie und warum sich Individuen den Druck zur Selbstverbesserung zu Eigen machen, in: Jahrbuch für Pädagogik, Band 29, S. 283-299.

Koppetsch, C. (2013a): Die Wiederkehr der Konformität. Streifzüge durch die gefährdete Mitte, Frankfurt: Campus.

Koppetsch, C. (2013b): Wiederkehr des bürgerlichen Familienmodells? Die Zukunft der Geschlechter in der Klassengesellschaft von morgen in: Krüger, D., Herma, H., Schierbaum, A., (Hrsg.): Familie(n) heute. Entwicklungen, Kontroversen, Prognosen, Weinheim und Basel: Beltz Juventa Verlag, S. 360-377.

Lasch, C. (1987): Geborgenheit. Die Bedrohung der Familie in der modernen Welt, München: dtv.

Lenz, K. (2009): Haben Familien und Familiensoziologie noch eine Zukunft?, in: Burkart, G. (Hrsg.): Zukunft der Familie. Prognosen und Szenarien. Zeitschrift für Familienforschung, Sonderheft 6, ,Opladen: Verlag Barbara Budrich.

Löhr, J. (2014): Der Kampf gegen den täglichen E-Mail-Wahnsinn, in: Frankfurter Allgemeine Zeitung, 17.02.2014.

Luhmann, N. (1982/2003): Liebe als Passion. Zur Codierung von Intimität, 7.Auflage, Frankfurt/M.: Suhrkamp.

Luhmann, N. (2009): Soziologische Aufklärung 5: Konstruktivistische Perspektiven, 4. Auflage, Wiesbaden: VS.

Lübbe, H. (1994): Gegenwartsschrumpfung, in: Backhaus, K., Bonus, H. (Hrsg.): Die Beschleunigungsfalle oder Der Triumph der Schildkröte, Stuttgart: Schäffer-Poeschel Verlag, S. 131-164.

Nefzger, A. (2013): Aus der Neuen Welt, in: Frankfurter Allgemeine Zeitung, 27.9.2013, S. 33.

Reiss, D. (1981): The Family's Construction of Reality, Harvard: University Press.

Rosa, H. (2007a): Wir wissen nicht mehr, was wir alles haben, online unter: http://www.zeit.de/2007/52/Interview-Rosa [Zugriff am: 14.4.2015].

Rosa, H. (2007b): Entschleunigungsoase und Erfahrungsraum. Die Zeitstrukturen des Theaters, in: Dramaturgie. Zeitschrift der dramaturgischen Gesellschaft, 2, S. 37-38.

Sennett, R. (1998): Der flexible Mensch. Die Kultur des neuen Kapitalismus, Berlin: Berlin-Verlag.

Wimbauer, C. (2012): Wenn Arbeit Liebe ersetzt. Doppelkarriere-Paare zwischen Anerkennung und Ungleichheit, Frankfurt: Campus.

Winkler, M. (2012): Erziehung in der Familie. Innenansichten des pädagogischen Alltags, Stuttgart: Kohlhammer.

Kritische Erziehungswissenschaft, öffentliche Kleinkindererziehung und Familienforschung[1]

Steffen Großkopf

1 *Ausgangssituation*

Frühkindliche öffentliche Erziehung ist in aller Munde. Politik, Wirtschaft und Wissenschaft sind sich einig: Der Ausbau des vorschulischen *Bildungsbereiches* ist notwendig. Insbesondere für die unter Dreijährigen sind geradezu panische Ausbaubemühungen zu beobachten, nachdem die Bundesregierung einen Rechtsanspruch auf einen inzwischen einklagbaren Betreuungsplatz verabschiedet hat. Quantität soll demnächst auch Qualität folgen. Trotz aller Forderung nach empirischer Evidenz, ist die Kritik auf Basis der vorliegenden Befunde (vgl. Tietze u.a. 2012; Beyer 2013; Rosken 2009) seitens der Pädagogik an der aktuellen Praxis eher lau. Psychologie und Erziehungswissenschaft entwickeln vor allem prospektives Interesse am Vorschulbereich. Professionalisierung ist die Zukunft. Entsprechende Studiengänge sind inzwischen an fast jeder Universität zu finden. Sie tragen Titel wie z.B. „early education", vielleicht um implizit die Fortschrittlichkeit des Themas zu verkaufen, welches jahrelang präsent aber randständig war. Dennoch: es ist nicht neu. Die Misere des aktuellen Zustands, sowohl bezüglich Quantität als auch Qualität, erstaunt. Das zeigt ein Blick in die pädagogische Geschichte. Dass das Land plötzlich einen neuen Kurs in Sachen frühkindlicher institutioneller Erziehung fährt, legt also den Verdacht nahe, dass hier andere Kräfte als die vermeintlich pädagogischen wirken. Eine solche Perspektive hat in den 1920er Jahren Siegfried Bernfeld in Kritik an der Geisteswissenschaftlichen Pädagogik entwickelt. Er warf ihr vor, Ideologie zu sein und die wahren Wirkkräfte der Entwicklungen auf dem pädagogischen Gebiet nicht zu erkennen und forderte eine Erziehungs*wissenschaft*, die sich von der herrschenden Pädagogik durch eine „Tatbestands-Gesinnung: der Wissenschaftlichkeit" unterscheidet (Bernfeld 1925/1971, S. 13). Bernfeld forderte mehr Empirie, ein Bewusstsein für die gesellschaftlichen Bedingungen pädagogischen Handelns und eine nüchterne Betrachtung des Erziehungsgeschehens, schlicht dessen Rationalisierung. Er entlarvte sowohl das Erziehungsgeschehen als auch dessen geisteswissenschaftliche Theoriebildung als funktional im gesellschaftlichen Zusammenhang: Pädagogik sichert das Bestehende bzw. dessen Fortbestand. Die von Bernfeld entwickelte so-

[1] Der Aufsatz entstand im Kontext eines Aufsatzes zur Familialisierung des Vaters, weshalb einige Ähnlichkeiten zu diesem Text nicht zu vermeiden waren.

ziologische Perspektive auf Erziehung orientierte sich dabei insbesondere am historischen Materialismus.

Die Überlegungen Bernfelds nimmt Heinsohn Ende der 1960er Jahre auf. Es ist die Zeit, in der sich neben dem empirischen Paradigma auch kritische und materialistische Erziehungswissenschaft und damit die Forderung nach Empirie in der bundesdeutschen Pädagogik etablierten. Im Falle der beiden letztgenannten Paradigmen kam jedoch wiederum Normativität in kritischer z.T. selbstreflexiver Absicht hinzu, so dass, wie von Bernfeld gefordert, auch die Funktion der Wissenschaft in der Gesellschaft in den Fokus rückte. Zugleich war es wie heute eine Zeit (vermeintlichen) Aufbruchs. Wie heute hatte auch damals die empirische Wissenschaft gezeigt, dass das Land nicht auf die Zukunft vorbereitet sei. Picht sprach damals von einer Bildungskatastrophe (vgl. Picht 1964), so wie man heute von PISA spricht und Ähnliches meint.

2 *Kritische Erziehungswissenschaft gestern und heute*

Die Ausgangsbedingungen sind heute – zumindest vordergründig (vgl. Baader 2013) – ähnliche. Im Gegensatz zur eher positivistischen Bildungsforschung kann sich jedoch die kritische Erziehungswissenschaft nicht reetablieren (vgl. Pongratz 2009), obschon Kritik unumgehbar für das Pädagogische ist (vgl. Winkler 2006). Damals wie heute ging es in den Bildungsdebatten um den engen Zusammenhang zwischen sozialer Herkunft und Bildungschancen sowie die Defizite der Familien und die Vorteile frühkindlicher institutioneller Erziehung (vgl. Konrad 2012; Ecarius, Groppe, Malmede 2009; Grochla 2008). Damals ging es vor allem um die 3-6-Jährigen, heute auch um die unter 3-Jährigen.

Auch wenn es sich im Falle der kritischen Erziehungswissenschaft um ein ‚verdrängtes Paradigma' (Hoffmann 2007) handelt, bleibt ihr Anspruch – die Befreiung des Menschen von Fremdherrschaft und Ausbeutung – aktuell (vgl. Bünger 2009) und damit die Reflexion gesellschaftlicher und disziplinärer Entwicklungen unter dem normativen Aspekt der Emanzipation (vgl. Mollenhauer 1968).

Zugleich verlangt kritische Erziehungswissenschaft programmatisch die Anwendung von Kritik auf die eigene Position. Nachdem jedoch in diesem Kontext Adornos Negative Dialektik – im Gegensatz zum kommunikativen Optimismus Habermas', der bei den Vätern der Kritischen Erziehungswissenschaft noch herrschte – zum dominanten Paradigma kritischer Erziehungswissenschaft geworden ist (vgl. Krüger 1999), ist das Resignationspotential des „paradigmatisch scheiternden Paradigma[s]" schlicht hoch (Schäfer 1991; Schmied-Kowarzik 2012; Hoffmann 2007). Darin liegt vermutlich der Grund des aktuellen Desinteresses an dieser Reflexionsform.[2]

---

2 Ich vernachlässige im Folgenden eine eindeutige Differenzbildung zur materialistischen Erziehungswissenschaft, da es der Sache nicht dient.

3 *Relativierung und Fortsetzung mit Foucault*

Die folgenden Überlegungen sollen ein Beispiel für Möglichkeit und Bedarf an kritischer Erziehungswissenschaft heute aufzeigen. Sie knüpfen insbesondere an die Forderung nach „Selbstaufklärung der Pädagogik in Theorie und Praxis" an (Gruschka, zit. n. Hoffmann 2007, S. 18). Es wird jedoch eine positive Dialektik entwickelt, die pragmatisch an Foucault anschließt und weder dem entschärfenden Habermas'schen Weg folgt (vgl. Hoffmann 2007), noch letztlich in Kunst und Musik flüchtet, wie man dies Adorno unterstellen könnte. Die so entstehende Position scheint konservativ – nicht nur aus Perspektive (früher) kritischer Erziehungswissenschaft, sondern auch aus der heute im Fach überwiegend üblichen und nicht zuletzt der inzwischen gesellschaftlich etablierten und politisch weitgehend vertretenen Perspektive. Dies ist Folge einer Dialektik von Ansprüchen, die auch/insbesondere die kritische Erziehungswissenschaft mit ihrer Etablierung beförderte und die dem ursprünglichen Ziel der Emanzipation des Menschen entweder verbunden oder – da dies die Sache verkürzt, wie zu zeigen ist – entgegen gesetzt sind (vgl. Heydorn 1970).

Wenn also mit Foucault (2005) gedacht, Herrschaft und Macht relational und allgegenwärtig sind, ihnen also als genuines Element des Sozialen nicht zu entkommen ist, ist das ‚kleinere Übel' im Diesseits zu identifizieren (und vermutlich in regelmäßigen Abständen zu prüfen).[3] Demnach ist auch die Dialektik dessen, was als Emanzipation gilt/galt zu analysieren, also die Reflexion bestimmter Entwicklungen vorzunehmen, insofern sie mit ihrer Etablierung wiederum (Macht-) Wirkung entfalten. Vor diesem Hintergrund wird dennoch – klassisch – an Marcuses „Studien zur Ideologie der fortgeschrittenen Industriegesellschaft" angeschlossen und an dessen Überlegungen zu den „realen Möglichkeiten" (Marcuse 1964/1998, S. 323) des lebenswerten Lebens.

Aufgegeben wird also die Position Kritischer Theorie, „daß Freiheit mit der Tätigkeit, das Lebensnotwendige herbeizuschaffen, unverträglich ist..." – zugleich wird aber der Kritik daran gefolgt, „dass diese Tätigkeit die ›natürliche‹ Funktion einer besonderen Klasse [oder eines Geschlechts – S.G.] ist" (ebd., S. 143f.).

---

[3] Tenorth verweist auf eine jüngere Kritische Erziehungswissenschaft, welche realitätsnaher sei im Vergleich zu der insbesondere an die Kritische Theorie Adornos anschließenden. Eine solche unterscheide sich kaum von anderen sozialwissenschaftlichen Strömungen in der Disziplin. Die Ergebnisse dieser Untersuchungen fordern dann eher die Politik als die Pädagogik (vgl. Tenorth 1999). M.E. kann hier dennoch eine Differenz im erkenntnistheoretischen Hintergrund konstatiert werden, die im Kern auch die Pädagogik fordert (z.B. in der Lehre, in ihrer universitären Positionierung und der Ausrichtung ihrer Studiengänge) bzw. die Erziehungswissenschaft als solche, insofern möglicherweise der Zulieferungscharakter der eigenen Forschung expliziert werden kann. Die Differenz zwischen Politik und Wissenschaft ist zudem im Zeitalter von Expertenkommissionen und wissenschaftlich begründeter Politik nicht mehr eindeutig (vgl. Weingart 2005). Insofern legitimiert wissenschaftliche Pädagogik Politik, selbst wenn sie nicht primär politisch motiviert ist (vgl. Tenorth 1999; Winkler 2006; Pongratz 2009; Münch 2011).

4 *Emanzipationsbegriff und Familie oder Probleme mit Kultur und Normativität*

> „Das emanzipatorische Interesse ist das Interesse des Menschen an der Erweiterung und Erhaltung der Verfügung über sich selbst. Es zielt auf die Aufhebung und Abwehr irrationaler Herrschaft, auf die Befreiung von Zwängen aller Art. Zwingend wirkt nicht nur materielle Gewalt, sondern auch die Befangenheit in Vorurteilen und Ideologien" (Lempert, zit. n. Fischer 1987, S. 157).

Es kann in Frage gestellt werden, ob der Emanzipationsbegriff überhaupt als erziehungswissenschaftlicher Grundbegriff taugt. Solange sich aber die Erziehungswissenschaft der Aufklärung verpflichtet fühlt (vgl. Hopfner, Winkler 2003), dürfte der Begriff legitimiert sein (vgl. Benner 2008; Wellie 1991). Zugleich ist die Problematik des Begriffs in der Pädagogik evident, da ihr Grundproblem ‚die Kultivierung der Freiheit bei dem Zwange' bzw. unter der Prämisse des verantwortungsvollen Handelns gegenüber der jüngeren Generation ist (vgl. Benner 2008).

Die Schwierigkeit des Emanzipationsbegriffs lässt sich am Beispiel der Familie zeigen, da hier die (Emanzipations-)Interessen mindestens zweier Generationen aufeinander treffen, von denen die der einen, gerade im Kontext frühkindlicher Erziehung, kaum formuliert werden können. Die der anderen können, insbesondere im Rahmen der inzwischen dominant mit dem Begriff verbundenen Emanzipation der Frau, nicht als nicht-pädagogische Emanzipation abgetan werden, ist doch davon auszugehen, dass auch sie im Kontext von Erziehung unter Prämissen der Emanzipation ursächlich zu verorten ist[4]. Emanzipation ist also im Rahmen der Kultur zu bestimmen und darin noch einmal generativ. Das bedeutet immer auch Generationenkonflikte bzw. unumgängliche Probleme der Macht, was den Bezug auf Foucault noch einmal legitimiert. Im Fall der Familie kommt in der älteren Generation wie erwähnt ein geschlechtsspezifischer Interessenkonflikt zwischen Frau und Mann hinzu. Um noch einmal die kulturelle Relativität zu belegen und möglicher Kritik vorweg zu greifen: Die Elterngeneration kann durchaus auch das gleiche Geschlecht haben, was den letztgenannten Konflikt möglicherweise als geschlechtsunabhängigen, z.B. Karrierekonflikt, identifizierbar macht.

Aufgrund dieses Dilemmas muss jedoch nicht auf den Begriff der Emanzipation und damit kritische Erziehungswissenschaft verzichtet werden: „Was Emanzipation ist, kann nur in ihrer Verwirklichung gegenüber einem früheren, schlechteren Zustand bzw. einer neuen Balance von Individualität und Sozialität zum Vorschein kommen" (Hoffmann 1978, S. 41). Das normative Kriterium der Befreiung von Fremdherrschaft und Ausbeutung kann als Angelpunkt der Betrachtung beibehalten werden, zugleich muss – wiederum normativ unter Beachtung der von

---

4 Emanzipation steht einerseits im Zentrum kritischer Erziehungswissenschaft, zugleich hat diese aber kaum feministische Aspekte rezipiert oder protegiert. Beide sind sich ideengeschichtlich jedoch nicht fremd (vgl. Jacobi 2008) und erhalten einen wesentlichen Impuls Ende der 1960er Jahre (vgl. Baader, Herrmann 2011; Krüger 1999).

Foucault analysierten Strukturbedingung der Macht – das kleinere Übel der mit Macht verbundenen Möglichkeit von Ausbeutung identifiziert werden. Da dies wiederum rational zu begründen ist, ist es vermutlich nicht ganz falsch, noch einmal an Habermas zu denken.

5 Kritisch-materialistische Überlegungen im Kontext öffentlicher Kleinkinderziehung gestern und heute

Gunnar Heinsohn untersuchte „Geschichte, Funktion [und] aktuelle Lage" der ‚gesellschaftlichen Kleinkinderziehung' zu Beginn der 1970er Jahre. Er konstatierte, dass die von Bernfeld geforderte Erziehungswissenschaft nun existiert, diese aber weiterhin einer historischen Grenze, nämlich dem Stand der Produktivkräfte und damit den gesellschaftlichen Qualifikationsanforderungen, unterliege. „Sich heute (…) unter Berufung auf Bernfeld gegen sozialistische Politik in Bildung und Erziehung zu wenden, sie als sinnlose Vermeidungszwänge zu denunzieren, als Ablenkung von den eigentlichen Kämpfen, heißt die Zielrichtung seiner Kritik verkennen und seine dialektisch-materialistische Methode negieren" (Heinsohn 1974, S. 20). Das diese Position unterstützende Phänomen heute (2015) ist – dazu hat auch die (kritische) Erziehungswissenschaft beigetragen –, dass die Forderungen nach vorschulischer institutioneller Erziehung keine linke oder sozialistische Politik mehr sind, sondern von allen Parteien inzwischen vertreten werden. Kurz, die Vermeidungszwänge, die es einmal gab, finden sich heute kaum noch. Wäre es nicht völlig absurd, könnte man meinen es gäbe eine Teleologie im Sinne des historischen Materialismus.

Heinsohn geht davon aus, dass ein Interesse des Kapitals an höher qualifizierter Arbeitskraft besteht und insofern „[d]ie soziale Grenze der Erziehung … vom System selbst verschoben, durchlässig gemacht [wird]" (ebd., S. 21). Mit anderen Worten, die Durchsetzung von Chancengleichheit ist zwar eine Forderung im Rahmen emanzipativen kritischen Denkens, ihre Umsetzung jedoch ist kein Erfolg dieser Position, sondern Folge produktionsbedingter Notwendigkeit. Wenn also heute immer früher öffentlich in den Sozialisationsprozess eingegriffen wird unter der Prämisse, dass keine Familie mehr in der Lage sei, die aktuell notwendigen Qualifikationen selbst zu vermitteln, liegt der Grund nicht in einem Humanismus der Gesellschaft, sondern im Kapitalismus selbst (vgl. Großkopf 2014a). Allerdings – das kann bis heute als evident betrachtet werden – geschieht dies unter Beibehaltung der Klassenlage, wenn auch mit dem Risiko verbunden, dass ein Mehr an Bildung immer auch die Gefahr gesellschaftlicher Umwälzung berge. Später wurde dies von Beck als Fahrstuhleffekt beschrieben (vgl. Beck 1994). Heinsohn hält für die Situation der 1970er Jahre fest, dass die Arbeitskraft der Frau nur eine „langfristig zu vernachlässigende Nebenursache vermehrter gesellschaftlicher Kleinkinderziehung" (Heinsohn 1974, S. 101) sei, da diese aufgrund der geringen Qualifikation nicht interessant für das Kapital sein würde. Im Ergebnis sieht Heinsohn die Prognose eines „Kollapses des Bildungssystems“ (ebd., S. 183) als zutreffend an, insofern die BRD in der zweiten Hälfte des 20. Jahrhunderts aufgrund des mangelnden qualifizierten Personals im vorschulischen Bereich den Anforderungen der technischen Entwicklungen in den nächsten Jahren nicht mehr gewachsen sein wird und auch keine Wanderungsbewegung die Qualifikationsdefizite der nachwachsenden Generation ausgleichen werden.

6 *Folgen und Folgerungen*

Der von Heinsohn erwartete Kollaps des Bildungssystems ist jedoch ausgeblieben, die wirtschaftliche Lage der BRD weiterhin stabil und angesichts der aktuellen Entwicklung ist Deutschland nicht nur seit Jahren wirtschaftlich stark, sondern das wirtschaftlich stärkste Land in ganz Europa. Angesichts solcher Empirie folge ich Heinsohn bezüglich seiner Aussagen zu den „Sozialisationswissenschaften“ (ebd., S. 17) – jüngst ‚Bildungswissenschaften‘ (vgl. Terhart 2012) – und seiner Einschätzung bezüglich dessen, dass vergesellschaftete Kleinkinderziehung an der Klassenlage im Kern kaum etwas ändern wird – allerdings mit mehr Skepsis. Bezüglich der Qualifikationseffekte vorschulischer Erziehung scheint Vorsicht angebracht. Fest steht, dass die Bildungsexpansion massive Effekte für die Qualifikation der weiblichen Bevölkerung zeitigte, so dass die Differenzen zwischen den Geschlechtern abgebaut wurden (vgl. Hadjar, Becker 2011). Die Rolle der vorschulischen Erziehung dürfte dabei nur bedingt bedeutsam gewesen sein. Die Ausweitung vorschulischer Erziehung heute wird vermutlich wiederum kaum etwas an sozialer Ungleichheit, vergesellschaftet mit weiterhin existenten Qualifikationsunterschieden zwischen den Individuen, ändern (vgl. Betz 2010; Großkopf 2014b). Ein vergleichbar drastischer Effekt wie im Falle der Erhöhung der Qualifikation der Frau, wäre eventuell für diejenigen mit Migrationshintergrund denkbar. Die These Heinsohns, dass es um Qualifikation der Kinder im Kontext der Vorschulerziehung in den 1970er Jahren ging, ist aufgrund der Tatsache, dass die BRD die von ihm prognostizierten Folgen trotz geringer quantitativer und qualitativer Bemühungen in diesem Bereich nicht ereilt haben, zu relativieren. Die These mag heute – angesichts der Bemühungen um frühkindliche *Bildung* – eher zutreffen. Dennoch wird hier die Position vertreten, dass die erneute massive zeitliche und quantitative Ausweitung der Bemühungen um institutionelle Kleinkinderziehung primär auf die Freisetzung der mütterlichen Arbeitskraft zielt, also sozusagen auf die Ernte der Früchte der Bildungsexpansion, die die Arbeitskraft der Frau heute weitaus attraktiver gemacht hat, als dies in den 1970er Jahren der Fall war (vgl. Bertram, Bertram 2009). Evident wird dies vor allem daran, dass sich auch Vertreter der Wirtschaft gegen das bisher dominante Modell väterlicher Vollzeit- und mütterlicher Teilzeitarbeit aussprechen. Im Hinblick auf Familie wird von Eric Schweitzer, Präsident des Deutschen Industrie- und Handelskammertages, eine – an frühe Forderungen der Gewerkschaften erinnernde – 35-Stunden-Woche vorgeschlagen, d.h. für Väter und Mütter. Das macht dann unter dem Strich zehn Stunden zusätzlich freigesetzte Arbeitskraft im Vergleich zum alten bundesdeutschen 40+20-Modell[5].

Vor diesem Hintergrund soll im Folgenden an einem Beispiel aus der Familienforschung darüber nachgedacht werden, wie eine Perspektive kritischer Erziehungswissenschaft heute aussehen kann. Dem Anspruch kritischer Pädagogik folgend, werden dabei auch von ihr vertretene Positionen in Frage gestellt. Ist doch die Entwicklung bezüglich frühkindlicher institutioneller Erziehung einst auch von ihr gefordert worden und zudem auch wesentliche Folge von Forderungen nach (Chancen-)Gleichheit und Emanzipation im Rahmen der Kritik an der bürgerlichen Familie als Ort von Autorität und sozialer Reproduktion (vgl. Mollenhauer, Brumlik, Wudtke 1975) bzw. war frühkindliche Kollektiverziehung – so der einstige Sprachgebrauch – eine – und das mag heute irritieren – klassisch sozialistische Form der Erziehung mit entsprechenden Erwartungen.

Zweifellos wäre es jedoch naiv, die Repetition der Debatte der 1970er seit PISA und die neuerliche Wahrnehmung der (defizitären) Familie, sowie den damit verbundenen Ausbau der vorschulischen Erziehungsinstitutionen als späten Erfolg kritischer Erziehungswissenschaft zu begreifen. Die zustimmende Positionierung auf breiter gesellschaftlicher Ebene, insbesondere von (parteipolitischen) Kräften, die sich bisher eher gegen frühkindliche institutionelle Erziehung positionierten, aber auch die explizite Befürwortung seitens der Arbeitgeberverbände (vgl. auch BAVC 2010), muss kritischer Erziehungswissenschaft verdächtig erscheinen. Dies wirft die Frage auf, inwiefern sie selbst neue theoretische Positionen im Kontext privater und öffentlicher Erziehung entwickeln muss, mithin ist die frühere Skepsis gegen die Familie in Frage zu stellen. Eklatant wird die Problematik im Kontext des Emanzipationsbegriffs, scheint dieser doch – in Folge einer Dialektik – der Ausbeutung, zuzuarbeiten.

7 *Ein Beispiel: Kritische Erziehungswissenschaft und Familienforschung*

In einem Aufsatz „Gender und Familie" konstatieren die Erziehungswissenschaftlerinnen Hildegard Macha und Monika Witzke: „Das System der Zweigeschlechtlichkeit mit der patriarchalischen Verteilung von Macht und Aufgaben (...) wird als Normalmodell unterstellt und reproduziert. Trotz der Pluralität der Lebensformen überwiegt bei den Familien mit Kindern noch eine geschlechtstypische Rollenverteilung" (Macha, Witzke 2008, S. 262). Diese Erkenntnis könnte

5 „Damit keine Missverständnisse aufkommen, erklärte er noch: ‚Wir werden unsere Wirtschaft nicht am Laufen halten, wenn alle weniger arbeiten.' Es geht also um Wachstum, Wachstum, Wachstum. Der technische Fortschritt führt nicht zu weniger Arbeit, sondern zu einer größeren Wirtschaftsleistung. Die Gesellschaft häuft immer mehr Güter an. Viele werden aus Mangel an Zeit kaum genutzt, bevor sie im Müll landen. Der Ressourcenverbrauch steigt." (Schweitzer nach Werdermann 2014)

im Rahmen Durkheimscher Tradition empirischer Sozialforschung als klassisches Beispiel einer sozialen Tatsache gelten, welche das Leben der Menschen unabhängig von ihren Wünschen strukturiert (vgl. Gorecki 1970).

Die 2008 noch relativ nüchterne Darstellung der Empirie wird kurze Zeit später im Handbuch der Erziehungswissenschaft „Familie – Kindheit – Jugend – Gender" reinterpretiert. Im Kapitel I „Konturen einer erziehungswissenschaftlichen Theorie der Familie" wird im Kontext von Familienpolitik und im Rahmen des Forschungsstandes zur Familie konstatiert: „Die innerfamiliale Dynamik ist heute durch die Auflösung der traditionellen Rollenmodelle der Geschlechter-Zuständigkeit aus der Balance geraten, diese hatten keine angemessenen Strategien der Lebensbewältigung mehr dargestellt" (Macha 2009, S. 18), wobei die Autorin den Anspruch einer *„empiriegeleiteten* Theorie der Familie" vertritt (ebd., S. 10; vgl. Koppetsch 2013). Offenbar haben sich aber weniger die sich bis heute einstellenden empirischen ‚Tatsachen' gewandelt, als vielmehr die Bedingungen ihrer Interpretation, die sich bereits 2008 andeuteten: „Ziel der feministischen Forschung ist es, die Reste überholter Normen und Erwartungen und die Hemmnisse für neue Rollen und Lebensmuster zu analysieren, zu dekonstruieren und den realen Möglichkeiten und Wünschen der Geschlechter anzupassen" (Macha, Witzke 2008, S. 262).

Mit anderen Worten, wie die kritische Theorie, distanziert sich eine feministisch orientierte Wissenschaft von der Tatsachenaussage bzw. dem Wertfreiheitspostulat. Beide opponieren daher gegen derart festgestellte soziale Tatsachen (vgl. Schön 2009). Insofern stehen sie sich im Grundgedanken gleichberechtigt gegenüber. Die Akzeptanz ihrer Aussagendeutung hängt letztlich von der Akzeptanz des dahinterstehenden normativen Anspruchs ab. Nicht legitim ist angesichts dessen jedoch die Aussage, eine *„empiriegeleitete[]* Theorie der Familie" zu entwickeln. Macha konstatiert in dem von ihr und Witzke bearbeiteten und als Standardwerk zu begreifenden Handbuch und unter Verweis auf das BMJFS, dass die „traditionelle Sicht der Kernfamilie, die autonom und als ‚natürliche Ressource' die Leistungen von Erziehung und Bildung erbringt, (...) nicht mehr aufrecht erhalten werden [kann]" (Macha 2009, S. 19). Ein „Paradigmenwechsel ist notwendig" (ebd.).

Es wird konstatiert, dass die Familie überfordert sei. „Trotz staatlicher Unterstützung stimmen die Parameter der Förderung (...) nicht mehr, weil sie rechtlich und steuerlich auf das Ernährermodell von Familie abgestellt sind" (ebd.). Die Frage ist jedoch, inwiefern dies legitimiert, die Familie zunehmend öffentlichen Eingriffen auszusetzen und das Private abzuschaffen zugunsten eines „neue[n] systemische[n] Verständnis[es] von Familie in der Balance mit staatlichen Erziehungs- und Bildungsinstitutionen" (ebd., S. 25). Diese Position wurde bereits 1977 in der BRD vertreten (vgl. Koch, Rocholl 1977). Ähnlich Macha, allerdings unter Bezug auf Marx, konstatierten Mollenhauer u.a., dass die Ausprägung der Beziehungen eine „Funktion einer Produktionsweise, der gegenüber sie antagonistisch oder dysfunktional werden kann" sei (Mollenhauer, Brumlik, Wudtke 1975, S. 170). Was eine

Familie sei, „läßt sich nicht begrifflich ableiten, sondern [ähnlich Macha – S.G.] muß unter Rücksicht auf empirische Daten vorgenommen werden" (ebd.). Dennoch fragt Kritische Erziehungswissenschaft – weil sie nicht zur Sozialtechnologie werden will – inwiefern gesellschaftliche Rahmenbedingungen – die für die aktuelle Situation rechtlich und steuerlich eindeutig formuliert wurden – die Familienleistung unterminieren.[6] Sabine Andresen schreibt im Hinblick auf „strukturelle Gefährdungen der Familie":

> „Die Gefährdung von Familien besteht in der Anhäufung riskanter Bedingungen, die auf die Gestaltung des Familienlebens sowie auf die Entscheidungs- und Handlungsfreiheit ihrer Mitglieder erheblichen Einfluss ausüben. Gerade die historische Forschung zeigt die Kontinuität von Problemlagen sowie deren Auswirkungen auf Kinder. Diese bemerkenswerte Beständigkeit familiärer Belastungsfaktoren korrespondiert insbesondere in Krisensituationen mit einem Schuld zuweisenden politischen Zugriff auf Familien. Das heißt, strukturelle Defizite werden übergangen und die Kritik auf die inneren Prozesse der Familie gelenkt. So geraten dann beispielsweise die Erziehungsleistungen, die Haushaltsführung, die Gattenliebe in den Blick, wohingegen die sozialen Rahmenbedingungen des Familienlebens wie die Arbeitsverhältnisse der Eltern, das Verhältnis von Schule und Familie, das familiäre Zeitbudget, die materielle Situation, die Wohnung und das Wohnumfeld u. a. als gegeben hingenommen werden. Familie ist im nationalen Wohlfahrtsstaat grundsätzlich auch ein Objekt politischer Interessen und Familienpolitik im hohen Maße von der jeweiligen Arbeitsmarktpolitik abhängig" (Andresen 2009, S. 204).

Wie das ‚Bild der Familie' zu denken ist, ergibt sich und kann sich Weber folgend nicht aus der Empirie ergeben. Der Bezug auf Empirie – den kritische Erziehungswissenschaft mit der Infragestellung der Wissenschaft wiederum hinterfragen muss – hat vielmehr verschleiernden Charakter und vermittelt den Eindruck einer Notwendigkeit der (bestimmten) Dekonstruktion von Rollenmustern und damit offenbar auch der Familie[7] sowie einer Legitimation dessen, dass die Familie zum Ziel wissenschaftlicher Einmischung und Normvorgaben wird, die immer auch anders ausfallen können.

Das feministische Motiv bleibt im Handbuch unerwähnt. Bereits im oben zitierten Aufsatz von 2008, wird der Hintergrund der Forscherinnen zwar benannt, doch wirft auch der Titel des Aufsatzes, der diesen unter dem Aspekt des „Gender" firmieren lässt, die Frage auf, inwiefern dies dann noch zutrifft, da doch gerade Gender nicht mit Feminismus gleichzusetzen ist (vgl. auch Hank, Tölke 2005).

Da sich also die Ableitungen nicht notwendig aus der ‚Empirie der Familie' ergeben, ist die entscheidende Frage, was die „realen Möglichkeiten und Wün-

---

6 Die mangelnde Leistungsfähigkeit der Familie wird seit ihrer Existenz beklagt, was an dieser Stelle nicht weiter vertieft werden kann.

7 Evident wird hier das Problem einer Definition von Familie. Winkler schlägt vor, dies Familien selbst zu überlassen (vgl. Winkler 2012, S. 13) – eine der Idee der Mündigkeit folgende und der Praxis vermutlich gerecht werdende Perspektive, die jedoch der Wissenschaft nicht hilfreich erscheinen kann, wobei diese sich dabei als autoritär und nivellierend agierend erweist.

sche der Geschlechter" sind bzw. welche Möglichkeiten der Passung der Verhältnisse bestehen. Dass es hier Divergenzen gibt, wird nicht bestritten. Auch Jurczyk/Szymendersky konstatieren, dass die „gesellschaftliche Organisation des Zusammenhangs von Erwerb, Familie und Geschlechterverhältnissen ihre Passfähigkeit verloren [habe]. So klaffen bspw. große Lücken zwischen den fortgeschrittenen zeitlichen Flexibilisierungen im Erwerbsbereich und steigender Müttererwerbstätigkeit auf der einen und einem Großteil der sie umgebenden, nach wie vor weitgehend starren Institutionen wie Kitas, Schulen und Behörden auf der anderen Seite. Die Entgrenzung gesellschaftlicher Zeitstrukturen und anderer Entgrenzungsprozesse und -bereiche im Postfordismus verlaufen nicht aufeinander abgestimmt" (Jurczyk, Szymenderski 2012, S. 101). Die entscheidende normative Frage, die sich jedoch eröffnet, ist die Wahl eines Kriteriums, welches einer Abstimmung zugrunde liegen soll. Folgt man Marcuses kulturtheoretischen Überlegungen (vgl. Marcuse 1964/1998), entstand mit dem Kapitalismus auch die Option auf Wohlstand für alle. Er fragte Ende der 1960er Jahre, inwiefern vor dem Hintergrund der gesteigerten Produktivität die Industrialisierung in Verbindung mit einer Umverteilung nicht bereits das gute Leben für jeden Menschen ermöglichen könnte und beschrieb angesichts der fortgesetzten Ausbeutung des Menschen den gesellschaftlichen Zustand als irrational und das Denken der ihn tragenden Menschen als „eindimensional".

Im Gegensatz zu den aktuellen Debatten und Lösungsvorschlägen, die eher dem kritischen Rationalismus und einem (vermeintlichem) Wertfreiheitspostulat folgen (vgl. dazu den folgenden Aufsatz des Bandes) bzw. einer Norm, die den gesamtgesellschaftlichen Zusammenhang – und das heißt noch immer den Kapitalismus – nicht einbeziehen will, wirft das die Frage auf, ob die Neuformierung der Familie zugunsten der optimalen Versorgung des kapitalistischen Produktionssystems mit Arbeitskräften als unausweichlich begriffen werden muss. Ist also der Schluss, Mütter angesichts der Optionen der postindustriellen Gesellschaft defamiliarisierend in die Produktion (wieder massiv) einzubeziehen, ‚rational' bzw. zwingend? Wäre es nicht genauso eine Option, die Grenzen der Familien nicht anzutasten und den Vater stattdessen weiter zu familialisieren und damit ebenso traditionelle Rollenmodelle aufzubrechen, zu dekonstruieren, evtl. auch die sich offenbar unter aktuellen Lösungsversuchen weiterhin einstellende Doppelbelastung der Frau aufzulösen (vgl. Schulz, Blossfeld 2010)? Die Befunde von Macha und Witzke (2008) lassen auch diesen Schluss zu. Dies ist insbesondere zu bedenken, da sich Marcuses Begriff des ‚real Möglichen' vermutlich mit dem von Macha und Witzke (2008, S. 262) deckt. So gesehen erscheint die derzeit betriebene Defamiliarisierung der Frau noch hinter die Überlegungen Marcuses – er thematisierte die Frau nicht explizit – zurückzufallen.[8] Macha und Witzke

8 Beck spricht von „Scheinalternativen" der „Refamiliarisierung" oder „Durchmarktung" (Beck 1986, S. 201) bzw. „Familienkonservatismus und Marktangleichung" (ebd., S. 176),

kommen in ihrem Aufsatz „Familie und Gender" im Fazit nur bezüglich der Frauen zu konkreten Veränderungsvorschlägen (vgl. hierzu auch Hofmeister 2009). Sie sprechen sich vor allem gegen den „dramatischen zahlenmäßigen Verlust von gut ausgebildeten Frauen auf der Karriereleiter" aus, der durch „strukturelle Hilfen wie zum Beispiel Kinderbetreuung" vermieden werden könne (Macha, Witzke 2008, S. 275). Bezüglich der Kinder wird beim Ausbleiben dieser ‚Hilfen' ein Lernen traditioneller Geschlechtsrollen prognostiziert. Man könnte aber auch – ganz gegenwartsorientiert und pädagogisch – darüber nachdenken, ob Kinder sich wohlfühlen unter diesen Bedingungen, möglicherweise profitieren gerade sie nicht, wenn – so die Perspektive der Autorinnen – sowohl „Mütter als auch Väter profitieren" (ebd.).

Inwiefern Väter, die in der Debatte keine wesentliche Rolle spielen, hier profitieren, ist zu hinterfragen bzw. ist das rabenhafte Schweigen der (Zweimonats-) Väter in der Debatte genauer zu betrachten. Es könnte einen Verantwortungsentzug indizieren (vgl. Hochschild 2006). Hier scheint im Prozess der weiblichen Emanzipation nur die Verwertbarkeit weiblicher Arbeitskraft durch Angleichung an die männliche Verfügbarkeit zu erfolgen.[9] Diese wiederum bleibt unangetastet. Mütterliche Emanzipation und väterliches Schweigen entpuppen sich aus dem Blickwinkel so gedachter kritischer Erziehungswissenschaft faktisch als Zuarbeit zum kapitalistischen Ausbeutungssystem und auch die Überlegungen zum Rollenlernen in einer so konstituierten Familie verweisen noch auf die optimale Einflechtung der Kinder in den Arbeitsprozess aufgrund entsprechender Sozialisation. Allerdings zeigt die Entwicklung in der ehemaligen DDR, dass trotz der umfassenden Integration der Frau in Lohnarbeit, die von den Kindern gelernten Rollenmodelle nicht entscheidend verändert wurden.

Feministische Wissenschaft verfällt so gesehen einer Dialektik, die sie zum Instrument im Sinne des herrschenden Systems macht. So gibt es zwar oberflächlich Veränderungen (Rollenwandel), diese ändern aber am gesellschaftlichen Zustand nichts, sondern prolongieren diesen (vgl. Dornes 2002). Wird Webers Forderung nach werturteilsfreier Wissenschaft nicht gefolgt, ist demnach das Kriterium der Bewertung entscheidend für die Plausibilität eines Problemlösungsversuches, der sich nicht aus der Empirie schließen lässt. Damit stehen sich feministische Forschung und kritische Erziehungswissenschaft im Anspruch gleichwertig gegenüber. Die Akzeptanz der Schlussfolgerungen hängt dann von der Akzeptanz des normativen Anspruchs des Paradigmas ab. Die Weiterentwicklung der ‚traditionellen

die aufzubrechen seien durch den dritten Weg der „Eindämmung und Abpufferung von Marktbeziehungen" (ebd., S. 201). Diese macht den Eindruck einer modernen familienfreundlichen Arbeitsmarktgestaltung, weist aber vielmehr in eine Richtung, die als „Entgrenzte Arbeit – Entgrenzte Familie" noch immer den beiden Alternativen zugeordnet werden kann (vgl. Jurczyk u.a. 2009).

[9] Vgl. hierzu auch den streitbaren Beitrag von Ute Gerhard in einer Expertenanhörung im Bundestag, wie er in der grundlegend in diesem Zusammenhang empfehlenswerten Studie von Nicole Klinkhammer nachzulesen ist (vgl. Klinkhammer 2014, hier S. 430).

Kernfamilie' (unabhängig von der Ehe) erscheint unter dem Kriterium kapitalistischer Ausbeutung emanzipativer als der von Macha vorgeschlagene Paradigmenwechsel. Denn gerade erwerbsarbeitsfreie Zeit ist äußerst wichtig für Familien (vgl. auch Funcke in diesem Band; Sinus Institut 2014; BMFSJ 2011). Mithin würde vielleicht sogar die Stabilität der Familienformen zunehmen, da Stress, der nicht unwesentlich von der Erwerbsarbeit abhängt, zumindest für Ehescheidungen und vermutlich auch Trennungen eine wesentliche Rolle spielt.[10]

Es geht dabei nicht um den ‚Himmel auf Erden', sondern um eine nach angebbaren Kriterien erfolgende Identifikation des kleineren ‚Übels im Jetzt', also die ebenso berechtigte aber heute kaum benannte Option einer „historischen Weiterentwicklung gegenwärtiger Erziehungsfigurationen" (Mollenhauer 1983/1995, S. 414). Das Paradigma kritischer Erziehungswissenschaft hat weiterhin Potential, die eigene Disziplin in ihrem Beitrag zum gesellschaftlichen Zustand, mithin die Dialektik von Formen der Emanzipation, zu reflektieren sowie Alternativen aufzuzeigen. Kritischer Theorie geht es um das „Glück der Individuen" (Horkheimer 1937/1968, S. 196) – geschlechtslos! Sie bekennt sich zum Idealismus, insofern „die Möglichkeiten des Menschen noch andere sind, als im Bestehenden aufzugehen, andere, als die Akkumulation von Macht und Profit" (ebd.) bzw. dieser geradewegs zuzuarbeiten. Aus dieser und aus einer Gender-Perspektive gilt:

> „Die Emanzipation der Frau ist die Emanzipation des Mannes, beide Geschlechter können nur gemeinsam befreit werden. Es kann sich nicht darum handeln, die Befreiung der Frau an einer geschichtlichen Struktur zu orientieren, die durch Männer geprägt ist und damit die Geschichte des Mannes letztlich für alle Zukunft fortzusetzen" (Heydorn 1970, S. 332).

Aktuell wird jedoch genau dieser Weg beschritten – auch mit Unterstützung erziehungswissenschaftlicher (Familien-)Forschung. Hinzuzufügen ist, dass die Erziehungsleistungen in den ersten Lebensjahren sowohl in der Familie als auch in der jüngst wieder favorisierten institutionellen Erziehung kaum empirisch untersucht sind bzw. die Erkenntnisse kaum Klarheit schaffen über Vor- und Nachteile (vgl. Anders 2013; Jurczyk, Lange 2011).

10 Bodenmann geht davon aus, „daß die Ursache für eine Verschlechterung der Partnerschaft in den Alltagsanforderungen und deren inadäquaten Bewältigung liegt (…). Eine mit zunehmendem Alter (durch berufliche Anforderungen, Elternschaft, Mehrfachbelastungen usw.) steigende Streßbelastung führt zu einer häufigeren negativen dyadischen Interaktion (z.B. nach einem streßreichen Arbeitstag oder schwierigen Erziehungssituationen), einer Reduktion der gemeinsamen Zeit und einer Verminderung der Nutzung dyadischer Ressourcen, wodurch eine ungünstige Partnerschaftsdynamik angestoßen wird und einen Fortgang nehmen kann (...)" (Bodenmann 1999, S. 16). Biddulph weist darauf hin, dass das Ausmaß der mit dem Baby verbrachten Zeit bei Vätern einen vorsichtigen Umgang mit ihnen befördert, die Neigung zur Trennung oder Scheidung bei diesen Vätern abnimmt und diese seltener dem Wohl der Familie abträgliche Karriereschritte unternehmen (vgl. Biddulph 2007, S. 112).

Für die ältere Position der kritischen Erziehungswissenschaft, für die Klaus Mollenhauer steht, ergibt sich nun auch eine neue Herausforderung. War doch auch sie skeptisch gegenüber der Kernfamilie und konstatierte, dass die Familie für patriarchale Herrschaft empfänglich sei, den autoritären Charakter sowie soziale Ungleichheit reproduziere. Zudem ist die Familie Gefühlsschwankungen unterworfen (vgl. Mollenhauer 1983/1995, S. 417). Das kann aber auch als ihre Stärke interpretiert werden, insofern sie nicht der Rationalität des Kapitalismus folgt und das zur Reproduktion der Arbeitskraft notwendige Außen des Kapitalismus bildet. „Die Eltern-Kind-Beziehungen sind anfällig für Belastungen aus der Berufstätigkeit der Eltern" (ebd.) – hier schon für beide Elternteile formuliert. Doch wird diese Belastung angesichts der zunehmenden Integration der Mütter in den Arbeitsmarkt und unter Beibehaltung der Situation der Väter nicht verändert. Im Gegenteil sind eher eine Höherbelastung der Frau und ein weiteres Schwinden der Zeitressourcen der Familie zu erwarten (vgl. Lange 2006). Hinzu kommt, dass alle Studien die durchschlagende Wirkung der Familie auf die Entwicklung des Kindes bestätigen und Kompensationsmöglichkeiten offenbar begrenzt sind. Insofern stellt sich doch die Frage, inwiefern eine pauschale öffentliche Kleinkinderziehung überhaupt die adäquate Antwort auf die Fragen bezüglich der Ungleichheit im Falle der jüngeren Generation und das Aufbrechen von Rollenmustern im Falle beider Generationen ist. Gesichert werden entweder Selbstverwirklichung der älteren Generation oder vielmehr Selbstversorgung insbesondere Alleinerziehender sowie die Freisetzung qualifizierter Arbeitskraft, und damit Ansprüche des (transzendenten) Kapitalismus (vgl. Hirschle 2012).

Eine kulturelle Herausforderung wäre es, den Vater neuen Ansprüchen an seine Rolle zu unterwerfen – ihn zu familiarisieren (vgl. Großkopf 2014c). Die Bemühungen diesbezüglich sind bisher bescheiden, ja geradezu randständig. Darin läge vermutlich die Bedrohung des kapitalistischen Systems, es geht darum, die Position des Vaters in der Gesamtfiguration zu verändern. Die aktuell wieder gespielte Alternative der Defamiliarisierung der Mutter existierte bereits in der „weiblichste(n) Arbeitsgesellschaft Europas" (Niethammer 1993, S. 135; vgl. Gysi 1989), der DDR. Im Nachhinein fällt es jedoch schwer zu behaupten, dass dort die Welt ‚verbessert' worden wäre auf der Folie der sozialistischen Persönlichkeit. Gleichberechtigung müsste neu entworfen werden, statt die Position des Familienernährers zu kopieren und einen Gewinn in der neu gewonnen Abhängigkeit vom Markt zu verbuchen.[11]

11 Ausbeutung wurde im Sozialismus ebensowenig beseitigt, wie die Gleichberechtigung zwischen den Geschlechtern hergestellt wurde. Die Ko-Existenz der beiden politischen Systeme und ihre wirtschaftliche Verflechtung mithin die Reaktivierung der Arbeitskraftgenerierung nach dem DDR-Schema verweisen darauf, dass sich Sozialismus und Kapitalismus zwar als politische Gegensätze dokumentieren, dennoch aber derselben diskursiven Formation angehören könnten (vgl. Großkopf 2012).

Literatur:

Anders, Y. (2013): Stichwort Auswirkungen frühkindlicher institutioneller Betreuung und Bildung, in: Zeitschrift für Erziehungswissenschaft 16, H. 2, S. 237-276.

Andresen, S. (2009): Strukturelle Gefährdungen der Familie im Blick der Forschung zu Beginn des 20. Jahrhunderts, in: Ecarius, J. u.a (Hrsg.): Familie und öffentliche Erziehung, Wiesbaden: VS Verlag für Sozialwissenschaften, S. 203-220.

Baader, M. S., Herrmann, U. (Hrsg.) (2011): 68 – engagierte Jugend und kritische Pädagogik: Impulse und Folgen eines kulturellen Umbruchs in der Geschichte der Bundesrepublik, Weinheim: Juventa.

Baader, M. S. (2013): Erzwissenschaft zwischen disziplinären Grenzen, Grenzüberschreitungen und Entgrenzung, in: Müller, H.-R., Bohne, S., Thole, W. (Hrsg.): Erziehungswissenschaftliche Grenzgänge. Markierungen und Vermessungen, Opladen u.a.: Budrich, S. 61-80.

BAVC (2010): Regierungspläne Betreuungsgeld setzt falsche Anreize, online unter: http://www.bavc.de/bavc/mediendb.nsf/gfx/689510325DE74F60C125795A00399505/$file/ib_12_11_Betreuungsgeld.pdf [Zugriff: 20.01.2013].

Beck, U. (1986): Risikogesellschaft. Auf dem Weg in eine andere Moderne, Frankfurt/M.: Suhrkamp.

Beck, U. (1994): Jenseits von Stand und Klasse, in: Beck, U., Beck-Gernsheim, E. (Hrsg.): Riskante Freiheiten, Frankfurt/M.: Suhrkamp, S. 43-60.

Benner, D. (2008): Reflexive versus affirmative Emanzipation, in: Benner, Bildungstheorie und Bildungsforschung. Studien zu alten und neuen Zusammenhängen, Paderborn: Schöningh, S. 24–29.

Bernfeld, S. (1925/1971): Sisyphos oder die Grenzen der Erziehung, Frankfurt/M.: Suhrkamp, S. 13.

Bertram, H., Bertram, B. (2009): Familie, Sozialisation und Zukunft der Kinder, Opladen: Budrich, S. 14.

Betz, T. (2010): Kompensation ungleicher Startchancen. Erwartungen an institutionalisierte Bildung, Betreuung und Erziehung für Kinder im Vorschulalter, in: Cloos, P., Karner, B. (Hrsg.): Erziehung und Bildung von Kindern als gemeinsames Projekt. Zum Verhältnis familialer Erziehung und öffentlicher Kinderbetreuung, Baltmannweiler: Schneider Hohengehren, S. 113-134.

Beyer, B. (2013): Soziale Ungleichheit im Kindergarten : Orientierungs- und Handlungsmuster pädagogischer Fachkräfte, Wiesbaden: Springer Verlag, S. 241.

Biddulph, S. (2007): Das Geheimnis des glücklichen Babys, München: Heyne.

BMFSJ (2011): Zeit für Familie. 8. Familienbericht, Berlin.

Bodenmann, G. (1999): Scheidung: was wissen wir heute zu ihren Ursachen?, in: Zeitschrift für Familienforschung 11, 2, S. 5-27, online unter: http://nbn-resolving.de/urn:nbn:de:0168-ssoar-322225 [Zugriff: 10.02.2014].

Bünger, C. u.a. (Hrsg.) (2009): Heydorn lesen, Paderborn u.a.: Schöningh.

Dornes, M. (2002): Frisst die Emanzipation ihre Kinder?, in: Honneth, A. (Hrsg.): Befreiung aus der Mündigkeit, Frankfurt/M.: Campus Verlag, S. 159-193.

Ecarius, J., Groppe, C., Malmede, H. (2009): Familie und öffentliche Erziehung. Theoretische Konzeptionen, historische und aktuelle Analysen, Wiesbaden: VS Verlag für Sozialwissenschaften.

Foucault, M. (2005): „Die Ethik der Sorge um sich als Praxis der Freiheit" [Gespräch 1983], in: Foucault, M. (Hrsg.): Schriften in vier Bänden, Bd. IV., Frankfurt/M.: Suhrkamp, S. 875-902.

Gorecki, J. (1970): Kommunistische Familienstruktur. Die Rechtsprechung als Instrument des Wandels, in: Soziologie der Familie, Sonderheft der KZfSS 14/1970, S. 490-507.

Grochla, N. (2008): Qualität und Bildung. Eine Analyse des wissenschaftlichen Diskurses in der Frühpädagogik, Berlin u.a.: LIT Verlag.

Großkokpf, S. (2012): Industrialisierung der Pädagogik. Eine Diskursanalyse, Würzburg: Ergon.

Großkopf, S. (2014a): Bildung oder Nothilfe?, in: Sauerbrey, U., Großkopf, S., Freytag, C., Winkler, M. (Hrsg.): Kindheit, Kinderspiel und Kinderschutz, Jena: IKS Garamond, S. 95-124.

Großkopf, S. (2014b): Soziale Ungleichheit – der Kindergarten als Allheilmittel? Die ‚neue' „Vorschulerziehung in der bürgerlichen Gesellschaft", in: Neue Praxis 44, H. 1, S. 23-44.

Großkopf, S. (2014c): Ausbeutung für alle! Der marginalisierte Vater und die Maximierung der industriellen Reservearmee. Kulturtheoretische Betrachtungen, in: Sozialwissenschaftliche Literaturrundschau 68, H. 1, S. 107-121.

Gysi, J. (1989): Familienleben in der DDR. Zum Alltag von Familien und Kindern, Berlin: Akademie-Verlag.

Hadjar, A., Becker, R. (2011): Erwartete und unerwartete Folgen der Bildungsexpansion in Deutschland, in: Becker, R. (Hrsg.): Lehrbuch der Bildungssoziologie, Wiesbaden: Springer, S. 203-222.

Hank, K., Tölke, A. (2005): Männer – Das "vernachlässigte" Geschlecht in der Familienforschung: Untersuchungen zu Partnerschaft und Elternschaft bei Männern, in: Tölke, A., Hank, K. (Hrsg.): Männer – Das "vernachlässigte" Geschlecht in der Familienforschung, Zeitschrift für Familienforschung, Sonderheft 4, S. 7-17.

Heinsohn, G. (1974): Vorschulische Erziehung in der bürgerlichen Gesellschaft, Frankfurt/M.: Fischer Verlag.

Heydorn, H.-J. (1970): Über den Widerspruch von Bildung und Herrschaft, Frankfurt/M.: Europäische Verlagsanstalt.

Hirschle, J. (2012): Die Entstehung des transzendenten Kapitalismus. Konstanz u.a.: UVK.

Hochschild, A. R. (2006): Keine Zeit. Wenn die Firma zum Zuhause wird und zu Hause nur Arbeit wartet, Wiesbaden: VS Verlag.

Hofmeister, H. (2009): The Integration of gender research, women's studies, and men's studies in family research. A comparison of English and German sources, in: Kapella, O. u.a. (Hrsg.): Die Vielfalt der Familie, Opladen u.a.: Budrich, S. 221-236.

Hoffmann, D. (1978): Kritische Erziehungswissenschaft, Stuttgart: Kohlhammer.

Hoffmann, D. (2007): Kritische Erziehungswissenschaft. Historische und systematische Rekonstruktionen eines verdrängten Paradigmas, Hamburg: Verlag Dr. Kovac.

Hopfner, J., Winkler, M. (Hrsg.) (2003): Die aufgegebene Aufklärung, Weinheim: Juventa.

Horkheimer, M. (1937/1968): Traditionelle und kritische Theorie. Nachtrag, in: Schmidt, A. (Hrsg.): Kritische Theorie. Eine Dokumentation, Bd. II., Frankfurt/M.: Fischer, S. 137-200.

Jacobi, J. (2008): Die Erziehungswissenschaft im Jahr 2007: Potential und Grenzen feministischer Wissenschaftskritik in einer ‚handlungsorientierten' Wissenschaft, in: Casale, R., Rendtorff, B. (Hrsg.): Was kommt nach der Genderforschung? Zur Zukunft der feministischen Theoriebildung, Bielefeld: transcript, S. 83-99.

Jurczyk, K. u.a. (2009): Entgrenzte Arbeit – entgrenzte Familie: Grenzmanagement im Alltag als neue Herausforderung, Berlin: edition sigma.

Jurczyk, K., Lange, A. (2011): Vorwort, in: Lange, A., Xyländer, M. (Hrsg.): Bildungswelt Familie. Theoretische Rahmung, empirische Befunde und disziplinäre Perspektiven, Weinheim u.a.: Juventa, S. 5-6.

Jurczyk, K., Szymenderski, P. (2012): Belastungen durch Entgrenzung – Warum Care in Familien zur knappen Ressource wird, in: Lutz, R. (Hrsg.): Erschöpfte Familien, Wiesbaden: Springer, S. 89-105.

Klinkhammer, N. (2014): Kindheit im Diskurs, Marburg: Tectum.

Koch, R., Rocholl, G. (1977): Kooperation gegen Resignation – Perspektiven für eine fortschrittliche Erziehungstätigkeit, in: Koch, R., Rocholl, G. (Hrsg.): Kleinkinderziehung als Privatsache, Köln: Pahl-Rugenstein, S. 14-30.

Konrad, F.-M. (2012): Der Kindergarten. Seine Geschichte von den Anfängen bis zur Gegenwart, Freiburg: Lambertus.

Koppetsch, C. (2013): Wiederkehr des bürgerlichen Familienmodells? Die Zukunft der Geschlechter in der Klassengesellschaft von morgen, in: Krüger, D., Herma, H., Schierbaum, A. (Hrsg.): Familie(n) heute – Entwicklungen, Kontroversen, Prognosen, Weinheim und Basel: Beltz Juventa, S. 360 – 377.

Krüger, H.-H. (1999): Entwicklungslinien und aktuelle Perspektiven einer kritischen Erziehungswissenschaft, in: Sünker, H., Krüger H.-H. (Hrsg.): Kritische Erziehungswissenschaft am Neubeginn?!, Frankfurt/M.: Suhrkamp, S. 162-183.

Lange, A. (2006): Arbeits- und Familienzeiten aus Kinderperspektive, in: Bertram, H., Krüger, H., Spieß, K. (Hrsg.): Wem gehört die Familie der Zukunft? Expertisen zum 7. Familienbericht, Opladen: Budrich, S. 125-143.

Lempert, zit. nach Fischer, K. G. (1987): Emanzipation, in: Wulff, C. (Hrsg.): Wörterbuch der Erziehung, München: Piper, S. 157.

Macha, H., Witzke, M. (2008): Familie und Gender – Rollenmuster und segmentierte gesellschaftliche Chancen, in: Zeitschrift für Pädagogik 54, H. 2, S. 261-278.

Macha, H. (2009): Konturen einer erziehungswissenschaftlichen Theorie der Familie, in: Mertens, G. u.a. (Hrsg.): Handbuch der Erziehungswissenschaft, Band III: Familie - Kindheit - Jugend - Gender. Teilband 1, Paderborn u.a.: Schöningh, S. 9-29.

Marcuse, H. (1964/1998): Der eindimensionale Mensch. Studien zur Ideologie der fortgeschrittenen Industriegesellschaft, Frankfurt/M.: dtv.

Mollenhauer, K. (1968): Erziehung und Emanzipation. Polemische Skizzen, München: Juventa.

Mollenhauer, K., Brumlik, M.,Wudtke, H. (1975): Familienerziehung, München: Juventa.

Mollenhauer, K. (1983/1995): Familie – Familienerziehung, in: Lenzen, D. (Hrsg.): Enzyklopädie Erziehungswissenschaft Bd. I., Stuttgart: Klett-Cotta, S. 412-419.

Münch, R. (2011): Akademischer Kapitalismus. Über die politische Ökonomie der Hochschulreform, Frankfurt/M.: Suhrkamp.

Niethammer, L. (1993): Wege aus der sozialen Einheit. Wege in die soziale Einheit?, in: Gewerkschaftliche Monatshefte 44, H. 3, S. 129–149.

Picht, G. (1964): Die deutsche Bildungskatastrophe, Olten: Walter.

Pongratz, L. A. (2009): Untiefen im Mainstream, Paderborn: Schöningh.

Rosken, A. (2009): Diversity und Profession: eine biographisch-narrative Untersuchung im Kontext der Bildungssoziologie, Wiesbaden: VS Verlag für Sozialwissenschaften.

Schäfer, A. (1991): Kritische Pädagogik – Vom paradigmatischen Scheitern eines Paradigmas, in: Hoffman, D. (Hrsg.): Bilanz der Paradigmendiskussion in der Erziehungswissenschaft. Leistungen, Defizite, Grenzen, Weinheim: Deutscher Studienverlag, S. 111-123.

Schmied-Kowarzik, W. (2012): Pädagogik als Teilaufgabe gesellschaftlicher Praxis und für sie. Über: Armin Bernhard: Allgemeine Pädagogik auf praxisphilosophischer Grundlage, in: SLR 35 64, Kassel, S. 51-57.

Schön, B. (2009): Mutter - Vater - Sohn - Tochter, in: Mertens, G. u.a. (Hrsg.): Handbuch der Erziehungswissenschaft, Band III: Familie - Kindheit - Jugend - Gender, Teilband 1, Paderborn u.a.O.: Schöningh, S. 217-238.

Schulz, F., Blossfeld, H.-P. (2010): Hausarbeit im Eheverlauf. Ergebnisse einer Längsschnittanalyse, in: Böllert, K., Oelkers, N. (Hrsg.): Frauenpolitik in Familienhand? Neue Verhältnisse in Konkurrenz, Autonomie oder Kooperation, Wiesbaden: Springer, S. 111-128.

Sinus Institut (2014): AOK Familienstudie, Berlin.

Tenorth, H.-E. (1999): Die zweite Chance. Oder: Über die Geltung von Kritikansprüchen „Kritischer Erziehungswissenschaft", in: Sünker, H., Krüger, H.-H. (Hrsg.): Kritische Erziehungswissenschaft am Neubeginn?!, Frankfurt/M.: Suhrkamp, S. 135-161.

Terhart, E. (2012): „Bildungswissenschaften": Verlegenheitslösung, Sammelkategorie, Kampfbegriff?, in: Zeitschrift für Pädagogik 58, H. 1, S. 22-39.

Tietze, W. u.a. (Hrsg.) (2012): NUBBEK. Fragestellungen und Ergebnisse im Überblick, Berlin: online unter: http://www.nubbek.de/media/pdf/NUBBEK %20Broschuere.pdf [Zugriff: 10.01.2013]

Weingart, P. (2005): Die Wissenschaft der Öffentlichkeit. Essays zum Verhältnis von Wissenschaft, Medien und Öffentlichkeit, Weilerswist: Velbrück Wissenschaft.

Wellie, B. (1991): Emanzipation in Kritischer Theorie, Erziehungswissenschaft und Politikdidaktik. Studien zur Transformation einer sozialphilosophischen Basiskategorie, Hamburg: Krämer.

Werdermann, F. (2014): Wir schuften uns zu Tode, online unter: https://www.freitag.de/autoren/felix-werdermann/wir-schuften-uns-zu-tode [Zugriff: 10.07.2014].

Winkler, M. (2006): Kritik der Pädagogik, Stuttgart: Kohlhammer.

Winkler, M. (2012): Erziehung in der Familie, Stuttgart: Kohlhammer.

Zur Kritik des ‚*Positiv*ismus' Empirische Forschung als Ideologie

Steffen Großkopf

1 Rahmung

Zur Kritik des Positivismus? Was hat Positivismus mit Familie zu tun? Inwiefern betreffen solche ‚Interna' der Wissenschaft elementare Formen des Zusammenlebens? Im Folgenden soll dieser Zusammenhang und seine Bedeutung für die Debatte um Familie und öffentliche Kleinkindererziehung dargestellt werden. Eine besondere Brisanz ergibt sich aus der legitimierenden Bedeutung der Wissenschaft für das politische Handeln in der Moderne sowie der damit verbundenen massenmedialen Verbreitung wissenschaftlicher Ergebnisse. Wissenschaft wird dabei jedoch nicht nur ‚benutzt' sondern tritt selbst öffentlichkeitswirksam bei der Publikation und Präsentation von Studien auf (vgl. Weingart 2001; Unzicker, Hessler 2012) oder betreibt selbst Politik im Rahmen von schwer durchschaubaren Netzwerken (vgl. Radtke 2015).

Vielfach beziehen sich die Debatten über Familie und frühkindliche Betreuung auf von der Forschung ermittelte Empirie, also auf das Erfahrbare, das Wirkliche, eben das Positive. Das ist im Hinblick auf das Aufwachsen kleiner Kinder insbesondere der Fall, seit dieses unter dem Schlagwort ‚frühkindliche Bildung' zunehmend Terrain empirischer Bildungsforschung wird. Die so ermittelte ‚empirische Evidenz' tritt dann jedoch erstaunlich abstrakt in Form von Zahlen auf, deren Überzeugungskraft offenbar durch die Transformation in (bunte) Diagramme noch einmal gesteigert wird. Am hermeneutischen Akt der Interpretation im Vor- und Nachhinein ändert das im Übrigen nichts.

Inwiefern solche Empirie hält, was sie verspricht, ist im Folgenden zu hinterfragen und damit auch die Wissenschaft selbst (vgl. ebd.). Dass dies selten geschieht, insbesondere im Falle der Erziehungswissenschaft, könnte an einem Eigeninteresse der Disziplin im Hinblick auf Forschung und Akademisierung der Ausbildung liegen (vgl. Niemeyer 2003; Schönberger, Werner 2012) oder – schlimmer noch – die Erziehungswissenschaft entwickelt den Zustand, den Armin Bernhard und Lutz Rothermel vor einigen Jahren schon „als *Verlust ihrer wissenschaftlichen Kritikfähigkeit gegenüber der Gesellschaft und zugleich als Verlust ihrer gesellschaftspolitischen Verantwortung*" (Bernhard, Rothermel 2001 S. 11, erfreulich: DGFE 2015) bezeichnet haben, weiter bis hinein in die elementaren Bereiche der Wissenschaftlichkeit selbst.

2 *Etwas über (Sozial)Wissenschaft*

Es wäre nicht nur vermessen, auf den wenigen verfügbaren Seiten klären zu wollen, was (Sozial)Wissenschaft ist, sondern schlicht aussichtslos, zumal es sich an dieser Stelle nur um eine Problemhinführung handelt. Der Überlegung folgend, dass es in der Wissenschaft verschiedene Paradigmen gibt, liegt das ‚Elend' bereits auf der Hand. Wissenschaftler selbst streiten darüber, was Wissenschaft ist, was sie darf und welche Methoden ihrem Gegenstand angemessen sind.

Es soll darum ein Umriss skizziert werden, der letztlich auf eine Form des Konsens', vielleicht einen Standard hinweisen soll, den Wissenschaft zur Selbstlegitimation benötigt, will sie sich von anderen Formen der Wissensproduktion, anderen sozialen Systemen, dem Alltagswissen oder pauschaler: einem nicht-wissenschaftlichen Wissen unterscheiden.

Wesentlich dafür sind in der Regel die Methoden der Forschung, die Objektivität bzw. Personenunabhängigkeit und Nachvollziehbarkeit für andere – mehr oder weniger – sicherstellen sollen. Der Minimalanspruch eines jeden Paradigmas sollte sein, den eigenen Anforderungen und Standards zu genügen. Das ist möglicherweise paradigmenabhängig verschieden ambitioniert.

Theoretisch besteht zudem der Anspruch an den Wissenschaftler, sofern es in seiner Wissenschaft mehrere Paradigmen gibt und er auch in der Lehre tätig ist, nicht nur (s)ein Paradigma zu vermitteln, sondern auch die anderen. Zudem ist es – wiederum theoretisch – so, dass angesichts der Fragestellung die Methoden, die meist mit dem Paradigma korrelieren, zu wählen sind. Pragmatischer formuliert, sollte er das andere kennen, um zu wissen, warum er es nicht präferiert.

Im Hinblick auf Kritik bedeuten diese Überlegungen, dass es zwei grundlegende Möglichkeiten der Kritik gibt. Einerseits die paradigmenexterne, in der Regel nicht auflösbare Kritik, da sie grundlegend Zweifel am fraglichen Paradigma und dessen Erkenntnismöglichkeiten hegt. Das ist sozusagen die, ‚gegen die kein Kraut gewachsen ist' oder mit Kuhn formuliert, warum Paradigmen ‚inkommensurabel' sind. Auf der anderen Seite steht die paradigmeninterne Kritik. Das ist die, die für ein sich Einlassen auf die Grundannahmen eines Paradigmas steht. Es ist die, an der sich Vertreter eines Paradigmas selbst messen (lassen müssen) und die sie, sofern sie zutrifft, akzeptieren. Für Paradigmenexterne besteht die Herausforderung darin, fundamentale Kritik fallen zu lassen und Kritik im Rahmen des fremden Paradigmas zu üben. Paradigmeninterne Kritik ist also die, gegen die jeder Wissenschaftler sich überzeugend schützen können muss bzw. die er überzeugend ausräumen können sollte.

3 *Auf der Suche nach Wahrheit*

Wissenschaft – so ein verbreitetes und historisch nicht zufälliges Verständnis – dient der Aufklärung. Aufklärung zielt auf Wahrheit unabhängig von Autorität wie z.B. der Kirche (vgl. Meidl 2009, S. 13). Da inzwischen, insbesondere im Kontext der Diskussion um die Postmoderne, auch Wahrheit kein unumstrittener Begriff mehr ist, erscheint es angemessen, von Erkenntnis als Ziel wissenschaftlichen Handelns zu sprechen, im Ergebnis geht es um Wissen (vgl. Rost 1999; Kron 2009, S. 80ff.). Wissenschaft will Selbstverständliches ebenso wie Irritierendes hinterfragen, es deuten und verstehen oder es erklären. In letzterem Fall folgt Sozialwissenschaft einem den Naturwissenschaften entlehnten und seit der Aufklärung verstärkten Anspruch, Gesetzmäßigkeiten zu finden, um diese dann auch anzuwenden und Entwicklungen zu steuern.

Charakterisiert scheint Wissenschaft als besondere Form der Erkenntnis dadurch zu sein, dass sie – egal wie umstritten dies innerhalb der Wissenschaft selbst ist – nach außen neutral und objektiv wirkt. Im politischen Kontext macht dies Wissenschaft zum attraktiven Legitimationsinstrument, da diese über spezifische (Partei)Interessen erhaben und standpunktunabhängig erscheint. Darum wird sie auch jüngst im sogenannten „Bürgerdialog“ von der Kanzlerin im Hinblick auf dessen Auswertung stetig in einem Atemzug mit Neutralität genannt.

Kritiker sehen in der Wissenschaft eine Ersatzreligion. Popper hat dies einmal so beschrieben: Gott wurde durch die Natur ersetzt und die Theologie durch die Wissenschaft (von der Natur) (vgl. Popper 1980).[1]

Es gibt jedoch auch gegenläufige Prozesse. Aufgrund von Skandalen z.B. im Kontext der Vergabe von Titeln oder im Rahmen von Auftragsforschung entstand auch Misstrauen, was aber – Stichwort Religion – am Image der Wissenschaft kaum gerüttelt hat. Dennoch gibt es Veränderungen im Zusammenhang mit den medialen und öffentlichen Kommunikationsprozessen, denen sich die Wissenschaft nicht entziehen kann (und will?) (vgl. Weingart 2001; vgl. schon Habermas 1974a). Diese verlangen seitens der Wissenschaft die Rechtfertigung des in sie gesetzten Vertrauens, was diese zunehmend unter Legitimations- und ökonomischen Druck setzt (vgl. Münch 2011), zugleich gewinnt sie – wie gezeigt – an Macht als ‚die‘ Instanz zur Legitimation und Möglichkeit vernünftigen oder auch ‚richtigen‘ Handelns.

Inzwischen wird jedoch auch sichtbar, wie wichtig ein investigativer Journalismus als Korrektiv der Wissenschaft ist (im Fernsehen eher zwischen 23 und 6 Uhr zu sehen, gelegentlich um 21:00 Uhr) und damit auch für die Wissenschaftler, die selbst den Überblick verloren haben angesichts fachlicher Engführung oder auch

[1] Popper widmete aufgrund historisch kurzfristigerer Entwicklungen zwar noch eine Überlegung der (marxistischen) Ideologie, doch scheint dies heute vernachlässigbar.

der Masse an Publikationen, deren stete Prüfung, selbst der für die eigene Forschung relevanten Erkenntnisse, kaum noch möglich ist.

Auch das reine Vertrauen auf Selbstkorrektur, die eigenen Standards und die Seriosität der Kollegen, also auf die Idee der scientific community, erweist sich als naiv oder idealistisch. Vielleicht geht es im Hinblick darauf auch um so etwas wie vorwissenschaftliche Entscheidungen, Erfahrungen, Haltungen, ja Ideologie oder einen ‚gesunden Menschenverstand' – den uns die Wissenschaft zugleich bekanntlich als wenig vertrauenswürdig am liebsten austreiben würde –, um nicht kritiklos zu werden. Es gilt also, auch an der Wissenschaft zu zweifeln und zugleich ist dieser Zweifel (als zu methodisierender) der Ursprung neuzeitlicher Wissenschaft nach René Descartes.

Und dennoch: Die Skepsis gegenüber Wissenschaft ist gering. Glaubt man einer Online-Umfrage – was den Wert der Daten bereits wieder relativiert[2] – zeigt sich ein hohes Vertrauen in die Wissenschaft (vgl. Findeklee 2010). International herrscht laut der Studie die Meinung, dass Wissenschaftler sich auch zu „politischen Fragen mit Wissenschaftsbezug" äußern sollten.

> „In dem Punkt, inwieweit sie dabei Partei ergreifen sollen, gibt es mehr Uneinigkeit – in den USA, Kanada, Großbritannien und China sind etwa gleich viele Teilnehmer dafür wie dagegen, in Japan, Italien und Frankreich zeigt sich eine Tendenz für die eindeutige Stellungnahme – und in Deutschland wird sie klar gefordert" (Findeklee 2010).

Das unterstreicht, welches Vertrauen Wissenschaft genießt und dass davon ausgegangen wird, dass sie neutral und nur der Wahrheit verpflichtet sei. Die Forderung nach politischer Stellungnahme leitet sich vermutlich gerade daraus ab.

4 Spezifizierungen im Kontext der Erziehungswissenschaft

Wie angedeutet und zu erwarten ist, wird die Diskussion darum, was Wissenschaft ist und was sie leistet, insbesondere in der Philosophie und den Sozialwissenschaften, weitaus differenzierter geführt.

Seit sich im 20. Jahrhundert die Pädagogik als Wissenschaft etablieren konnte, steht sie unter Rechtfertigungsdruck bzw. kämpft um ihr Wissenschaftsverständnis (vgl. jüngst Brezinka 2015).[3] Insbesondere in der zweiten Hälfte des 20. Jahrhunderts führt dies zu einem sogenannten Paradigmen- oder Methodenpluralismus und damit zu intensiven Debatten in der Disziplin, die bis heute existieren (vgl. hierzu

---

2 „Die Ergebnisse sind nur eingeschränkt repräsentativ, da die Teilnehmer nicht den ‚Bevölkerungsdurchschnitt' widerspiegeln, sondern einen vorwiegend akademischen und hier vor allem naturwissenschaftlichen Hintergrund haben. Zudem schwankte die Zahl der Mitwirkenden teilweise stark zwischen den Ländern; weiterhin gibt es Unterschiede in der Altersstruktur – und vier Fünftel der Teilnehmer waren Männer" (Findeklee 2010).

3 Wolfgang Brezinka kritisiert, dass alles, was an Universitäten gelehrt wird aufgrund des Ortes bereits Wissenschaft sei (vgl. Brezinka 2015, S. 293).

umfassend Krüger 1997; König, Zedler 1998; Oelkers, Fatke 2014). Für die folgenden Überlegungen werden die Kritische und die Empirische Erziehungswissenschaft als die beiden maßgebenden Strömungen in der zweiten Hälfte des 20. Jahrhunderts näher betrachtet (vgl. Horn 2014, S. 27; zusammenfassend Krüger 1997).

Im Kontext der empirischen Erziehungswissenschaft wurde auch der Kritische Rationalismus Poppers insbesondere durch Brezinka rezipiert. Er forderte eine kritisch-rationale Erziehungswissenschaft, die dem Vorbild der Naturwissenschaften folgt. Folglich unterscheidet Brezinka die nicht normative reine, d.h. werturteilsfreie Gesetzeswissenschaft der Erziehung von der Philosophie der Erziehung und der praktischen Pädagogik, die beide keine Wissenschaft sind, da sie nicht dem erfahrungswissenschaftlichen Paradigma folgen und im Gegensatz zu diesem normativ sind (vgl. Brezinka 1989; 2015).

Konsequenterweise steht dieses Paradigma dem der Kritischen Erziehungswissenschaft diametral gegenüber. Die Kritische Erziehungswissenschaft entscheidet sich bewusst gegen ein wertfreies Wissenschaftsverständnis und fokussiert in der Tradition der Kritischen Theorie Aufklärung bzw. Aufklärung der Aufklärung über sich selbst (vgl. Adorno, Horkheimer 1944/1998) mit dem Ziel des Glückes jedes Einzelnen (vgl. Horkheimer 1937/2005). Im Zentrum kritischer Erziehungswissenschaft steht darum das Erziehungsziel der Emanzipation des Individuums bzw. die Frage, was die Pädagogik für diese leistet oder eben nicht leistet. Mollenhauer formulierte das in seiner oder besser *der* programmatischen Schrift Kritischer Erziehungswissenschaft 1968 so:

> „Verfolgt man nämlich die wissenschaftstheoretischen Diskussionen der letzten Jahre in der Sozialwissenschaft, dann läßt sich mindestens das Problem nicht übersehen, das sich nun für die Erziehungswissenschaft aus der Kritik an einer ›positivistisch halbierten Rationalität‹ ergibt, einer Wissenschafts-Konzeption nämlich, nach der Wert- und Zwecksetzungen nur noch beschrieben, aber nicht mehr wissenschaftlich diskutiert werden können. (…) Für die Erziehungswissenschaft konstitutiv ist das Prinzip, das besagt, daß Erziehung und Bildung ihren Zweck in der Mündigkeit des Subjektes haben, dem korrespondiert, daß das erkenntnisleitende Interesse der Erziehungswissenschaft das Interesse an Emanzipation ist. ›Eine so verstandene Theorie gewinnt die Maßstäbe der Kritik durch ihr Interesse an der Aufhebung von Verdinglichung und Selbstentfremdung des Menschen.‹ [Blankertz] Sie wendet sich kritisch gegen all jene Erziehungsverhältnisse, die die Verdinglichung – die Unterdrückung der Vernunft im Dienste empirischer Heteronomien – weiter betreiben, oder auch gegen solche, die ihr nicht entgegenzuwirken vermögen“ (Mollenhauer 1973, S. 9f.).

Es geht also gerade nicht um eine wertneutrale Beschreibung, sondern um Wertung, um Ideologiekritik im Hinblick auf das zu erziehende Individuum und die Reflexion der Bedingungen der Erkenntnis bzw. der Verortung des Ganzen im Rahmen der Herrschaftsverhältnisse einer Gesellschaft in der auch noch ihre Wissenschaft *funktioniert.*

Ideologiekritik steht zwar im Zentrum kritischer Erziehungswissenschaft, zugleich betont diese jedoch, dass „Empirie unerläßlich“ ist (Mollenhauer 1973,

S. 10), ebenso wie Hermeneutik. Insofern ist auch Kritische Erziehungswissenschaft empirisch rückgebunden, was deutlich sichtbar wird an Mollenhauers Arbeiten und weshalb er später selbst auf ‚Vergessene Zusammenhänge' hinweist (Mollenhauer 1983).

An dieser Stelle ist auf eine sprachliche Ungenauigkeit zu verweisen, denn empirische Erziehungswissenschaft schließt auch qualitative Verfahren ein, so dass innerhalb der empirischen Erziehungswissenschaft quasi wiederum zwei Paradigmen zu finden sind. Qualitative Verfahren schließen methodisch vielfach an Hermeneutik an und wollen sich zugleich klar unterschieden wissen von einer auf Hermeneutik basierenden geisteswissenschaftlichen Pädagogik. Qualitative und quantitative empirische Verfahren sind sich jedoch einig im Anspruch der Wertneutralität. Primär stehen sich aber als Paradigmen im Anschluss an den Positivismusstreit in der deutschen Soziologie (vgl. Adorno u.a. 1970) Kritischer Rationalismus und Kritische Theorie gegenüber und folglich quantitative empirische Erziehungswissenschaft und Kritische (vgl. Büttelmayer, Möller 1979).

König und Zedler konstatieren, dass sich seit den 80er Jahren „das Interesse von wissenschaftstheoretischen Überlegungen stärker zu forschungsmethodischen verschoben" hat (König, Zedler 1998, S. 54) und Horn vermutet jüngst, dass die „Grundlagen der Unterscheidung [Empirie vs. Werteorientierung] oft nur noch wenig bekannt" sind (Horn 2014, S. 27).

> „Die Auseinandersetzung um Empirie vs. Werteorientierung oder um Wissenschaft vs. Philosophie hat auch in den letzten Jahren ihren Ort in der Erziehungswissenschaft gehabt, allerdings nicht in der offenen Form, die für die Zeit bis etwa 1960 üblich war, als eindeutig der Wertebezug der Erziehungswissenschaft betont wurde; auch nicht in der Form, die die Zeit danach mit ihren wechselseitigen Vorwürfen – Positivismus und technologisches Denken vs. verkleidete Ideologien und politisierte Pädagogik – geprägt hat. Wir haben es insofern mit einer neuen Form zu tun, als die eine Seite zwar weiterhin den Positivismus- und Technologievorwurf äußert, die andere Seite darauf aber einerseits dickfellig-ignorant, andererseits mit dem Versuch der Einordnung der den Studien zugrunde liegenden Konzepte in deutsche bildungstheoretische Traditionen reagiert." (Horn 2014, S. 27)

Horn resümiert, dass „sich die aktuelle Debatte als Wiedergängerin der früheren Debatte um philosophisch-kritische Grundlegung vs. wissenschaftlich-empirische Orientierung dar[stellt], ohne dass es innerhalb und durch diese Gegenüberstellung zu einem Erkenntnisfortschritt gekommen wäre" (Horn 2014, S. 27).

Mit Blick auf die im Folgenden referierten Befunde könnte jedoch der Verdacht aufkommen, dass es möglicherweise eine Aufweichung oder gar eine paradoxe Umkehrung gibt. König und Zedler konstatierten bereits vor fast 20 Jahren, dass ein eher seichter Falsifikationismus in der Erziehungswissenschaft betrieben wird, d.h. der schwarze Schwan ist nicht mehr so bedeutsam wie in dem berühmten Beispiel des Kritischen Rationalismus. Einfacher formuliert: Ausnahmen bestätigen die Regel.

Zudem sei man sich zwar im Hinblick auf Wertfreiheit einig, doch:

„Zugleich wird die Trennung zwischen Entscheidungen und Aussagen unscharf: Begriffliche und forschungsmethodische Festlegungen werden keineswegs einem metawissenschaftlichen Gebiet zugeordnet, sondern sind beträchtlicher Teil wissenschaftlicher Theoriebildung überhaupt (...) Wissenschaft wird hier eher ein System von Regeln, weniger von Aussagen (...). Grundsätzlich lassen sich für diese Veränderungen im wissenschaftlichen Vorgehen zwei Deutungen angeben:

- als unzureichende Rezeption oder Trivialisierung des Kritischen Rationalismus,
- oder als Kennzeichen dafür, daß die Wissenschaftstheorie des Kritischen Rationalismus der Forschungspraxis nicht adäquat ist und daher der Änderung bedarf" (König, Zedler, S. 56).

5 Wert(urteils)freie (Erziehungs)Wissenschaft

Während zu Beginn des 20. Jahrhunderts Lay und Meumann als frühe Vertreter empirischer Erziehungswissenschaft keine Probleme mit normativen Aussagen in der Erziehungswissenschaft formulierten, konstatierte Lochner als weiterer Vertreter empirischer Erziehungswissenschaft später: „Eine normative Erziehungswissenschaft kann nicht anerkannt werden, denn indem ich ein Verhalten lehre, menschliches Tun zu verbessern beabsichtige, überschreite ich den Boden der Wissenschaft." (Lochner 1947 zit. nach König, Zedler 1998, S. 40) Bereits 1927 hatte Krieck – ebenso wie Bernfeld mit seiner Forderung nach „Tatbestand, von allen Zielen, Wünschen und Absichten unabhängig" (Bernfeld 1925/1973, S. 13) – eine Erziehungs*wissenschaft* gefordert, die „den Weg der reinen Erkenntnis und der kritischen Forschung" geht und nicht mit „der Frage nach dem Sollen und nach den Zielen" beginnt (Krieck 1927, S. 11).

In der zweiten Hälfte des 20. Jahrhunderts wurde diese Problematik erneut diskutiert im Kontext einer ‚realistischen Wende' in der Erziehungswissenschaft (vgl. Roth 1962).[4] Die empirische Erziehungswissenschaft, insbesondere die am Kritischen Rationalismus orientierte (vgl. Brezinka 1971), war angetreten, um eine normativ geprägte geisteswissenschaftliche Pädagogik abzulösen und so – mit Bernfeld gesprochen – die Tatbestandsgesinnung in der Pädagogik zu erhöhen bzw. zu sichern. Jüngst scheint sich dieses Szenario unter dem Etikett ‚empirische Bildungsforschung' zu wiederholen.[5] Dies wird im Folgenden ausgeführt und zudem im Anschluss an König und Zedlers Überlegung zur ‚Trivialisierung des

---

4 Roth wies aber darauf hin: „Empirische Forschung darf allerdings nicht unkritisch werden. Sie hat das kategoriale und prinzipielle Durchdenken ihres Tuns dringend nötig. Die Erziehungsphilosophie hat die Aufgabe, ihr kritisches Gewissen zu bleiben" (Roth, 1958 zit. nach Wilhelm, 1959, S.152).

5 Ungewöhnlich ist dies nicht. Auch in der Nationalökonomie bzw. in der Folge in der Soziologie finden sich diese Debatten wiederholt. Insbesondere der Positivismusstreit in der deutschen Soziologie beeinflusste auch die erziehungswissenschaftliche Debatte und ist „als Wiederauflage der Werturteilsdiskussion aufzufassen" (Meidl 2009, S. 129), die bereits 1913 zwischen Max Weber und den sogenannten Kathedersozialisten (Schmoller u.a.) ausgetragen wurde.

Kritischen Rationalismus' – aber auch grundsätzlich im Hinblick auf quantitative empirische Sozialforschung – behauptet, dass es Indizien dafür gibt, dass dieses Paradigma inzwischen selbst explizit normativ ist bzw. wirkt.

6 *Wissenschaft, Ideologiekritik und … Ideologiekritik*

Sollte die Behauptung zutreffen, erscheint es aus Perspektive kritischer Erziehungswissenschaft heute – vor aller Ideologiediskussion – angebracht zu sein, zuerst die postulierte Wertneutralität von denen einzufordern, die sie sich wissenschaftstheoretisch auf die Fahnen schreiben. Das erscheint wie eine Umkehrung einstiger Positionen. In der Sache ist es das aber nicht, denn die Kritik bleibt Ideologiekritik und die Forderung nach Neutralität ist dann eher eine pragmatisch-ernüchterte, insofern sie noch gar nicht die Norm kritischer Erziehungswissenschaft ins Spiel bringt, sondern eine Kritik äußert, die im Rahmen des empirischen Paradigmas argumentiert und insofern schon ‚gewonnen' hat.

Aber vielleicht, das wäre zu überlegen, braucht man um die eigene Wertneutralität zu sichern, eben doch Ideologiekritik?[6] Diese ist dem Kritischen Rationalismus ohnehin nicht fremd, war sie doch immer zentral in den Debatten der 1970er Jahre, wenn sich Popper und Albert vor allem gegen den Marxismus und ‚seine' Wissenschaft wandten (vgl. z.B. Topitsch 1971). Im Kampf um den (Neutralitäts)Charakter der Wissenschaft kam man am sozialen Zusammenhang offenbar nicht vorbei. Popper verteidigte bekanntlich die offene Gesellschaft gegen ihre Feinde (vgl. Popper 1945/1992). Dabei ging es wissenschaftlich um eine scharfe Unterscheidung von wissenschaftlicher Prognose und Prophetie (vgl. Popper 1980) bzw. von „Wissenschaft positivistischen Stils" von Ideologie im Sinne marxistischer Doktrin (nicht aber im Sinne der Möglichkeit einer Ideologie des Fortschritts) (vgl. Albert 1980, S. 127).

> „Ziel der empirischen Wissenschaft ist es Kenntnisse über die Welt zu sammeln, nicht Anweisungen zu geben. Zugleich hat sie eine praktische Aufgabe (Technologie), sie kann über Gesetzmäßigkeiten die folge von Handlungen mit einer gewissen Wahrscheinlichkeit prognostizieren. So kann Erziehung rationalisiert, in dem Bedingungen und Gesetzmäßigkeiten erforscht werden" (Brezinka 1971, S. 59).[7]

6 Der Begriff der Kritik im Kritischen Rationalismus ist instrumentell als Dogma im Rahmen der Denkweise manifestiert: Kritisch bedeutet für den Kritischen Rationalismus vor allem Objektivität als Intersubjektivität der Methode (vgl. Meidl 2009, S. 120ff.; Popper 2005, S. 366).

7 Wenn 90% der Bevölkerung für die Todesstrafe sind, ist das der Fall. Damit ist ‚wissenschaftlich' weder bewiesen, dass die Todesstrafe ‚richtig' ist, noch dass sie einzuführen ist. Hingegen kann die Information von der Politik aufgenommen werden als Wunsch des Volkes diese Form der Strafe einzuführen und mit einer entsprechenden Programmatik bei einer Wahl gegebenenfalls Stimmen zu gewinnen. Hier geht es aber um Entscheidung nicht um eine Annäherung an Wahrheit.

Insofern ist Ideologiekritik immer auch Sache des kritischen Rationalismus gewesen:

> „Die Funktion von Ideologien besteht nicht in der Erklärung bestimmter Vorgänge, sondern in ihrer Rechtfertigung, nicht in der Vorhersage bestimmter Handlungskonsequenzen, sondern in der Vorentscheidung von Handlungen, nicht in der Beschreibung von Ereignissen, sondern in ihrer Bewertung" (Albert 1980, S. 127).

Vielleicht ist aber gerade das Verschwinden dieser Ideologiekritik mit dem ,Verschwinden des Marxismus' bzw. des real existierenden Sozialismus ein Problem, da so offenbar vermeintlich der Glaube entsteht, dass auch Begriffe bzw. Konzepte wie Ideologie und damit Ideologiekritik obsolet seien (vgl. Tepe 2012, S. 7ff.).[8] Das ist in der Sache nicht angemessen, wie Tepe ausführt, ändert aber am Befund zunehmender Bedeutungslosigkeit offenbar wenig. Dass kritische Theorie in ihrer Bedeutung davon betroffen ist, wundert nicht, erscheint sie doch überflüssig oder veraltet mit ihrem Projekt der Ideologiekritik. Zugleich ist festzuhalten, dass offenbar auch die vom Kritischen Rationalismus betriebene Ideologiekritik im Rahmen dieser Entwicklungen in Vergessenheit gerät. Vielleicht macht gerade das empirische Wissenschaft ideologieanfällig, da sie den kritischen Blick auf sich selbst zur Unterscheidung von ,falscher' Wissenschaft oder Prophetie verliert. Vielleicht ist dieser größere historisch-politische Zusammenhang auch Ursache für die zu wenig bekannten Grundlagen, von denen Horn spricht bzw. „die Trivialisierung des Kritischen Rationalismus", wie es König und Zedler formulierten.

Der Begriff der Ideologie scheint jedenfalls mit weltpolitischen Veränderungen bedeutungslos geworden zu sein und es macht den Eindruck, dass die so vielleicht auf Umwegen eingeleitete zunehmende Machtverschiebung im Kampf der Paradigmen um Anerkennung weitaus mehr bedeutet bzw. auf eine gewisse Abhängigkeit vom Ganzen verweist, also die Wissenschaft noch einmal nicht als Beobachter, sondern als Teil der Gesellschaft ausweist.

7 *Neue Begriffe – alte Differenzen*

Es ist so gesehen kein Zufall, dass sich heute Bildungstheorie und empirische Bildungsforschung gegenüber stehen, in der Sache aber an die ,alte' Differenz (bis hinein in die Metapher) erinnern: „Das Verhältnis von Bildungstheorie und empirischer Bildungsforschung erinnert in mancher Hinsicht an die Beziehungen der beiden deutschen Staaten in den Jahrzehnten vor der Wiedervereinigung" (Koller 2012, S. 6).

[8] Mithin haben Begriffe wie „Wissensordnung" die Funktion des Ideologiebegriffs übernommen und wirken – noch einmal mit dem alten Blick der Ideologiekritik betrachtet – als affirmativ, weil sie sich vom Standpunkt der Wahrheit entfernen und sich letztlich selbstgenügsam an Perspektive und Relation erfreuen (vgl. auch Tepe ebd., S. 8).

Wissenschaftstheoretisch scheint sich zumindest ein Teil der Diskussion zwischen Kritischer Erziehungswissenschaft und empirischer Erziehungswissenschaft unter neuen Begriffen fortzusetzen.

„Bildungstheorie wird von ihren Vertretern als derjenige Ort innerhalb der Erziehungswissenschaft aufgefasst, an dem die Diskussion über ‚die Aufgaben und die Zweckbestimmung der pädagogischen Praxis' methodisch reflektiert geführt wird (...). Den Gegenstand bildungstheoretischer Reflexionen stellt dabei das Verhältnis des Menschen zu sich selbst, zu anderen und zur Welt dar (...) auf das sich Bildungstheorie zumeist hermeneutisch-textexegetisch bzw. philosophisch-reflexiv bezieht" (Koller 2012, S. 7).

Insofern die Bildungstheorie normative Fragen im Rahmen der Erziehungswissenschaft diskutiert, übernimmt sie im Hinblick auf die empirische Bildungsforschung die Position einer kritischen Erziehungswissenschaft (vgl. auch Winkler 2006). Demgegenüber findet sich die Position des Kritischen Rationalismus, das ist relativ evident, in der empirischen Bildungsforschung:

„‚Bildungsprozesse' sind dabei in Abgrenzung zur bildungstheoretischen Verwendung des Terminus in einem weiten Sinn zu verstehen und schließen Lehr-, Lern-, Sozialisations- und Erziehungsprozesse ein (...). Methodisch orientiert sich empirische Bildungsforschung vielfach am Wissenschaftsverständnis des Kritischen Rationalismus und plädiert dementsprechend für eine Beschränkung wissenschaftlicher Aussagen auf Tatsachenfeststellungen bzw. deskriptiv-analytische Aussagen und den Verzicht auf normative Konstruktionen bzw. Aussagen darüber, was auf welchem Wege durch pädagogisches Handeln bewirkt werden soll (...)." (Koller 2012, S. 8) Zudem, wie auch bereits bei Brezinka formuliert, zielt empirische Bildungsforschung darauf, „Bildungsprozesse und Bildungsergebnisse zu beschreiben, zu erklären und vorherzusagen" (Leutner 2013, S. 131).

Daher gilt auch heute: „Die wissenschaftliche Sprache soll darum frei von Gefühlen, Aufforderungen usw. sein" (Brezinka 1971, S. 59) bzw. Werturteile vermeiden. Solche enthält ein Satz, wenn er:

„1. den jeweils anvisierten Sachverhalt in positiver oder negativer Weise für das Verhalten (Stellungnahme oder Handeln) auszeichnet;
2. dabei ein normatives Prinzip (Wertstandard oder Verhaltensmaxime) als gültig unterstellt, das ein entsprechendes Verhalten fordert; und
3. eine präskriptive Erwartung involviert, daß die Adressaten des Satzes sich mit diesem Prinzip identifizieren und sich daher entsprechend verhalten" (Albert 1971, S. 214).

Angesichts des Ausgeführten erstaunen die folgenden Befunde, die Anlass für die These der Normativität im Rahmen des empirischen Paradigmas sind.

8 *Die kommentierten Daten der Kinder- und Jugendhilfe – Kom^{Dat}*

Kom^{Dat} liefert wichtige Grundlagendaten für die Analyse der Leistungen und Kosten der Jugendhilfe und arbeitet vor allem quantitativ.

> „Kom^{Dat} versteht sich im Kontext der Kinder- und Jugendhilfe als Schnittstelle zwischen amtlicher Statistik auf der einen sowie Praxis, Politik und Forschung auf der anderen Seite. Ergebnisse der Auswertungen und Analysen auf der Grundlage der amtlichen Kinder- und Jugendhilfestatistik werden genauso kompakt präsentiert wie u.a. Beispiele für Möglichkeiten und Grenzen bei der Nutzung dieser Daten oder auch Kontextualisierungen mit anderen amtlichen und nicht-amtlichen Daten zu Fragen und Themen der Kinder- und Jugendhilfe." (http://www.akjstat.tu-dortmund.de)

– so die Selbstdarstellung auf der Homepage. Es handelt sich vor allem um *deskriptive* Statistiken.

Auf der Homepage wird zudem darauf hingewiesen was Kom^{Dat} bietet:

> „ – Die Analyse aktueller Entwicklungen in der Jugendhilfe anhand von Erhebungsergebnissen der amtlichen Kinder- und Jugendhilfestatistik.
> – Hinweise und Anregungen zur Erhebung, Auswertung und Nutzung der amtlichen Kinder- und Jugendhilfestatistik" (ebd.).

Die Frage ist, ob dieses Selbstverständnis die folgenden Aussagen zulässt. In der Ausgabe 2/2013 geht es um den Ausbau des U3 Bereiches, also den Ausbau der Kindertagesstätten für unter Dreijährige.

Im Editorial ist zu lesen:

> „In der vom 14. Kinder- und Jugendbericht vorgelegten Analyse zum Aufwachsen in ‚neuer Verantwortung' benennen die Sachverständigen einen bedarfsgerechten Ausbau von Bildungs-, Betreuungs- und Erziehungsangeboten für das erste Lebensjahrzehnt sowie eine davon nicht zu trennende Qualitätsentwicklung als eine der zentralen Leitlinien. Für den wichtigen Bereich der frühkindlichen Bildung, Betreuung und Erziehung sind die empirischen Trends *erfreulich* stabil und *weisen in die richtige Richtung*, auch wenn vielfach noch Verbesserungsbedarf besteht – etwa beim Austarieren von Angebot und Nachfrage, bei der Tagespflege oder bei der Personalentwicklung im Bereich der Frühpädagogik. Doch die Beiträge der aktuellen Ausgabe zeigen: Der anhaltende U3-Ausbau, die Ausweitung der Ganztagsbetreuung im Kindergartenalter sowie eine weitere Zunahme des Personals, die nicht nur auf eine Erhöhung bei den Platzkapazitäten zurückzuführen ist, sind *ermutigende Signale* für eine bessere Bildung und Teilhabe von Kindern im Kleinkindalter. Insofern scheint der Ausbau der Kindertagesbetreuung auf der Basis der Daten aus dem Frühjahr 2013 *auf einem guten Weg*" (Schilling, Strunz 2013a, S. 1, Hervorhebungen S.G.).

9 *Schlechte Wissenschaft oder doch der Ideologie aufgesessen?*

Es handelt sich hier zwar um kommentierte Daten und dennoch sind die (im Zitat kursiv gekennzeichneten) Werturteile wissenschaftstheoretisch und im Sinne deskriptiver Statistik unzulässig. Da sie m.E. auch nicht über das oben benannte Selbstverständnis begründbar sind, liegen drei Schlüsse nahe.

1) Es handelt sich um ‚schlechte' empirische Wissenschaft, die den eigenen paradigmatischen Ansprüchen nicht gerecht wird. Es ist davon auszugehen, dass – da es sich um empirische Wissenschaft handelt – die Forscher den Ansprüchen der Werturteilsfreiheit folgen müssten, also sich auf reine Deskription beschränken sollten.
2) Sollte das nicht der Fall sein im Sinne dessen, dass es den Forschern nicht bewusst war, dass hier Bewertungen vorgenommen werden, sie also im Rahmen einer Wissensordnung bzw. aktuellen ‚Denkweise' schreiben – derzeit wird frühkindliche institutionelle Erziehung als *positiv*, als *gut* für die Entwicklung von Kindern, eben als ;frühkindliche Bildung' diskutiert (vgl. dazu Winkler und Hildenbrand in diesem Band; Winkler 2015; Großkopf 2014) – verweist dies auf die Notwendigkeit der Ideologiekritik.
   Sollte dies der Fall sein, wäre es ein deutliches Indiz dafür, dass es unsicher ist, ob der Wissenschaftler immer in der Lage ist, seine Aussage auf bewertende Formulierungen hin zu prüfen. In diesem Fall zeigt sich die Wirkung von Ideologien oder Diskursen im Sinne Foucaults, die die Idee der Werturteilsfreiheit massiv in Frage stellen und auf die Bedeutung außerparadigmatischer (Ideologie)Kritik verweisen. So gesehen wäre Kritischer Rationalismus von Beginn an auf tönernen Füßen unterwegs bzw. benötigte er um seine Stärke zu sichern seine (fiktiven?) Feinde.
3) Es handelt sich um eine mutwillige, ([wissenschafts]politischen) Interessen folgende Lesart der Daten, die Erwartungen anderer an die wissenschaftliche Neutralität bzw. den Glauben an deren Produktion von wahren Aussagen instrumentell ausnutzt. Auch dieser Fall verweist – besonders dezidiert – auf die Notwendigkeiten von Ideologiekritik in Form von Herrschaftskritik, wie sie bei Marx/Engels und später auch in der Kritischen Theorie entwickelt wurde. In diesem Fall wird auch evident, dass es hoch riskant ist, der Wissenschaft so viel Vertrauen entgegenzubringen, wie die oben benannte Studie es angedeutet hat und erst recht im Zusammenhang mit der Forderung nach Stellungnahmen – die, wie gezeigt und offenbar unbemerkt, vorliegen.

Ein weiteres Zitat – jenseits des Editorials – unterstreicht den Befund:

> „In dem letzten Kita-Jahr vor Inkrafttreten des Rechtsanspruchs hat vor allem Hamburg seine Inanspruchnahmequote von 2012 zu 2013 steigern können: Hier gab es einen Anstieg der Quote innerhalb eines Jahres um 2,6 Prozentpunkte." (Schilling, Strunz 2013b, S. 2)

Die Aktivformulierung verweist auf eine Kausalität, die erst noch zu prüfen wäre bzw. auch auf ein Interesse, nämlich das, dass man es für möglich hält, dass Kommunen die Quote steigern können. Dabei verweist die Formulierung auch darauf, dass es wünschenswert ist, wenn die Inanspruchnahme gesteigert wird. Bei einer weiteren renommierten Institution, dem Statistischen Bundesamt, finden sich ähnliche Dateninterpretationen:

> „Obwohl sich die Betreuungsquoten in den westdeutschen Kreisen auf einem deutlich geringeren Niveau bewegen als in den ostdeutschen Bundesländern, lassen sich – wie bereits in den Vorjahren – *positive* Veränderungen erkennen. So ist die Zahl der Kreise, die eine Betreuungsquote von weniger als 15 % aufwiesen, von 40 Kreisen im März 2012 auf 12 Kreise im März 2013 zurückgegangen [...]“ (Statistisches Bundesamt 2015, S. 10, Hervorhebung S.G.).

Zudem wird an anderer Stelle konstatiert, dass „in Westdeutschland das Betreuungsangebot für die unter 3-Jährigen – wie bereits im Vorjahr – in Hamburg (38,4 %) und in Rheinland-Pfalz (28,2 %) am höchsten ist. *Schlusslicht* bleibt Nordrhein-Westfalen mit 19,9 %“ (ebd., S. 16, Hervorhebung S.G.).

Alternativ und vor ca. 25 Jahren wäre vermutlich konstatiert worden, dass in Hamburg die Inanspruchnahme weiter gestiegen ist und es hätte sich dabei vermutlich vor dem Hintergrund dessen, dass das, was heute unter frühkindlicher Bildung (der unter Dreijährigen) firmiert, damals noch als Nothilfe für bedürftige oder überforderte Familien galt, um ein Alarmzeichen gehandelt, welches der Kommune ‚schlecht gestanden‘ hätte – im Gegensatz zum heutigen „Schlusslicht Nordrhein-Westfalen“.

Die wertenden Formulierungen sind evident verbunden mit der Neubewertung öffentlicher Kleinkindererziehung und das spiegelt sich auch in der unbewussten oder bewussten Darstellung entsprechender Daten wider. Unterstrichen wird das insbesondere dadurch, dass aus den quantitativen Daten zudem (qualitative) Schlüsse gezogen werden, die sich aus diesen schlicht überhaupt nicht ableiten lassen. So wird z.B. konstatiert, dass der Ausbau der Ganztagsbetreuung, die Zunahme des Personals und die Erhöhung bei den Platzkapazitäten „*ermutigende Signale* für eine *bessere* Bildung und Teilhabe von Kindern im Kleinkindalter“ seien. Aus den Daten ergibt sich das kaum, vielmehr handelt es sich hier um Prophetie und – darauf verweisen einige empirische Studien – ist eher das Gegenteil zu befürchten.

Im Ergebnis, egal welcher Grund oder welche Kombination von Gründen hier ursächlich sind, zeigt sich:

> „Ideologiekritik wird daher unabweisbar, um die Kontamination des sozialpädagogischen Diskurses zu erfassen. Sie lenkt indes sofort den Blick darauf, was der fachliche Diskurs selbst anrichtet. Erst eine reflexive Sozialpädagogik erkennt, wieweit Sozialpädagogik selbst zum Täter geworden ist“ (Winkler 2006, S. 58).

Insofern könnte – das erstaunt, ist aber durchaus im Rahmen dialektischen Denkens nicht inkonsequent – die *erste* Forderung kritischer Erziehungswissenschaft inzwischen, die nach der Neutralität der Wissenschaft sein. Dies klingt zwar nach verkehrter Welt und im Anspruch reduziert – sozusagen eine neue Stufe der Resignation im Rahmen kritischer Theorie – folgt aber immer noch dem Kerngedanken, da offenbar noch diese Forderung anspruchsvolle und wertende Reflexion voraussetzt.

10 Was passiert noch?

Ohne die Familie zu erwähnen, wird diese in solchen Diskussionen dennoch diskreditiert. Implizit wird klar, dass Institutionen definitiv besser oder gar einzig können, was bisher als Sache der Familie galt. Diese Aussagen können als Teil eines Diskurses im Sinne Foucaults begriffen werden. Diskurse konstituieren Wissensordnungen bzw. verändern solche. Man könnte eine solche Wissensordnung auch als Ideologie bezeichnen. Diskurse als Geflecht von verstreuten Aussagen eröffnen bestimmte Möglichkeiten und schließen andere aus. Ein weiteres Beispiel bzw. eine Aussage – jenseits öffentlicher Erziehung – kann als Teil eines solchen Diskurses identifiziert werden, der Familie anders konstituiert, als dies bisher in der BRD der Fall war.

In der Ostthüringer Zeitung vom 15.01.2015 ist zu lesen „Erwerbstätige Frauen: Der Westen holt nicht auf – im Gegenteil". Der Artikel irritiert, da bisher der Osten aufzuholen hatte. Nur im Rahmen des skizzierten Diskurses liegt der Osten ‚vorn' nämlich im Bereich institutioneller U3-Betreuung und der Frauenerwerbstätigkeit. Der Artikel nimmt Bezug auf eine Studie der Bertelsmann Stiftung (deren gemeinnütziger Anspruch bezweifelt werden darf, vgl. Schuler 2010). Diese erschien im Rahmen des Portals „Wegweiser Kommune".

> Dort „werden für alle Kommunen in Deutschland mit mehr als 5.000 Einwohnern Daten, Bevölkerungsprognosen und konkrete Handlungskonzepte für die kommunale Praxis zur Verfügung gestellt. Der ‚Wegweiser Kommune' ermöglicht so einen Blick auf die Entwicklung in den Politikfeldern Demographischer Wandel, Bildung, Finanzen, Integration, soziale Lage sowie Wirtschaft und Arbeit" (Bertelsmann Stiftung 2015).

In der Studie wird konstatiert:

> „Auch 25 Jahre nach dem Mauerfall ist Deutschland zweigeteilt – auf dem Arbeitsmarkt. In den Ost-Bundesländern sind erheblich mehr Frauen beschäftigt als im Westen. Zwischen einzelnen Kreisen und kreisfreien Städten liegen bis zu 27 Prozentpunkte Differenz. Und: Die Kluft wächst weiter." (ebd.)

Auch hier findet sich der neue *Positiv*ismus:

> „Untersucht wurde die Frauenbeschäftigungsquote aller kreisfreien Städte und Landkreise in Deutschland. (...) Seit 2006 hat sich die Quote im Osten von 50,9 auf 57,9 Prozent erhöht, im Westen von 45,8 auf 50,9 Prozent. Mit dieser *grundsätzlich positiven Entwicklung* nimmt aber auch die Differenz zwischen Ost und West weiter zu: von 5,1 Prozentpunkten in 2006 auf 7,0 in 2012." (ebd., Hervorhebung S.G.)

Noch einmal: Empirische Wissenschaft beschreibt, sie wertet nicht. Darüber hinaus stellt Dr. Brigitte Mohn, Vorstand der Bertelsmann Stiftung und durch nichts demokratisch legitimiert ‚Kommunen den Weg zu weisen', fest: „Unsere Auswertungen zeigen, dass trotz des leichten Anstiegs im Zeitverlauf Handlungsbedarf besteht. Niedrige Beschäftigungsquoten erhöhen das Risiko von Altersarmut bei Frauen" (ebd.). Die Programmdirektorin Dr. Kirsten Witte weist darauf hin: „Mehr Frauen eine Berufstätigkeit zu ermöglichen, ist eine Herausforderung für die

Kommunen mit ihren Unternehmen und die gesamte Gesellschaft, denn gerade angesichts des hohen Qualifikationsniveaus von Frauen schlummern hier große Potenziale für den Arbeitsmarkt" (ebd.). Damit wird der normative Hintergrund oder, wie es Habermas formulierte, das Interesse deutlich (vgl. Habermas 1974b):

> „Auswertungen belegen, dass erwerbstätige Frauen hoch und teilweise höher qualifiziert sind als Männer. Dieses Wissenspotenzial muss künftig besser genutzt werden. Beispielsweise könnten Frauen, die in Teilzeit arbeiten, ihre Wochenarbeitsstunden bei verbesserten Rahmenbedingungen ausweiten. Das wäre nicht nur ein Hebel zum Ausgleich der demographischen Nachteile, sondern würde auch dem persönlichen Risiko einer wachsenden Altersarmut entgegenwirken" (Bertelsmann Stiftung 2015).

Die „verbesserten Rahmenbedingungen" meinen sicherlich nichts anderes als – im üblichen Jargon formuliert – ,Bildungseinrichtungen für Kinder jeden Alters'.

Hier ist nicht der Ort, die Interessen der eng mit der „Initiative Neue Soziale Marktwirtschaft" zusammenarbeitenden Stiftung, die im Übrigen auch massiv im – man mag dem inflationären Sprachgebrauch eigentlich nicht mehr folgen – Bildungsbereich aktiv ist, weiter zu eruieren. Dass es primär um Altersarmut und die Emanzipation der Frau geht, darf jedoch bezweifelt werden (vgl. hierzu https://lobbypedia.de/wiki/Initiative_Neue_Soziale_Marktwirtschaft).

*

Es verwundert angesichts der Sprache der empirischen Wissenschaften nicht, dass auch im Nachrichtenmagazin „Der Spiegel" das Bundesland, in dem die Kinder am seltensten eine „38-Stunden-Woche" in der Kita haben/verbringen, als ,Schlusslicht' tituliert wird. „Allerdings holt der Freistaat überdurchschnittlich auf – seit 2012 eine volle Stunde" – auf 31,5 Stunden (Erdmann 2015).

Glücklicherweise – darauf verweisen die Kommentare, die sich oftmals unter solchen Mitteilungen finden – sind Eltern durchaus in der Lage, vorliegende Daten auch ganz anders zu interpretieren, und lassen sich nicht durch geradezu absurde Kritik beruhigen, die sich auch im genannten Artikel findet. Denn Erdmann konstatiert: „Nach dem Ausbau rückt nun vermehrt die Qualität der Betreuung in den Mittelpunkt. Mehrere Studien rügten zuletzt vor allem die vergleichsweise große Zahl von Kindern, die eine Erzieherin im Schnitt betreut" (ebd.).

Literatur:

Adorno, Th. W. u.a. (1970): Der Positivismusstreit in der deutschen Soziologie, Darmstadt u.a.: Luchterhand.

Albert, H. (1971): Theorie und Praxis. Max Weber und das Problem der Wertfreiheit und der Rationalität, in: Albert, H., Topitsch, E. (Hrsg.): Werturteilsstreit, Darmstadt: Wissenschaftliche Buchgesellschaft, S. 200–236.

Albert, H. (1980): Theorien und Prognosen in den Sozialwissenschaften, in: Topitsch, E. (Hrsg.): Logik der Sozialwissenschaften, 10., veränd. Auflage, Königstein/Ts.: Athenäum, S. 126–143.

Bernfeld, S. (1973): Sisyphos oder die Grenzen der Erziehung, Frankfurt/Main: Suhrkamp.

Bernhard, A., Rothermel, L. (2001): Einleitung, in: Bernhard, A., Rothermel, L.: Handbuch Kritische Pädagogik. Weinheim u.a.: Beltz, S. 11-17.

Brezinka, W. (1971): Von der Pädagogik zur Erziehungswissenschaft. Eine Einführung in die Metatheorie der Erziehung, Weinheim u.a.: Beltz.

Brezinka, W. (1989): Empirische Erziehungswissenschaft und andere Erziehungswissenschaft, in: Röhrs, H., Scheuerl, H. (Hrsg.): Richtungsstreit in der Erziehungswissenschaft und ..., Frankfurt/Main: Lang, S. 71–82.

Brezinka, W. (2015): Die „Verwissenschaftlichung“ der Pädagogik und ihre Folgen, in: Zeitschrift für Pädagogik, H. 2/2015, S.1–13.

Büttemeyer, W., Möller, B. (Hrsg.) (1979): Der Positivismusstreit in der deutschen Erziehungswissenschaft, München: Fink.

Bertelsmann Stiftung (2015): Frauenbeschäftigungsquote im Osten wächst schneller als im Westen, online unter: https://www.bertelsmann-stiftung.de/de/themen/aktuelle-meldungen/2015/januar/frauenbeschaeftigtenquote-im-osten-waechst-schneller-als-im-westen/ [Zugriff am: 24.04.2015].

Deutsche Gesellschaft für Erziehungswissenschaft (2015): Erziehungswissenschaft. Mitteilungen der Deutschen Gesellschaft für Erziehungswissenschaft. Wie politisch ist Erziehungswissenschaft? Opladen u.a.: Budrich, H. 50/ Jg. 26/ 2015.

Erdmann, L. (2015): Kita-Betreuung: Kleinkinder haben eine 38-Stunden-Woche, online unter: http://www.spiegel.de/politik/Deutschland/kita-betreuungszeiten-fuer-kinder-werden-immer-laenger-a-991879.html [Zugriff am: 10.05.2015].

Fatke, R., Oelkers, J. (Hrsg.) (2014): Das Selbstverständnis der Erziehungswissenschaft: Geschichte und Gegenwart, in: Zeitschrift für Pädagogik, Beiheft 60, Weinheim; u.a. : Beltz Juventa , S. 7-13.

Findeklee, A. (2010): Des Vertrauens würdige Wissenschaft, online unter: http://www.spektrum.de/news/des-vertrauens-wuerdige-wissenschaft/1046635. [Zugriff am: 10.05.2015].

Großkopf, S. (2014): Bildung oder Nothilfe? Über Metaeffekte des Kinderschutzes und pädagogische Täuschungen oder unzeitgemäße Betrachtungen in pädagogischer Absicht, in: Sauerbrey, U., Großkopf, S., Freytag, C., Winkler, M. (Hrsg.): Kindheit, Kinderspiel und Kinderschutz, Jena: Garamond, S. 95–124.

Habermas, J. (1974a): Verwissenschaftlichte Politik und öffentliche Meinung, in: Habermas, J.: Technik und Wissenschaft als Ideologie, Frankfurt/Main: Suhrkamp, S. 120–145.

Habermas, J. (1974b): Erkenntnis und Interesse, in: Habermas, J.: Technik und Wissenschaft als Ideologie, Frankfurt/Main: Suhrkamp, S. 146–167.

Horkheimer, M., Adorno, T. W. (1944/1998): Dialektik der Aufklärung. Philosophische Fragmente. Frankfurt/Main: Fischer.

Horkheimer, M. (1937/2005): Traditionelle und kritische Theorie: fünf Aufsätze, Frankfurt/Main: Fischer-Taschenbuchverlag.

Horn, K.-P. (2014): Pädagogik/Erziehungswissenschaft der Gegenwart. Zur Entwicklung der deutschen Erziehungswissenschaft im Spiegel ihrer disziplinären Selbstreflexion (1910-2010), in: Fatke, R., Oelkers, J. (Hrsg.): Das Selbstverständnis der Erziehungswissenschaft: Geschichte und Gegenwart. Weinheim u.a.: Beltz Juventa, S. 14–32. (Zeitschrift für Pädagogik, Beiheft 60), online unter: http://www.pedocs.de/volltexte/2014/9084/pdf/Horn_2014_Paedagogik_Erziehungswissenschaft_der_Gegenwart.pdf [Zugriff am: 10.05.2015].

Informationsdienst der Arbeitsstelle Kinder- und Jugendhilfestatistik Kom^Dat online unter: http://www.akjstat.uni-dortmund.de/index.php?id=397.

Koller, H.-C. (2012): Grenzsicherung oder Wandel durch Annäherung? Zum Spannungsverhältnis zwischen Bildungstheorie und empirischer Bildungsforschung, in: Zeitschrift für Pädagogik 58, H. 1/2012, S. 6-21, online unter: http: //www.pedocs.de/volltexte/2015/10492/pdf/ZfPaed_1_2012_Koller_Grenzsicherung_oder_Wandel.pdf [Zugriff am: 10.05.2015].

König, E., Zedler, P. (1998): Theorien der Erziehungswissenschaft. Einführung in Grundlagen, Methoden und praktische Konsequenzen, Weinheim: Deutscher Studien Verlag.

Krieck, E. (1927): Grundriß der Erziehungswissenschaft. Fünf Vorträge, Leipzig: Quelle und Meyer.

Kron, F. W. (2009): Grundwissen Pädagogik, 7. überarb. u. erw. Auflage, München u.a.: Reinhardt.

Krüger, H. H. (1997): Einführung in Theorien und Methoden der Erziehungswissenschaft, Opladen u.a.: Budrich.

Leutner, D. (2013): Statement 1: Empirische Bildungsforschung. Positionspapier anlässlich des DGFE Kongresses 2012, in: Müller, H-R., Bohne, S., Thole, W. (Hrsg.): Erziehungswissenschaftliche Grenzgänge. Markierungen und Vermessungen, Opladen: Budrich, S. 131–133.

Meidl, C. N. (2009): Wissenschaftstheorien für SozialforscherInnen, Wien u.a.: Böhlau.

Mollenhauer, K. (1973): Erziehung und Emanzipation. München: Juventa.

Mollenhauer, K. (1983): Vergessene Zusammenhänge. Über Kultur und Erziehung, München: Juventa.

Münch, R. (2011): Akademischer Kapitalismus. Zur politischen Ökonomie der Hochschulreform, Berlin: Suhrkamp.

Niemeyer, C. (2003): Sozialpädagogik als Wissenschaft und Profession. Weinheim und München: Juventa.

Popper, K. R. (1945/1992): Die offene Gesellschaft und ihre Feinde. 2 Bde, Tübingen: Mohr.

Popper, K. R. (1980): Prognose und Prophetie in den Sozialwissenschaften, in: Topitsch, E. (Hrsg.): Logik der Sozialwissenschaften, Königstein/Ts.: Athenäum, S. 113-125.

Popper, K. R. (2005): Karl Popper Lesebuch. Ausgewählte Texte zur Erkenntnistheorie, Philosophie der Naturwissenschaften, Metaphysik, Sozialphilosophie, 2. Auflage, Stuttgart: UTB GmbH.

Radtke, O.-F. (2015): Methodologischer Ökonomismus. Organische Experten im Erziehungssystem, in: Erziehungswissenschaft. Mittelungen der Deutschen Gesellschaft für Erziehungswissenschaft 26, H.50/2015, S. 7- 16.

Rost, F. (1999): Fachwissenschaften – Fachsprachen – Fachdokumentationen – Fachinformationen. Vortrag auf der 7. GIB-Fachtagung in Fuldatal bei Kassel, gehalten am 03.11.1999, online unter: http://friedrichrost.de/online-texte/fachinformation.htm [Zugriff am 11.12.2006].

Roth, H. (1962): Die realistische Wendung in der pädagogischen Forschung, in: Neue Sammlung, H. 2/1962, S. 481-490.

Schilling, M., Strunz, E. (2013a): Editorial, in: Kommentierte Daten der Kinder- & Jugendhilfe 16, H. 2/2013, S. 1.

Schilling, M., Strunz, E. (2013b): U3-Ausbau: wenige Klagen = bedarfsgerechtes Angebot, in: Kommentierte Daten der Kinder- & Jugendhilfe 16, H. 2/2013, S. 1-4.

Schönberger, I., Werner, S. (2012): Vom Nutzen und Nachteil neuer Krankheits- und Störungsbilder, in: Zeitschrift für Sozialpädagogik 10, H. 3, S. 257-273.

Schuler, T. (2010): Bertelsmannrepublik Deutschland. Eine Stiftung macht Politik, Frankfurt/Main: Campus.

Statistisches Bundesamt (2015): Kindertagesbetreuung regional 2014. Ein Vergleich aller 402 Kreise in Deutschland, online unter: http://www.statistikportal.de/statistik-portal/kita_regional.pdf.

Tepe, P. (2012): Ideologie, Berlin: de Gruyter.

Topitsch, E. (Hrsg.) (1971): Werturteilsstreit, Darmstadt: Wissenschaftliche Buchgesellschaft, S. 200–236.

Unzicker, K, Hessler, G. (Hrsg.) (2012): Öffentliche Sozialforschung und Verantwortung für die Praxis: zum Verhältnis von Sozialforschung, Praxis und Öffentlichkeit, Wiesbaden: Springer VS.

Weingart, P. (2001): Die Stunde der Wahrheit? Zum Verhältnis der Wissenschaft zu Politik, Wirtschaft und Medien in der Wissensgesellschaft, Weilerswist: Velbrück.

Wilhelm, T. (1959): Pädagogik der Gegenwart, Stuttgart: Kröner.

Winkler, M. (2015): ‚Bildung' als moderne Strategie der Einschließung. In: Kommission Sozialpädagogik (Hrsg.): Praktiken der Ein- und Ausschließung in der sozialen Arbeit, Weinheim und Basel: Beltz/Juventa, S. 57-77.

Winkler, M. (2006): Kritik der Pädagogik. Der Sinn der Erziehung, Stuttgart: Kohlhammer.

Autorinnen und Autoren

Jun.-Prof. Dr. Dorett Funcke ist Inhaberin der Ernsting's family-Junior-Stiftungsprofessur für das Fach Soziologie familiale Lebensformen, Netzwerke und Gemeinschaften an der FernUniversität in Hagen.

FernUniversität Hagen
Institut für Soziologie
Ernsting's-family-Junior Stiftungsprofessur für Soziologie
familialer Lebensformen, Netzwerke und Gemeinschaften
58084 Hagen

Dr. Steffen Großkopf ist wissenschaftlicher Mitarbeiter am Lehrstuhl für Allgemeine Pädagogik und Theorie der Sozialpädagogik am Institut für Bildung und Kultur der Friedrich-Schiller-Universität Jena.

Friedrich-Schiller-Universität Jena
Institut für Bildung und Kultur
Lehrstuhl für Allgemeine Pädagogik
und Theorie der Sozialpädagogik
Am Planetarium 4
07737 Jena

Prof. i. R. Dr. Bruno Hildenbrand war bis zum Eintritt in den Ruhestand Professor für Sozialisationstheorie und Mikrosoziologie am Institut für Soziologie der Friedrich Schiller Universität Jena und bearbeitet jetzt als Gastwissenschaftler an der Universität Kassel ein Projekt über die Bewältigung von Krisen im Umgang mit Kindeswohlgefährdung in sozialen Diensten.

Prof. i. R. Dr. Bruno Hildenbrand
Wilhelm-Roser-Straße 18
35037 Marburg/Lahn

Prof. Dr. jur. Dr. rer.soc.h.c. Reinhard Wiesner ist nach langjähriger Tätigkeit im Bundesfamilienministerium als Rechtsanwalt und als Honorarprofessor an der Freien Universität Berlin tätig.

Freie Universität Berlin
Arbeitsbereiche Sozialpädagogik
Arnimallee 12
14195 Berlin

Prof. Dr. Dr. Michael Winkler ist Inhaber des Lehrstuhls für Allgemeine Pädagogik und Theorie der Sozialpädagogik am Institut für Bildung und Kultur der Friedrich-Schiller-Universität Jena.

Friedrich-Schiller-Universität Jena
Institut für Bildung und Kultur
Lehrstuhl für Allgemeine Pädagogik
und Theorie der Sozialpädagogik
Am Planetarium 4
07737 Jena

Zeitfracht Medien GmbH
Ferdinand-Jühlke-Straße 7
99095 Erfurt, Deutschland
produktsicherheit@kolibri360.de